함께 꿈을 꾸면

꿈이 현실이 됩니다.

2026년 새해

송영길

진실은 가둘 수 없다

송영길의 옥중생각

진실은 가둘 수 없다

송영길의 옥중생각

한길사

결혼 37주년을 서울구치소에서 쓸쓸하게 맞았습니다.
2022년 서울시장 선거 때 사랑하는 아내 남영신과
찍은 사진을 보고 그림을 그리며 마음을 달랬습니다.

추사 김정희 선생이 1844년
제주도 유배 시절에 제자 이상적이
북경에서 구한 귀한 서적을 보내주자
그 정성에 감동해 답례로 「세한도」(歲寒圖)를 그려주었습니다.
마치 제가 유배를 떠난 것 같아 「세한도」를 모작했습니다.

2024년 2월 26일 저녁, 그날따라 가족 생각이 더 간절해
사진을 보고 가족의 모습을 그렸습니다.
감옥에서도 가족은 제게 늘 힘이 됩니다.
우리 가족 사랑해!

아이티혁명. 1791년. 서울구치소 4사 上 에서

프랑스 식민지로 중남미 아이티에서 프랑스 혁명이념의 영향을 받아
독립과 노예해방을 위해 투쟁한 역사적 사건, 세계최초의 흑인공화국 탄생으로
전세계 노예해방운동에 큰 영향을 미친 혁명의 모습을 그리면서
윤석열 검찰독재 정권과 투쟁하는 저의 마음을 감정이입하면서 그렸습니다.

< 2025. 3. 서울구치소에서 >

딸 현주가 보내준 시시 사진을 벽에 붙여놓고, 잠들자니 구치소 독방이 아늑하게 느껴진다. 시시 데리고 매일 아침저녁 용산 한강변을 산책하곤 했다. 하늘을 날고 물위를 걷는 것이 기적이 아니라 시시 데리고 아름다운 한강변을 걸을 수 있는 것이 행복이다. 일상의 소중함을 가르쳐준 감옥생활.

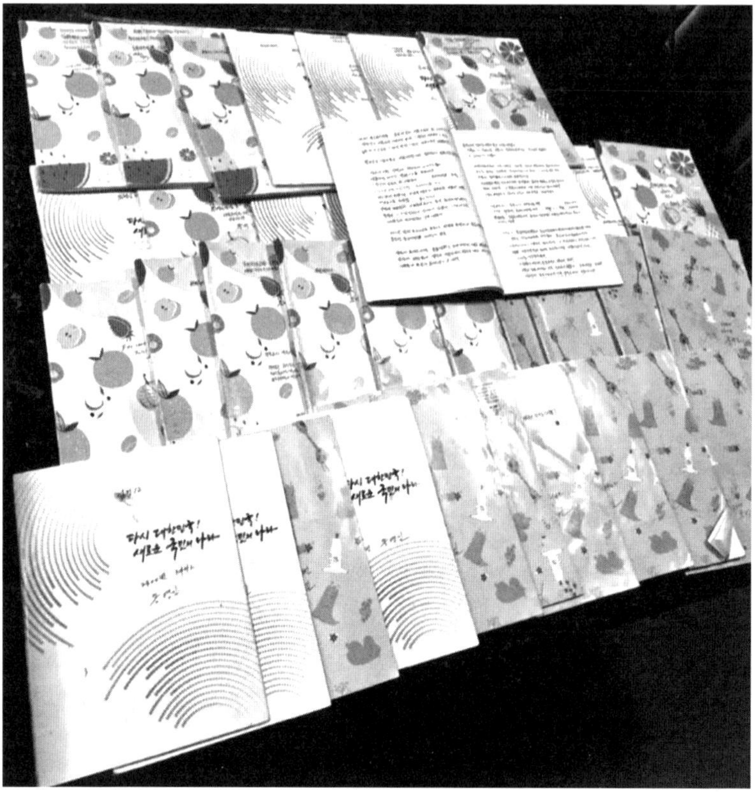

2023년 12월 19일부터 2024년 5월 30일까지 1차 구속되고
2025년 1월 8일부터 2025년 6월 23일까지 2차 구속된
329일 동안 옥중 생활을 하면서 쓴 39권의 일기장.

(옥중서신)

삶과 죽음에 대한 생각 (不怨天, 不尤人)

소나무당 대표 송영길

4월 2일 보석심리를 마치고 보석결정을 기대했다. 4월 4일 윤석열 탄핵 파면 결정에 안도했다. 그러나 간신 한덕수의 도발로 내란의 불씨가 살아난다. 윤석열 검찰범죄 정권의 종양이 제거되지 않고 암세포 전이가 계속되고 있다. 명태균, 김영선 보석결정이 났다. 송영길 풀어주기가 힘든 모양이다. 4월 15일 새벽 108배 수련을 하고 찬물로 샤워한 다음 재판부에 탄원서를 제출했다.

작년 4월 총선때 감옥에 갇혀서 보내야 했는데, 이번 대선도 감옥에서 보내야 하는가 생각해본다. 2023. 4. 프랑스에서 귀국한지 2년이 다 되어 간다. 지난 2년 세월을 돌이켜본다. 보석결정을 기대하다 보니 하루하루 보내기가 너무 힘들다. 마음을 비운다. 존경하는 박석무 선생님이 주신 말씀 (孔子)이다. '不怨天, 不尤人: 하늘을 원망하지 말고, 사람을 탓하지 마라' 마음에 새긴다. 삶의 가장 훌륭한 스승은 죽음이다. 죽음은 만인에게 평등하다. 스티브잡스는 인류 최대의 발견이 죽음의 가치라고 한다. 죽음을 생각하면 어떤 어려움도 극복할 수 있다. 집착에서 벗어날 수 있다.

(옥중서신, 스승의날을 맞이하여)

영원한 스승 박석무 선생님의 <버팀 철학>

소나무당 대표 송영길.

한강작가의 <소년이 온다> 주인공 문재학은, 80년 5월 광주민주항쟁 당시 광주상고 1학년 이었다. 나는 광주대동고 3학년, 5.18, 운동장에서 대동고생 전체가 모여 스크럼짜고 가두진출을 시도했다. 5.18 배후책임자로 박석무선생님이 수배되었다. 당시 광주대동고 영어 선생님이었다. 우리들의 영원한 스승이다. 지금도 수시로 서울구치소로 못난 제자, 감옥에 갇힌 제자를 면회와서 주옥같은 가르침을 주신다.

선생님이 자주 해주신 말씀中 '民惟邦本.本固邦寧 : 백성은 나라의 근본이니 근본이 튼튼해야 나라가 번영한다' 서경의 글은 나의 정치철학의 뿌리가 되었다. 또 하나 말씀은 "버틴다"였다. '10만대군은 이길수 있어도 한 필부의 마음은 꺾을수 없다'는 말씀이었다. 권력의 압력, 돈과 재물의 유혹에 버텨야 한다. 절대 굴복하지 마라 선생님의 말씀이었다. 1979년 2학년시절 데모를 주도했다. 학교재단의 문제점을 지적했다. 광주서부경찰서에 끌려가

북한의 오토웜비어와 이스라엘의 왈리드 아흐매드.

〈히틀러의 Lebensraum, 아우슈비츠와 네탄야후의 가자지구생지옥〉

소나무당 대표 송영길

감옥에서 Korea Herald 영자신문을 볼수있다. 조그만 일단 기사를 보고 너무 가슴이 아팠다. AP통신기사이다. 팔레스타인 17세 소년이 이스라엘 감옥에 갇혔다. 6개월동안 기소도 안된상태로 재판도 없이 갇혀있다가 사망했다. 부검을 했더니 기아와 영양실조로 인한 사망이었다. 부검에 참관했던 의사 Daniel Solomom은 극단적인 체중감량 상태였다고 말한다. 아흐매드 노트기록에는 작년 12월 부적절한 음식제공에 항의하였다고 한다. 17세 소년을 굶어죽인 것이다. 참혹하다.

미국 대학생 오토웜비어가 북한여행을 갔다가 최고존엄 사진이 실린 신문을 훼손했다는 등 불확실한 이유로 억류되었다. 무슨 고문과 학대를 받았는지 다 죽어가는 상태에서 석방되었다 결국 미국에 와서 얼마 되지 않아 사망했다. 큰이슈가 되었다. 한국·미국 모두 분노했다. 북한의 불투명한 사법절차에 비판이 나왔고 황당하고 야만적 처사라고 규탄하고 비판했다.

존경하는 황현필소장님께

3일전 황현필소장님의 '황현필의 진보를 위한 역사' 책을 받았습니다. 다른 읽던 책들을 읽고 난 후 3.1절에 읽으려고 아껴 놓았습니다. 3.1절 기념행사가 라이브방송이 되어 보았습니다. 영혼없는 최상목대행, 권영세 의원의 눈빛과 달리 독립운동가의 핏줄 우원식 의장의 눈물어린 눈빛이 더다 공감되었습니다. 독립선언서를 볼때마다 7.000여명이 피흘려 쓰러진, 강도 일제에 맞선 결연한 의지보다는 조선총독부 헌병의 체포 조사를 대비한 여러가지 수사적이고 현학적 표현이 걸립니다. 중도보수 대중을 포용하기 위한 불가피함도 인정되지만 파고다 공원에 나가 대중 앞에서 선언서 낭독도 하지 못하고 일제 경찰에 전화하여 음식점에 있다가 잡혀가는 모습에서 부터 변절을 예고하고 있었는지 모르겠습니다. 최상목대행의 쓰레기 같은 말을 듣고 싶지 않아서 TV를 끄고 황소장님 책을 꺼내 들었습니다. 단숨에 독파했습니다. 제가 몰랐던 부분, 잘못 알았거나 정확하게 알지 못했던 사항은

친애한 대표님께

매일밤 전국민들을 정신적 스트레스에 시달리게 하는 윤석열 내란 여진이 계속되고 있네요. 최근 방송에 종이관 1000여개 준비를 기획했다는 기사를 보고 모골이 송연하네요. 노상원 이친구가 서울구치소에 있다는데 지금까지 만나지를 못했네요. 만나면 얼굴표정을 한번 보고싶네요. 김봉식 서울경찰청장도 복도에 지나가다 마주쳤네요. 박영수특검도 몇번 조우하고 MBC 방송에서 설민석의 선을넘는 클래스 토론에서 이봉창 윤봉길의사 이야기를 설명하는데 들을때마다 눈물이 나네요. 어떻게 모든 국민들이 밤을 새워 싸워서 구속시킨 윤석열이 탈옥해 버린 서울구치소. 헌재결정이 늦어져 매일 잠못이루는 밤 악몽에 시달리는 꿈을 꾸게 됩니다. 상상도 하기 싫은 상황. 처음부터 마은혁 재판관 임명에 총력을 집중했어야 하는데 이재명 대표 판결보다 먼저 헌재결정을 유도하려는 욕심이었는지

진실은 가둘 수 없다

당대표에서 마지막 재판을 받기까지 • 19

책을 내면서

겨울 • 43

2024년 1월 – 2024년 2월

봄 • 95

2024년 3월 – 2024년 5월

다시 겨울 • 151

2025년 1월 – 2025년 3월

다시 봄 • 275

2025년 4월 – 2025년 6월

당대표에서 마지막 재판을 받기까지

• 책을 내면서

술꾼을 뽑을 것인가, 일꾼을 뽑을 것인가

2021년 5월 2일 더불어민주당 당대표 선출을 위한 전당대회가 있었다. 나의 압승을 예상했는데 0.59퍼센트 차로 겨우 이겼다. 충격이었다. 배신감이 느껴졌다. 문재인 대통령 측근 세력의 조직적인 특정 후보 지지 노력이 치열했던 것을 확인하는 느낌이었다. 그래도 승리는 승리였다. 3수 끝에 당선이다.

당대표의 임무는 공정한 대통령 후보 경선으로 후보를 선출해 대선을 승리하는 것이다. 최선을 다했다. 경선 과정에서 소위 대장동 사건이 터졌다. 당내 경선에서 이재명 후보 사법 리스크가 공공연한 쟁점이 되었다. 이를 이용한 국민의힘과 보수언론의 공격이 쏟아졌다. 이재명 후보를 배제하려는 당내 주류세력의 공격이 끊임없이 이어졌다. 당원, 대의원, 국민 여론을 반영하여 이재명 후보를 더불어민주당 공식 대선후보로 확정했다.

후보 확정 때 논란이 되었던 것이 결선투표 실시 여부였다. 정세균·김두관 후보가 경선 도중 사퇴했다. 이 두 후보의 표를 어떻게 처리할 것인지가 관건이었다. 대선 경선 1년 전 이해찬 대표가 경선 시비를 없애기 위해 특별당규를 만들었다. 경선 도중 사퇴한 후보가 얻은 표는 무효표로 처리한다고 되어 있다.

1차 경선에서 과반수 득표자가 없으면 결선투표를 해야 한다. 경선 마지막 날 투표에서 정세균·김두관 후보 득표를 무효표로 처리하면 이재명 후보는 50.29퍼센트가 되어 과반수 득표로 후보 확정이다. 그러나 이 표를 전체 투표에 유효표로 계산해서 넣으면 이재명 후보는 49.32퍼센트가 된다. 내가 친이재명이라는 논란을 의식해서 나는 공정한 선거관리를 위해 처음부터 고 이상민 의원을 선관위원장으로 임명했다.

이상민 의원은 반이재명·친이낙연 성향을 가진 분이다. 결국 지난 대선 전에 탈당해 국민의힘으로 입당했고 윤석열 당선을 위해 총력을 다했다. 이분은 자기 고집이 강하고 독립적인 분이어서 누구의 입김에 흔들리는 사람이 아니었다. 이상민 위원장이 선관위에서 만장일치로 이재명 후보 당선을 확정했다. 중도 사퇴자가 얻은 표는 무효표로 한다고 되어 있으니 과반수를 계산할 때 분자에도 분모에도 들어갈 수가 없는 표다.

독립적인 선관위의 결정에 당대표는 관여할 수 없다. 내가 압력을 넣었더라도 이상민 의원의 성격상 들을 사람도 아니고 그다음 날 방송에 나가 당대표가 부당하게 압력을 넣었다고 인터뷰할 사람이다. 여의도 정가에서는 누구나 동의할 예상 시나리오다. 지금도 이낙연 후보를 지지했던 분들 중 일부는 송영길 대표가 불공정하게 결선투표를 포기했다고 비난한다고 한다. 정세균·김두관 후보 모두 사퇴하면서 이재명 후보 지지를 선언했다. 결선투표를 해도 결과가 달라질 수 없었을 것이고 대장동 사건으로 공세를 펴던 이낙연 후보 측의 흑색선전에 내부 상처만 더 커졌을 것이다.

1971년 민주당 대선후보 경선을 생각해본다. 1차 투표에서 김영삼 후보가 1등을 했다. 그러나 2차 투표에서 이철승계의 도움을 받아 2위였던 김대중 후보가 역전해서 후보로 당선되었다. 김영삼 후보는 충격을 받았지만 바로 승복을 선언하고 대선에서 김대중 후보를 적극 도왔다. 이러한 민주당의 전통은 계승·발전해갈 당의 정신적·문화적 자산이다.

대선후보 선출 이후 청와대와 협력이 잘되지 않았다. 여당 후보의 프리미엄을 제대로 갖지 못했다. 문재인 정부의 비협조는 심했다. 이준석 국민의힘 당대표를 설득하여 전 국민 재난지원금을 합의했다. 홍남기 부총리가 반대했다. 이재명 후보의 공약을 뒷받침해주지 않았다. 전 국민 재난지원금 문제에 찬성했던 김용범 기재부 1차관(현 대통령실 정책실장)을 경제부총리로 강력히 추천했다. 대통령실 민정수석실에서 여러 가지 이유로 난색을 표명했다. 실망스러웠다. 후보와 당대표를 위한 배려가 없었다. 홍남기 경제부총리 해임을 강력히 촉구했다. 문재인 대통령의 홍남기 부총리에 대한 신임이 확고했다. 코로나 정국, 자영업자에 대한 영업시간과 인원 통제가 너무 심했다. 완화 요구가 번번이 묵살되었다. 코로나 백신 피해자에 대한 대책도 너무 소극적이었다.

이낙연 후보를 참여시키기 위하여 당대표로서 상임선대위원장 자리도 양보하고 이낙연 후보를 선대위 최고책임자로 모셨다. 머리에 망치 테러를 당하면서도 마지막까지 이재명 후보 지지를 호소하며 선거운동에 매진했다. 마지막까지 기도하는 심정이었다. 목이 메게 외치고 다녔다.

"술꾼을 뽑을 것인가, 일꾼을 뽑을 것인가?"

마침내 2022년 3월 9일 대통령선거일. 첫 출구조사에서 대부분 윤석열 후보 당선을 예고했지만 이재명 후보 승리를 보도한 방송사가 있었다. 국회의원 대회의실에서 출구조사 방송을 보다가 환호했다. 옆에 앉은 이낙연 상임선대위원장의 표정이 일그러졌다. 나라가 망한 듯한 얼굴이다. '이럴 수가 없는데'라는 표정이다. 그 표정을 지금도 잊을 수 없다. 21대 대선에서 김문수 후보 지지를 선언하는 것을 보고 그때 표정이 다시 생각났다.

개표를 기다리다 사무실에서 잠깐 잠들었다. 새벽이 되니 함성이 울려 퍼져 잠에서 깼다. 윤석열을 연호하는 함성이었다. 불길한 예감이 들었다. 결국 0.73퍼센트 차로 패배했다. 심상정 후보 득표율 2.4퍼센트가 크게 보였다. 지난 총선 때 연동형 비례대표제를 도입하며 위성정당 논란으로 정의당과 연대가 깨진 결과인 면도 있다. 안철수 후보와 윤석열 연대에 대응하여 심상정 후보와 연대에 성공하지 못한 자책이 컸다.

이재명 후보에게 위로 통화를 했다. 바로 대선 승복 선언을 했다. 후보와 당대표 모두 깨끗하게 윤석열 후보의 승리를 축하해주고 결과를 승복했다. 그런데 12·3 내란계엄 때, 더 크게 이길 수 있었는데 선관위 부정선거 때문에 0.73퍼센트로 신승했다는 윤석열과 극우세력의 선동을 보면서 어이가 없었다. 만일 당시 이재명 후보가 0.73퍼센트로 이겼다면 어떻게 되었을까? 대선 승복을 거부하고 난동을 일으켰으리라는 생각이 든다.

대선 패배의 책임을 지고 당대표 사임

그 이후 많은 주한 외국사절로부터 당시 더불어민주당 후보와 대표의 승복 성명을 보고 대한민국 민주주의의 성숙함을 느꼈다는 이야기를 들었다. 대선 패배의 책임을 지고 바로 당대표를 사퇴했다. 이재명 후보는 사퇴를 만류했다. 그러나 당시 최고위원 모두 사퇴를 주장했다. 연연하고 싶지 않았다.

사찰을 돌면서 마음을 가라앉히고 묵언 수행을 했다. 대선 패배에 흔들리지 않고 많은 개혁의 딸이 더불어민주당에 입당했다. 너무나 고마웠다. 이재명 후보를 지키자는 흐름이 생겼다. 윤석열은 취임하자마자 황당한 미신에 기초하여 청와대에 들어가지 않고, 용산 국방부를 쫓아내고 미군 부대 옆으로 대통령실을 옮겼다. 황당한 일이다. 인의예지신(흥인문, 돈의문, 숭례문, 북지문, 보신각으로 표현되는 4단과 무신불립의 신)의 철학이 깃든 사대문 안 청와대를 버리고 외국 군대가 주둔하는 땅으로 대통령실을 옮기는 상식

밖의 행동이었다. 국가기밀을 미군 도감청에 갖다 바치는 행위였다. 적의 미사일 공격에 국군통수권자와 국방부장관과 합참의장을 모두 동일 표적으로 노출하는 행위였다.

도저히 보고 있을 수 없었다. 이재명 후보와 수시로 통화했다. 대선 패배의 책임을 지는 것이 막연한 도피가 되어서는 안 된다는 생각을 갖게 되었다. 윤석열 대통령 취임이 5월 9일이었다. 한 달도 채 안 된 6·1 지방선거에서 승리하는 것은 어려운 일이었다. 특히 서울시장 선거가 그러했다. 현역 의원 아무도 나서려고 하지 않았다. 부끄러운 상황이었다. 그런 상황에서 송영길 서울시장 차출과 이재명 후보 계양구 보궐선거 출마라는 방안이 거론되었다. 이재명 후보는 경기도지사 출마를 권유했다. 김동연 부총리를 만났다. 김동연 부총리는 서울시장에는 전혀 생각이 없다고 했다. 나는 서울시장 출마 결심을 굳혔다. 많은 당원의 호응이 있었다.

반대도 심했다. 노골적인 반대와 후보 자격 박탈 조치가 있었다. 당원의 반발로 번복되었다. 우여곡절 끝에 서울시장에 출마했다. 이재명 후보는 계양구 보궐선거에 출마했다. 지금도 왜 계양구를 양보하고 낙선이 분명한 서울시장에 출마하는 결정을 내렸는지 물어보는 사람이 많다. 일부 극우 유튜버는 무슨 돈거래가 있었던 것 아니냐며 그들의 수준으로 억측한다. 전혀 없었다. 서울시장 후보도 제대로 못 내는 더불어민주당을 당대표를 했던 사람으로서 용납할 수 없었다. 동시에 더불어민주당 대선후보로서는 역대 최다 득표를 한 이재명 후보를 제도권 밖에 둘 수 없었다.

(이재명 후보 득표수와 득표율은 20대 대선에서는 1,614만 7,738표로 47.83퍼센트였고, 21대 대선에서는 1,728만 7,513표로 49.42퍼센트였다. 내란을 겪고 나서 치른 대선인데도 1.59퍼센트포인트밖에 득표율이 오르지 않은 것이 충격이었다.)

이재명 후보를 밖에 두면 윤석열 정치검찰의 보복 수사의 칼날에 대응하기가 어려울 것이라 판단했다. 만일 당시 계양구 출마 카드가 없었다면 더불어민주당 지도부가 이재명 후보를 분당 안철수 후보와 싸우라고 전략공천했을 것이다. 그러면 당시 분당 지역구와 분위기로 보았을 때 낙선할 가능성이 컸다. 정치적 흠집을 내고 보복 수사로 정치생명을 끊으려고 달려들었을 것이다. 무엇보다도 내가 당대표를 사임함으로써 발생하는 당대표 보궐선거에 이재명 후보가 출마하기 어려워졌을 것이다.

대선 패배도 뼈아픈데 대선 패배 책임을 지고 당대표를 사임하여, 실제 이재명 후보 낙선을 바라던 세력에게 당대표까지 물려준다는 것은 용납할 수 없는 일이었다. 이재명 후보를 정치검찰로부터 지켜야 한다는 생각과 송영길의 정치 인생이 부정된다는 위기의식을 느꼈다. 그래서 결단한 것이다.

예상대로 서울시장 선거에 대패했다. 다행히 경기도지사는 승리하여 체면을 차렸다. 배낭을 메고 서울 시내를 돌면서 선거 때 도와주었던 분들에게 감사를 표시했다. 선거법 공소시효는 6개월이다. 6월 1일에 지방선거를 했으니 같은 해 12월 1일에 공소시효가 종료된다. 당시 오세훈 후보가 나를 선거법 위반으로 고발했다. 내가 서울시장 선거운동 기간 오세훈 시장 취임 8개월 만에 서울시 부채가 4조 7,584억 증가했다는 내용을 페이스북에 올린 바 있다. 선거운동 기간이라 선대본부 참모들이 올린 글이다. 이를 허위사실이라고 고발했다.

참모들에게 경위를 물었다. 서울시의회가 발표한 자료를 기초로 썼다고 했다. 당시 파리경영대학(ESCP) 방문교수로 가려고 일정을 확정한 상태였다. 출국금지 논란이 일었다. 기소되었으면 출국을 못 할 뻔했다. 오세훈 시장과 통화해서 상호 고소·고발 취소를 합의했다. 고소를 취하했다. 그런데도 비겁한 경찰은 윤석열 정권을 의식해서 집요하게 수사해서 기소의견으로 검찰에 송치했다. 검찰에서 무혐의 결정을 내렸다. 이유는 "송영길 후보가 직접 페이스북에 글을 올렸다고 단정하기 어렵고, 실제 부채 증가는 맞는데 8개월이 아니라 1년이었다. 4개월 정도 차이를 이유로 법리상 허위사실공표죄로 보기 어렵다"는 것이다.

정치 기획수사의 표적이 되다

2022년 9월 30일 당대표 시절, 사무부총장으로 임명했던 민주당 서초갑 지역위원장 이정근 씨가 구속되었다. 알선수재 혐의라고 했다. 사채업자 박우식이란 자와 10억 상당의 채권채무 관계가 있었다. 박우식이 채무금 반환 민사소송을 제기했다. 채권추심 과정에서 원금액수와 이자 등으로 의견 다툼이 있었다고 한다. 서로 고소했다. 민사사건이 형사사건으로 전환되었다. 서울중앙지검 형사부에 배당되어야 할 사건이었다. 그런데 서울중앙지검 반부패수사2부(부장 김영철 검사)가 이 사건을 맡았다. 전 민주당 사무부총장이 관련된 사건이라고 생각하고 정치 기획수사를 하려고 마음먹은 것이다.

2022년 9월 30일 이정근 씨가 구속되었다. 박우식은 구속되지 않았다. 최근 노웅래 전 의원 사건 때 법정구속되었다. 이정근 씨의 노트가 보도되었다. 10억의 알선수재 금액이 정치권에 흘러 들었을 것이라는 추측성 기사가 난무했다. 혹시 나에게도 관여된 것이 있었다면 검찰이 소환할 것이라고 생각했다. 그러나 12월 1일 파리 출국 때까지 아무런 문제가 없었다. 만일 당시 검찰이 이정근 수사 과정에서 돈봉투 관련 녹취를 발견했다면 그때 영장을 발부받아 압수를 하고 나를 입건하여 출국금지를 시켰을 것이다.

프랑스에서 유럽의 정치와 경제를 배우다

공소시효가 끝나는 12월 1일 나는 파리로 출국했다. ESCP 그랑제콜을 추천해준 필립 르포르 주한 프랑스대사가 인천공항까지 전송을 나와주었다. 프랑스를 선택한 이유는 고등학교 때 불어를 배웠고 사법시험에서 불어로 시험을 본 이유로, 국회의원 시절 한-프랑스 의원친선협회 회장을 맡아 열심히 일한 경험도 있어서다. 그 공로로 시라크 대통령에게 레지옹 도뇌르(슈발리에급) 훈장을 수여받았다. 그후 국회 외교통일위원회 위원장으로 활동하면서 한-프랑스, 한-유럽 간의 협력 외교활동을 한 덕에 마크롱 대통령이 레지옹 도뇌르(오피시에) 훈장을 수여했다.

더 결정적인 이유는 프랑스 원전 운영과 폐기물처리 문제를 공부하고 싶었기 때문이다. 핵융합 발전도 연구하고 싶었다. 당시 프랑스 남부 프로방스 지역에 ITER(국제핵융합실험로)가 건설되고 있었다. 1985년 미국 로널드 레이건 대통령과 소련의 미하일 고르바초프 대통령이 핵무기 감축과 관련해 협상했다. 이때 합의한 것이 ITER 설치다. 1988년 ITER가 공식 출범했다. 대한민국을 비롯해 세계 7개국이 참여한 초대형 프로젝트다. 우리나라 핵융합 발전의 대가 이경수 박사와 인연이 있었다. 미리 상의했다. 결국 파리에서 이경수 박사를 만나 함께 ITER를 방문하여 현장을 돌아보는 계획을 세웠다.

나는 에너지에 관심이 많았다. 그래서 핵폭탄과 원자력에도 관심이 많았다. 이승만 정권이 최초로 수립한 국책연구소가 1959년 원자력연구소다. 원전 건설로 값싸고 질 좋은 전기를 제공하여 1970-80년대 경제성장의 토대가 되었다. 탈원전이 필요하다. 그러나 기후위기 대응을 위하여 탈화력발전, 탈화석연료가 우선이다. 일정 기간 재생에너지와 원전의 연합이 불가피하다.

탈원전 속도 조절을 이야기하다가 신한울 3·4호기 중단 재검토 문제로 문재인 대통령과 부딪혔다. 탈원전 여부와 상관없이 핵폐기물 처리 문제가 시급했다. 저준위 폐기물 보관장소는 경북 경주에 세워졌다. 고준위 폐기물은 26개 원자력발전소 내에 보관 중이다. 포화 상태다. 프랑스의 핵폐기물 처리 과정을 보고 싶었다.

2022년 12월부터 파리 생활이 시작되었다. ESCP 학교 측에서 연구실과 조교, 협력교수도 지정해주었다. 마크롱 대통령을 비롯한 프랑스 의원, 프랑스 외교부, 프랑스 의회, 유럽의회 의원 등과 교류했다. 파리 시내를 가능하면 걸어 다녔다. 아침마다 센강 변을 뛰었다. 파리 세미마라톤에 참여하여 완주했다. 프랑스 역사와 문화를 알려고 노력했다. 러시아-우크라이나 전쟁과 한국전쟁을 비교한 강의를 했다. 당시만 해도 새로운 시각이었다. 유럽 정치인들은 러시아포비아에 갇혀 있었다. 러시아의 일방적인 우크라이나 침략이라는 흑백논리에 갇혀 있었다. 영국과 러시아의 그레이트 게임, 해양세력과 대륙세력의 분절점으로 한반도와 우크라이나, 아프가니스탄 등을 비교하는 시각으로 특강을 진행했다.

ESCP 프랑크 부르누아 총장이 잘해주었다. 프랑스와 중국이 합작 투자하여 상하이에 설립한 CEIBS(중국유럽국제경영대학원)의 유럽 측 이사로 추천되었다. ESCP에서 명예박사학위를 주기로 결정해주었다. 나름대로 열심히 공부하며 프랑스 파리 생활에 적응해가는 날들이었다.

프랑스전력회사 관계자들과 원전과 원전 폐기물처리에 관해 토론했다. 프랑스 북동부에 있는 핵폐기장 뷔르를 방문했다. 지하 500미터 점토층에 핵폐기물을 콘크리트 원통으로 양생하여 저장하는 곳이다. 이경수 박사와 함께 프로방스를 방문하여 ITER를 둘러보았다. ITER는 라틴어로 '길'이라는 뜻이라고 한다. 대한민국 에너지의 길, 원전 폐기물이 생산되지 않는 꿈의 에너지, 인공 태양, 핵융합이 인류가 나아가야 할 에너지의 길이다. 한국이 이를 선도해야 한다. 이경수 박사와 함께 다짐했다.

벨기에 브뤼셀에 있는 유럽의회도 방문하고 유럽연합도 방문하여 의원·집행부 인사들과 토론했다. 체코와 슬로바키아에 있는 현대·기아자동차 공장도 둘러보았다. 유럽의 정치와 경제를 배워가는 중이었다. 프랑스어 공부도 열심히 했다. 그럭저럭 프랑스 생활에 적응해가던 중이었다.

프랑스에서 급거 귀국

2023년 4월 12일 아침이었다. 2022년 9월 30일 구속되어 기소되었던 이정근 씨의 알선수재에 대한 1심 선고가 있는 날이다. 민주당 전 사무부총장이라는 직함 때문에 대대적으로 보도되었다. 동시에 2021년 5월 2일 더불어민주당 전당대회에 대한 돈봉투 수수 관련 녹취록이 JTBC 단독보도로 공개되었다. 또 동시에 윤관석·이성만·강래구 등에 대한 압수수색영장 집행이 진행되었다. 철저히 기획된 작품 같았다. 검찰과 언론이 유착되지 않았으면 불가능한 일로 보였다.

파리에서 실시간으로 뉴스를 보았다. 기자들이 몰려온다고 한다. 전화를 받지 않았다. 상황을 파악하기 전 인터뷰하고 싶지 않았다. 그날 이날코 대학에서 프랑스 민화협 초청으로 한국과 프랑스 학생들을 상대로 특강을 했다. 특강을 마치자마자 채널A 기자가 카메라를 들이댔다. 인터뷰를 거부하는 장면까지 모두 찍었다. 괜히 피하는 모습을 보이기 싫어 인터뷰에 응했다.

기자는 이정근 씨의 알선수재죄 1심 선고에 대해 물었다. 내가 당대표 시절 임명한 사무부총장의 일이라 죄송함을 밝혔다. 그러나 개인의 일탈행동이었다고 지적했다. 알선수재 혐의로 인정된 10억 원이 노영민, 박영선, 송영길 등 여권 인사 쪽으로 흘러갔을 것이라는 추측보도가 난무했으나 전혀 사실무근임이 밝혀졌다. 이와 관련하여 아무도 조사받거나 기소된 것이 없었다. 문제는 그다음 돈봉투 관련 질문이었다. 그것은 알지 못한 일이라 답변했다.

채널A는 악의적 편집을 했다. 내가 돈봉투 사건과 관련하여 이정근 개인의 일탈행위이고 나는 모르는 일이라고 답변했다는 보도로 탈바꿈했다. 당연히 여야 할 것 없이 모두 나를 비난했다. 꼬리 자르기라는 것이다. 황당했다. 더불어민주당 내에서도 비난이 쏟아졌다. 의원총회에서 송영길을 빨리 귀국시켜라, 안 들어오면 잡으러 가자는 말까지 나왔다고 한다. 아내에게도 더불어민주당 의원들이 전화해서 빠른 귀국을 종용했다고 한다.

이재명 당대표, 김영진 의원, 조정식 사무총장 등과 통화했다. 귀국해서 상황을 정리해달라는 부탁이었다. 학교와 계약기간도 있고 쫓겨가듯이 파리를 떠날 수는 없었다. 정리할 시간이 필요했다. 검찰이 소환하면 당연히 귀국하겠지만 검찰이 공식 소환도 하지 않았는데 말이다. 그리고 나는 돈봉투 관련 사안을 모른다고 답변했다. 매일 JTBC가 악랄하게 녹취록을 조금씩 공개했다. 검찰이 제공하지 않았으면 도대체 저 녹취록을 어떻게 JTBC가 보도할 수 있다는 말인가. 결국 나중에 위법수집증거로 밝혀진 녹취록을 가지고 인민재판 분위기를 만들어갔다.

결국 서울에서 각 방송사가 기자들을 파리로 파견했다. 학교 앞에 카메라가 즐비했다. 22일 기자회견을 하겠다고 약속했다. 학교 당국과 학생들도 놀랐다. 학교 당국은 의리가 있었다. 절대 귀국을 반대했다. 윤석열 정부 검찰을 믿을 수 없다는 것이다. 프랑크 부르누아 총장은 체류기간을 연장해주겠다고 했다. 마침 김진석 사진작가가 스페인 순례자의 길 순방을 마치고 파리에 와 있었다. 같이 있어줘 큰 위로가 되었다. 집 앞까지 카메라 기자들이 몰려왔다. 괴로웠다. 센강을 걷다가 물속으로 뛰어들고 싶은 충동이 생기기도 했다. 노무현·노회찬 선배의 죽음이 생각나기도 했다.

4월 22일 기자회견을 준비했다. 기자회견 전에 인천행 비행기표를 예약했다. 기자회견에서 모든 정치적 책임을 지겠다고 했다. 당대표도 국회의원도 아닌 상황에서 책임지는 것은 더불어민주당 탈당이었다. 당대표 시절 부동산 문제가 있던 의원들에게 탈당해서 누명을 벗고 다시 당으로 돌아오라고 했던 일이 떠올랐다. 당에 부담을 주지 않기 위해 탈당하여 누명을 벗고 다시 돌아오겠다고 약속했다.

당시 기자회견의 핵심 쟁점은 언제 귀국할 것인지였다. 바로 다음 날 귀국하겠다고 발표했다. 월세방 짐 정리도 못 하고 귀국했다. 인천국제공항에 내렸다. 입국장에서 공항에서 일하는 한 여성 직원이 나를 격려하는 쪽지를 전했다. "자등명 법등명"(自燈明 法燈明)이라고 쓰여 있었다. 석가모니 부처님이 하신 '자기 자신을 등불로 삼고, 법을 등불로 삼아 그에 의지하라'는 말이다. 내가 나온 연세대학교의 표어 "진리가 너희를 자유케 하리라"는 말씀과 연관되었다. 고마웠다. 힘이 되었다. 파리에서 같이 온 많은 승객이 격려와 지지를 표해주었다.

입국장을 나서니 카메라가 100대도 넘게 와 있었다. 이렇게 많은 기자와 카메라 플래시를 받게 된 것은 20년 넘게 정치하면서 처음 있는 일이었다. 김영진 의원이 공항에 나와주었다. 당대표 때 이재명 후보를 뒷받침하기 위해 이재명 후보 측 요청을 수용해 사무총장으로 임명했던 의원이다. 고마웠다. 오늘 이 순간을 잊지 않겠다고 다짐했다.

기자들이 물었다. 동일한 답변이다. 나를 당선시키기 위한 선거운동 과정에서 벌어진 일이다. 그러므로 모든 정치적 책임을 진다. 그러나 내가 몰랐던 일이다. 법률적으로 무죄다. 지금이라도 검찰이 부르면 검찰청으로 가서 조사받겠다. 나부터 조사해라. 그러나 검찰이 소환하지 않았다. 이제부터 수사하는 것이다. 주변 사람들을 뒤지기 시작했다. 인천 집부터 압수수색했다. 내가 속해 있던 싱크탱크 '평화와 먹고사는 문제연구소' 관련자들을 압수수색하기 시작했다. 100명이 넘는 사람이 압수수색을 받았고 소환

되었다. 미안하기 이를 데 없었다.

윤석열에 대한 고발장 접수

검찰청 앞에 자진출두하여 나부터 조사하라고 외쳤다. 준비가 안 되었다고 했다. 2023년 7월 21일, 토지매입 과정에서 통장잔고증명서를 위조한 혐의로 기소된 윤석열의 장모 최은순 씨가 항소심에서 징역 1년을 선고받고 법정구속되었다. 윤석열이 선거운동기간 중 "내 장모가 사기를 당한 사실은 있어도 남에게 10원 한 장 피해준 적이 없다"라고 한 말이 허위로 드러났다.

이재명 후보는 허위사실을 유포했다는 혐의로 수백 번 압수수색을 당하고 기소되어 재판받는 중이다. 우리나라 헌정사에 당선된 대통령이 떨어진 상대방을 선거법 위반으로 고소·기소하여 재판하는 것은 처음 있는 일이다. 도의가 땅에 떨어졌다. 당시 당대표로서 용납할 수 없었다. 7월 25일 윤석열을 선거법상 허위사실유포(장모 건, 김건희 도이치모터스 주가조작에서 손해를 보았다는 주장)와 검찰총장 시절 특활비 유용, 당내선거 개입 등을 이유로 서울중앙지검에 고발장을 접수했다.

당시만 하더라도 윤석열 검찰 독재정권의 서슬에 놀라 더불어민주당도 숨죽이고 있을 때였다. 당시 윤석열에 대한 내 고발이 검찰 캐비닛 수사의 공포에 숨죽이던 상황에서 돌파구가 되었다. 수십 대의 카메라가 서울중앙지검 앞에 모였다. 나의 고발 요지 기자회견이 생중계되었다.

별건수사의 시작

바로 보복이 들어왔다. 이틀 후인 7월 27일 싱크탱크 먹사연에 후원금을 낸 여수상공회의소 전 회장 박용하 씨의 회사 주변 시설 10여 군데를 동시에 압수수색했다. 박용하 씨 회사의 소각장 확장설치 문제와 연관이 있다고 하여 박용하 회장이 먹사연에 후원한 금액 중 4,000만 원을 알선수재 혐의로 기소했다. 이재명 대표 구속영장이 기각되던 9월 27일 새벽, 오마이뉴스 생중계를 마치고 집에 돌아오니 아침에 검찰이 나의 집을 압수수색했다.

집요한 별건수사가 시작되었다. 이 와중에 먹사연을 후원하던 한 기업인이 죽었다. 너무나 마음이 아팠다. 당시 법무부장관 한동훈과 그의 직계 부하 김영철 부장을 용서할 수 없었다. 창원시립공원묘지에 참배를 하고 돌아온 다음 날인 11월 4일이었다. 조계사에서 『선전포고』 출판기념회를 한 날이다. 한동훈을 용서할 수 없다, 물병을 던져버리고 싶다고 외쳤다. 언론에서 막말이라고 난리를 쳤다.

돈봉투 사건 시작 8개월 만인 2023년 12월 8일, 검찰이 나를 소환했다. 서울중앙지검에 출두했다. 진술거부권을 행사했다. 김건희를 무혐의 처분한 서울중앙지검 반부패수사2부를 검사로 인정할 수 없었다. 법정에서 다투겠다고 했다. 검찰은 구속영장을 청구했다. 12월 18일, 구속영장이 발부되었다.

서울구치소에서 하루하루를 버티면서 안치환의 노래 「귀뚜라미」를 나지막이 불러보곤 했다.

"이슬 한 방울 내리지 않는 지하도 콘크리트벽 좁은 틈에서 숨 막힐 듯 토하는 울음, 그러나 나 여기 살아 있소."

그리운 어머니

좁은 1.8평 독방에서 귀뚜라미가 울어대듯이 옥중서신을 내보냈다. 송영길TV에 실리면서 지지자들과 가늘게 소통했다. 숨 막히는 윤석열 검찰 범죄정권하에서 일관되게 소리쳐왔다. 감옥에서 가만히 앉아 명상해보면 지난 2022년 대선 때부터 지금까지 3년의 세월이 주마등처럼 지나갔다. 좀더 명상하면 1985년 서대문에 있던 서울구치소까지 건너간다. 어머니가 생각난다.

1985년 1월 추운 겨울 연세대 졸업식장에 꽃을 사서 들고 가는 학부모들 대열을 뒤로하고 서대문구치소에 면회 온 어머니. 추운 감옥에 있는 아들을 생각해서 불을 때지 않은 방에서 주무신 어머니. 학생운동·노동운동 등으로 어머니 가슴에 한없는 멍에를 짊어지게 한 막내아들이 변호사가 되어 개업한다고 하니 예쁜 한복을 맞추어놓고, 그 옷을 입어보지도 못하고 쓰러지신 어머니. 어머니가 뇌출혈로 쓰러지신 후 한복집에서 보내온 고운 한복을 보니 울음이 복받쳤다. 7년의 세월을 코마 상태로 계시다 돌아가신 어머니가 떠오른다. 『태백산맥』의 고장 벌교에서 태어나 여순사건을 겪은 어머니.

"영길아, 노동운동을 해도 좋으니 변호사 자격을 가지고 해라. 여순 때 보니까 똑똑한 오빠들 삼촌들 모두 빨갱이로 몰려 죽었단다. 변호사 자격이라도 있어야 너 자신을 지켜낼 수 있지 않겠냐?"

간곡한 어머니의 말씀이 떠오른다. 언제 막내아들 영길이가 직장을 갖고 돈을 벌어 어머니에게 효도하는 것을 보고 죽을 수 있을까 염려하시던 어머니. 광산 김씨 집안의 셋째 딸, 3대 독자 여산 송씨 집안에 시집와 4남 2녀를 낳고 키워서 모두 대학까지 졸업시킨 어머니. 그 막내아들이 변호사가 되어 이제 어머니께 효도 좀 하려 했더니 쓰러지셨다. 나무가 조용히 있고 싶어도 바람이 그치지 않고, 아들이 부모를 봉양하고 싶어도 기다려주지 않는구나(樹欲靜而風不止 子欲養而親不待). 이 말은 항상 뇌리를 떠나지 않는다.

감옥에 갇혔던 사람들

40여 년 만에 다시 수용된 서울구치소에서 『김대중 옥중서신』을 비롯하여 김대중 대통령에 관한 책들을 읽었다. 존재가 의식을 규정한다. 서울구치소에서 읽는 김대중 대통령의 옥중서신은 더욱 다가온다. 내 옆방에 사형수 한 명이 수용되어 있었다. 나와 비슷한 또래다. 25년째 살고 있다고 한다. 우리나라는 김영삼 대통령 이후 사형이 집행된 적 없다. 사형제도는 있지만 사실상 사형제 폐지 국가다. 전두환 시절에는 사형이 집행되었다. 그 시절 사형수로 살았던 김대중 대통령의 삶을 돌이켜본다.

당시 전두환 핵심 측근이었던 이학봉이 감옥에 찾아와 사형수 김대중을 회유하던 때가 떠오른다. 교도관 발소리만 들어도 가슴이 철렁했던 사형수 시절, 대통령만 포기하고 정권에 협력하면 사면은 물론이고 돈이든 권력이든 보장해주겠다는 유혹에 얼마나 마음이 흔들렸을까? 면회 온 이희호 여사에게 의견을 물었을 때, 이희호 여사는 아무 대답도 하지 않았다. 그 단호한 모습이 떠오른다. 아내 남영신의 모습과 오버랩된다.

"윤석열 정권하에서 탄압받고 감옥에 갇히지 않은 자가 나중에 무슨 할 말이 있겠어요?"

아내가 해준 말이다. 단호하게 맞서야 한다. 그래서 윤석열 검찰범죄정권 타도를 다짐하는 『선전포고』라는 책도 썼던 것 아닌가.

예수님의 삶을 생각해본다. 십자가의 고난을 앞둔 예수의 마음으로 전이된다. 겟세마네 동산이 떠올려진다. 겟세마네라는 뜻은 히브리어로 '기름 짜는 틀'이라는 뜻이라고 한다. 곤히 잠자고 있는 제자들을 뒤로하고 하늘을 향해 무릎 꿇고 온몸에서 기름을 짜내듯이 간절히 기도하는 예수님의 모습을 상상한다. 땀에서 피가 배어났다고 한다.

다가올 고난과 고통에 대한 두려움과 번민, 할 수 있다면 자신에게 놓인 죽음의 잔을 피하고 싶었다. 그러나 하느님의 뜻에 순종했다. 순교자는 누구보다도 삶을 사랑하고 죽음의 두려움이 크지만, 더 큰 진리와 정의를 위해 자신의 생명을 하늘에 맡기는 결단을 하는 사람이다. 전두환 군사정권의 유혹에 굴복하지 않고 '죽으면 죽으리라'는 각오로 사형수 시절을 견디어냈던 김대중 대통령의 심정이 느껴진다.

인도의 네루 수상이 영국의 식민정책에 반대하여 인도 독립투쟁을 하다가 감옥에 갇혔다. 1930년부터 3년 동안 13세의 딸 인디라 간디에게 196편의 편지를 썼다고 한다. 그 편지를 묶은 책이 『세계사 편력』이다. 1985년 서대문구치소에 갇혔을 때 이 책을 읽고 감동한 바 있다. 40년 후인 2025년 서울구치소에서 다시 네루 수상의 책을 읽었다. 대단한 역작이다. 감옥에서 상상을 할 수 있다는 것은 즐거운 일이다. 모든 것이 마음먹기에 달려 있다. 컴퓨터와 스마트폰이 없어지면 상상의 나래는 더욱 활발해진다. 디지털 중독에서 디톡스가 된다.

27년간 감옥 생활을 했던 넬슨 만델라의 글을 읽었다. 감옥에 있으면 감옥에 갇혔던 사람들의 이야기가 설득력 있게 스며든다.

"나는 용기란 두려움이 없는 것이 아니라 두려움을 극복하는 것임을 배웠다."

옥중에서 토해낸 귀뚜라미의 울음소리

보석으로 석방되어서 했던 인터뷰에서 한 말이 기억난다.

"하늘을 날고 물 위를 걷는 것이 기적이 아니라 사랑하는 내 조국의 산하를 자유롭게 마음껏 걸을 수 있는 것이 기적이다."

서울구치소에서 포승줄에 묶여 법무부 수송버스에 태워져 서울중앙지검 지하 감방에 갇혀 검찰 출정과 법원 출정을 할 때 노예들의 삶을 연상했다. 버스 창가로 보이는 관악산과 청계산의 모습이 떠오른다. 김남주 시인의 "이 가을에 나는 푸른 옷의 수인이다" 하는 시가 읊조려진다.

감옥에서 나온 이후 웬만하면 거리를 걷는다. 차를 타지 않고 걷고 싶다. 용산 집 앞 한강 변과 사무실 앞 여의도 공원을 걷는 것이 더없는 행복이다. 풀 한 포기 나무 한 그루 푸른 한강 물이 너무나 싱그럽게 다가온다. 풀 한 포기 없는 화성의 황량한 들판을 생각해본다. 불구덩이 금성을 생각한다. 독가스로 휘몰아치는 목성을 생각한다. 광활한 우주 공간의 암흑물질을 상상해본다. 푸른 생명의 별 지구 위에 나는 서 있다. 삼천리 화려강산 한반도에 살고 있다. 모든 것이 감사한 일이다.

12·3 내란의 밤을 생각한다. 국회 앞 대로가 1980년 5월 피로 물들었던 광주 금남로가 될 뻔했다. 그날 밤 국회로 차를 몰고 제일 먼저 도착했을 때가 생생하다. 시민들이 함께 모였다. 위험천만한 순간이었다. 사랑스러운 대한국민의 아들, 군인들이 시민과 마음을 소통했다. 윤석열은 너무나 몰랐다. 우리 시민사회가 얼마나 성숙해 있는지를. 쿠데타를 막은 비육사 중령과 대령 김형기·김문상·조성현이 얼마나 기특한지 감사할 일이다. 빛의 혁명으로 민주주의를 지켜낸 모든 분께 너무나 감사할 일이다.

내란진압과 심판은 지금도 진행 중이다. 나 역시 2023년 4월 24일 파리에서 귀국하여 인천공항에서 기자회견을 한 이후 현재까지 재판이 진행 중이다. 재판을 마치고 책을 출판하려고 했다. 그러나 새로운 한 해를 맞으면서 그동안 옥중에서 토해낸 귀뚜라미 울음소리를 담아내기로 했다. 어제의 범죄를 벌하지 않는 것은 내일의 범죄에 용기를 주는 것과 같은 어리석은 짓이다. 전두환에 대한 응징을 제대로 못 하고, 계엄문건을 작성하여 내란 쿠데타를 준비한 조현천 기무사령관을 무혐의 처분한 역사가 오늘의 김용현과 노상원을 만들어낸 것이다.

바이마르 공화국의 무능한 사법부가 히틀러 나치 세력을 키웠다. 1923년 뮌헨의 맥주 폭동으로 바이에른 정부를 전복하려던 히틀러는 체포되었다. 사법부 주심판사 게오르크 나이트하르트는 히틀러에 대해 5년 형이라는 약한 벌을 내렸다. 1922년 폭력선동죄 집행유예 기간이라 가중처벌을 해야 하는데 감경 선고를 했다. 그마저 사면으로 9개월 살고 석방되었다. 히틀러는 법정을 자신의 선전·선동의 기회로 활용했다. 감옥에서 『나의 투쟁』이라는 책을 집필하여 나치 세력을 선동했다. 게오르크 나이트하르트는 히틀러가 집권하자 법원장이 되었다.

무능한 민주세력은 파시즘을 다시 불러오는 토양이 될 것이다. 확고한 헌법수호 의지를 선언해야 한다. 지난 11개월 감옥 생활 속에서 토하듯이 쏟아낸 생생한 글들이 대한민국 헌정질서 회복 의지를 북돋는 데 조금이나마 도움이 되기를 기대한다.

책을 출판해주신 한길사 김언호 대표님과 백은숙 편집주간님, 박홍민 편집자에게 감사드린다.

2026년 1월 1일

송영길

겨울

2024년 1월 - 2024년 2월

1차 구속(2023. 12. 19 - 2024. 5. 30)

2023년 4월 24일 나는 일명 돈봉투 사건으로
파리에서 자진귀국했다.
주위 사람을 괴롭히지 말라고 검찰청에
두 번 자진 출두했다. 기다림 끝에
2023년 12월 19일 구속되었다.

진상 조사를 반대하려면 당명을 바꿔라

국민의힘 당명을 '검찰의힘' '용산의힘'으로 바꾸라는 여론이 빗발치고 있다.

감옥에 갇혀 있으니 답답하고 미안하다. 거리에 나가 이태원 참사 유가족들, 시민들과 함께하지 못해서. 마음은 용산 대통령실 앞에서 연좌농성을 하고 싶은데 조그만 독방 벽에 사랑스러운 딸·아들 사진을 붙여놓고 아침저녁으로 위안을 받는다. 이런 나의 딸과 아들이 이태원 참사 희생자였다면 나는 어떤 상태가 되었을까?

이태원 참사 유가족들의 한 맺힌 목소리가 들린다.

"아이들을 보내고 엄마들의 눈물은 강이 됐고 아빠들의 한숨은 태산이 되었다."

나는 제정신으로 살 수 없을 것 같다. 가슴에 딸·아들을 묻은 아빠, 엄마들의 애간장이 끊어지는 아픔을 대변하는 것이 여야를 넘은 정치인의 기본 책무가 아닌가?

우리나라는 수년째 전 세계 190여 개 국가 중 출산율이 최저다. 합계출산율이 일본의 1.2명보다 훨씬 낮은 0.8명조차 무너졌고

0.7명도 위험하다. 한 해 출생아도 곧 20만 명대가 무너지게 될 것 같다. 586세대가 한 해 100만 명이 태어난 것에 비하면 격세지감이다. 이런 와중에 노인빈곤율은 OECD 최고이고 자살률도 최고다. 특히 청소년 사망원인 1위가 수년째 자살이라고 한다.

대한민국은 침몰 중이다. 소멸 위기 민족이며 국가다. 재앙 수준이다. 그래서 여야가 저출생 대책을 발표했다. 태어난 아이도 제대로 보호하지 못하고 159명 참사에 트라우마 자살 희생자를 합하면 162명이 희생되었다. 책임자도 제대로 처벌되지 않았다.

진상을 제대로 조사하자는 특별법을 국민의힘은 반대해왔다. 더불어민주당 및 야당이 연합해 이태원 희생자 가족들의 의견을 수렴해 법안을 통과시키자 국민의힘이 대통령 거부권 행사를 촉구한 것이다. 그러면서 국민의힘의 한동훈 위원장은 총선용으로 저출산 대책을 발표했다. 뻔뻔하기 이를 데 없다.

희생자인 29세 이남훈 씨의 어머니 박영수 씨가 삭발하기 전 국민의힘에 외쳤다고 한다.

"오늘 (여당이) 출산장려정책을 내놓는다고 하더군요. 아이 낳지 마십시오! 이 나라에선 살 수 없습니다. 새끼 키우고 살 수 없는 나라입니다. 아이 낳지 마십시오."

이런 외침에 응답해 이들의 눈물을 닦아주지 않고 아이 낳으라고 하면 누가 공감할 것인가? 동해상에 열 명 넘는 동료 선원과 선장을 살해하고 남쪽에서 체포된 북한 살인 혐의자를 북송한 문제나 서해상에 표류하다 북한군에게 살해된 공무원 문제로 서훈 국정원장, 서욱 국방부장관 등을 구속하고 기소해 재판 중에 있다.

북한 살인 혐의자의 인권조차 소중하다며 이렇게 수사·기소를 하는 정권이 주 책임자 김광호 서울경찰청장을 일 년이 넘어서야 마지못해 기소하고 특별법 반대, 거부권 행사를 주장하고 있는 국민의힘. 아무래도 당명이 현실과 너무 어긋난다. 내란목적 살인죄 등을 범한 전두환 일당이 '민주정의당'을 만든 코미디가 재현된 것이다. 국민의힘을 '검찰의힘' '용산의힘' 등으로 바꾸라는 여론이 빗발치고 있다.

윤석열, 한동훈, 용와대와 국민의힘 간에 김건희 여사 명품수수 사과 논란 여부를 가지고 쇼를 하고 있다. 1987년 대선 승리를 위한 전두환·노태우 간의 약속대련이었던 6·29 선언 연출 수준보다 훨씬 뒤떨어진 수준의 쇼로 보인다.

김건희 여사 건은 사과 여부 논란이 아니라 특검법 재의결을 통한 수사 착수가 정답이다. 명품수수 건은 특검법과 상관없이 이원석 검찰총장이 즉각 수사하도록 지시하면 된다. 이원석 총장은 선배 윤석열 총장이 직속상관인 조국 법무부장관 부부와 자녀들을 그렇게 철저하게 수사하는 것을 보고 배우지 않았는가?

국민의힘은 이태원특별법 거부권 건의를 철회하고 만일 대통령이 거부권을 행사하면 김건희 여사 특검법과 함께 재의결할 것을 촉구한다. 국민 70퍼센트 정도가 찬성하는 법을 반대하려면 '국민의힘'이란 당명을 '검찰의힘' '용산의힘'으로 바꿀 것을 촉구한다. [2024. 1. 22]

한반도 핵전쟁의 위험

국가안보는 정치 · 외교 · 경제가 우선이다.
군사는 최후의 수단이다.

핵은 정치적·상징적 무기다. 핵을 인류에, 전쟁에 사용해서는 절대 안 된다. 1945년 8월 6일과 9일, 히로시마와 나가사키에 처음으로 핵이 사용되었다. 수십만 명이 사망할 정도로 가공할 만한 위력이었다. 그러나 현재 인류가 가지고 있는 핵은 전술핵무기, 소위 저위력 핵무기라 할지라도 히로시마와 나가사키에 투하된 핵보다 수십 배 수백 배 더 큰 파괴력을 가지고 있다.

북한은 사실상 핵보유국이 되었다. 대한민국은 미국의 핵우산, 즉 확장 저지라는 정책으로 보호되고 있다. 사실상 북미 간의 핵 대결이 가시화되고 있다. 핵을 관리하는 것은 대단히 어려운 일이다. 전략적 핵 수단은 세 가지다. ICBM, B-1 등 전략폭격기, SLBM을 실은 전략 핵잠수함이다. 전략폭격기나 핵잠수함은 출항과 이륙 후에 경보 오작동 실수, 판단 미스 등을 교정할 기회가 있지만 ICBM은 발사하고 나면 나중에 잘못된 판독, 경보가 밝혀지더라도 수정하기가 어렵다.

체공시간이 30분 이상 되는 사거리 7-8,000킬로미터 이상인 ICBM은 중간 요격이라도 할 수 있지만 5,000킬로미터 이하 IRBM은 요격할 시간도 안 되기 때문에 더욱 위험하다. 한반도는 남북 종단 길이 1,000킬로미터에 불과하다.

핵전쟁이 발생하면 민족 전체가 망하는 것이다. 남북 모두 동반자살이다. 남북 모두 상대방 자신들을 공격하면 몇 배로 응징하겠다고 으르렁거린다. 나는 방어적 훈련이며 평화수호 목적이지만 너는 도발이며 위협이라는 논리를 반복한다. 모순이다. 창과 방패는 양면의 칼이다. 나는 방어되지만 상대방은 위험에 노출된다는 것 자체가 위협이다. 나의 안보가 상대방에게는 위협이다. 이것이 안보 딜레마다. 안보는 외교와 경제가 우선이다. 군은 최후수단이다. 지옥을 죽어서가 아니라 현실에서 보고자 하면 그것이 전쟁이다. 평화를 원하거든 전쟁을 준비하라는 말이 있다. 물론 기본적으로 자위적 무력, 튼튼한 군사안보능력이 중요하다. 이것은 전제이고 실제로 군사력 사용이 되지 않도록 관리하는 것이 외교와 경제다.

외교가 무너지면 벌거벗은 무기 경쟁, 군비 경쟁이 강화된다. 그러면 반드시 실수가 발생한다. 우발적 충돌이 발생한다. 1961년 1월 미국 동부 해안 노스캐롤라이나주 상공에서 B-52가 공중분해되어 탑재하고 있던 수소폭탄 두 발이 낙하하는 사고가 발생했다. 폭발은 안 했지만 지상에 충돌했다. 식은땀 나는 일이다. 1965년 12월에는 일본 가고시마현 아마미오섬 앞바다에서 수소폭탄을 탑재한 미 항공기가 해군항모에서 이륙하다가 추락해 해저로 가라앉았다.

1966년 1월에도 B-52가 스페인 남부 팔로마레스 상공에서 공중급유기와 충돌해 추락했다. 수소폭탄 네 발 중 세 발이 지상으로 떨어졌다. 이와 유사한 사고가 끊임없이 발생했다. 미-소 냉전기에 서로 핵 공격 징후로 오인해 핵무기 발사 직전까지 가는 아찔한 순간이 많았다.

1962년 10월 16일부터 10월 28일까지 13일간 이어진 피 말리는 쿠바 미사일 위기 때는 미국 정찰기 U-2가 소련 상공을 침범했고, 쿠바 상공에서 소련 미사일에 격추되어 핵미사일 보복공격이 발생할 위기에 처한 때도 있었다.

"전쟁은 언제나 정치적 조건에 따라 일어나며 정치적 동기에 의해 발발한다."

6·25 전쟁이 그러했다. 1950년 1월 12일 미 국무장관이 에치슨 선언에서 한국을 미 극동방위선에서 제외시킨 행위는 김일성에게 남침해도 미군이 개입하지 않을 것이라는 푸른 신호등을 켜준 것과 같았다. 요시다 시게루 일본 총리는 한국전쟁이 발발하자 "천우신조다. 일본이 살았다"고 하늘에 감사했다고 한다.

제8군 사령관 밴 플리트는 "한국전쟁은 하나의 축복이었다. 그것은 가장 적절한 시기에 가장 적절한 장소에서 일어난 안성맞춤의 전쟁이었다"고 말했다고 한다.

1950년 5월 30일, 제2대 국회의원 선거에서 이승만이 참패했다. 210개 의석 중 이승만 지지 의석은 44석에 불과했다. 5월 위기설이 퍼졌다. 김일성의 남침 야욕과 이를 최종 승인한 스탈린과 마오쩌둥, 침략을 방관한 미국 등과 여러 주변 이해관계가 얽혀서 3년간 소모적 전쟁이 발생한 것이다.

네루 전 인도 수상은 이렇게 말했다.

"전시란 언제나 정부가 자신들 이외의 모든 집단을 모조리 억압하고 마음대로 행동하는 데 알맞은 좋은 변명이 되기 마련이다. 허용되는 유일한 자유는 오직 자신들만을 위한 자유다."

제네바 북핵 협의 미국 대표 갈루치가 한반도 핵전쟁의 위험을 경고하고 나섰다. 대한민국 극우세력들이 주장하는 논리의 모순은 북한의 김정은 정권을 비이성적이고 잔인하고 미친 정권이라고 비난하면서, 대한민국이 보복공격·킬체인 등 군사적 보복을 주장하면 북한은 이성적이고 합리적으로 양측 전력과 경제력을 비교해 손익을 계산해서 도발하지 않을 것이라는 가정을 한다는 것이다.

우리들의 상식과 이성으로 판단하고 재단해서는 안 될 영역이 있다. 북한의 그것은 최고존엄, 수령론의 문제다. 북한의 국체·체제의 핵심이다. 일본과 비교하면 이해가 쉬워진다. 일본의 천황은 만세일계·팔굉일우·현인신 같은 존재다. 천황제 유지 조건 없는 무조건 항복을 요구하는 포츠담 선언을 그래서 일본이 수용할 수 없었다. 제2차 세계대전 때 미국이 원자폭탄을 쓸 수밖에 없었던 것은 일본 우익 국민들의 국체호지(천황제 수호), 1억 옥쇄론이 무서웠기 때문이다.

8월 6일 일본은 히로시마 원폭을 보고도 항복하지 않았다. 8월 8일 소련이 참전 선언을 하고 8월 9일 나가사키 2차 원폭이 터지고 나서야 8월 14일 히로히토가 참여한 어전회의에서 "천황제 유지 전제하에 항복을 수락한다"고 의결한다.

비록 트루먼과 번즈 미 국무장관이 천황제 유지를 조건으로 명시하지 않고 무조건 항복을 요구했지만 일본 측은 천황제가 유지된다는 것으로 해석했다. 번즈 장관은 "항복하는 순간부터 천황과 일본 정부의 통치권은 연합국 최고사령부에 종속되며(subject to) 일본의 최종적인 정부 형태는 포츠담 선언에 따라 자유롭게 표현된 일본 국민의 의사에 의해 결정될 일"이라고 했기 때문이다.

1945년 8월 11일, 『뉴욕타임스』 헤드라인은 다음과 같았다.

"태평양의 미군들 환호하다. 천황은 유지되어도 좋다고 말한다" (GI's in Pacific Go Wild With Joy; 'Let'Em Keep Emperor').

마찬가지로 북한의 수령제는 일본 천황의 존재보다 훨씬 강력한 북한의 실제권력, 통치구조이며 국가통합의 상징이다. 오죽하면 수령은 인민의 뇌수이며 당이며 국가라고 하겠는가. 절대왕정 시대 프랑스 루이 14세가 "짐이 곧 국가다"라고 말한 것과 유사한 수준이다.

우리의 민주주의 활동가, 민주시민 입장에서는 수용할 수 없는 이해하기 어려운 일이지만, 일본인과 천황을 비교해서 이야기해

보면 일본인이 북한 체제를 훨씬 잘 이해하는 것을 볼 수 있다.

그래서 남북 간의 대립이 강화되더라도 메시지 관리를 잘해야 한다. 상대방의 긍정적 언어를 도출해 국제적 규범을 일탈하지 않도록 유도하는 성숙한 외교를 펼쳐야 한다. 북한 지도자에 대한 인신공격과 참수부대 운운은 불필요한 일이다.

김정은은 이렇게 주장했다.

"우리가 키우는 힘은 일방적 무력 통일을 위한 선제공격 수단이 아니라 철저히 스스로를 지키기 위해 꼭 키워야만 하는 정당방위력이라는 것을 다시금 확인한다."

"적들이 건드리지 않는 이상 결코 일방적으로 전쟁을 결행하지 않을 것이다."

이에 대해 윤석열 대통령은 이렇게 응했다.

"북한이 도발해온다면 우리는 이를 몇 배로 응징할 것이다. 전쟁이냐 평화냐를 협박하는 재래의 위장 평화전술은 통하지 않는다. 지금 대한민국 정부는 과거 어느 정부와 다르다."

재래식 전시작전권 회수도 홀로서기가 겁이 나서 주장하지 못하는 윤석열 정권이 자기 마음대로 어떻게 몇 배로 응징한다는 것인가? 이럴 때는 오히려 김정은이 주장하는 '선제공격은 안 한다. 자위적 수단이다. 건드리지 않는 이상 일방적 전쟁을 결행하지 않을 것'이라는 긍정적 메시지를 대신 인용해 환기시켜줄 필요가 있다.

우리 역시 한미 합동훈련이나 국방태세는 자위적인 것이며, 북한에 대한 일방적 선제공격 의사가 전혀 없다. 한반도 군사 긴장 완화를 위한 남북 간의 상호불가침 합의를 계속 확인하고 지켜나가야 함을 강조하는 성숙한 대한민국 대통령의 메시지가 필요하다고 본다. 문제는 김용현 경호처장, 신원식 국방부장관, 김태효 안보실차장과 같은 감각 없는 매파들의 경거망동이 사태를 악화시킬 수 있다는 것이다.

김용현 경호처장은 육사 38기로 윤석열 대통령의 충암고 선배로서 차지철 같은 권력을 행사하고 있는 것으로 알려졌다. 내가 인천시장(2010-2014) 시절 인천·부천에 자리 잡은 17사단 사단장이 김용현이었다.

나는 지역방위협의회 의장 자격으로 자주 17사단을 방문한 적이 있다. 부대 곳곳에 붙어 있는 포스터와 현수막 그림에 놀랐다. 김정은의 목을 잘라서 들고 있는 사진 등 북한 지도부 참수부대, 대북 적개심 고취 등의 문구로 뒤덮여 있었다. 저런 그림 등은 SNS를 통해 북에서 파악할 텐데 굳이 저럴 필요가 있을까, 저게 우리 안보에 도움이 될까 의문스러웠다. 신원식 장관이 걸핏하면 전쟁 시 적의 지도부 제거 등 북의 역린, 금기사항을 자극하는 발언을 서슴지 않고 있다. 급기야 러시아까지 신원식 장관에 대해 경고하고 나섰다.

6·25 전쟁이 생각난다. 전쟁 나면 북진해서 점심은 평양에서, 저녁은 압록강에서 먹는다는 신성모 장관의 허풍이 필요한 것이 아니다. 남침을 은폐하기 위한 북침론 근거로 이용만 될 뿐이다.

오히려 조용히 참호를 파고 휴가를 취소하고 적의 침략에 대비하여 북한 2군단의 침입을 3일간 저지해 대한민국을 구한 춘천대첩의 영웅 6사단 김종오 사단장처럼 실질적인 국가안보 태세를 조용히 구축해가는 것이 필요하다.

국가안보는 정치·외교·경제가 우선이다. 군사는 최후의 수단이다. 국가안보와 통합에는 민간 자체의 규율과 도덕 등이 우선이다. 형벌권·검찰권은 사회적 질서 유지의 최후 수단이다.

정치·외교·경제가 뒤로 밀리고 군사·군대가 앞장서고 각 사회 자체 자율이 무너지고, 검찰권·형벌권이 몽둥이 들고 앞장서는 사회의 국가안보는 오히려 불안해지고 사회질서가 혼란에 빠진다는 역설을 깨달아야 한다. [2024. 1. 28]

핵폐기물 영구 저장시설이 시급하다

고준위 핵폐기물 저장시설 없이
새 원전을 계속 짓는 것은 화장실 없는
아파트를 건설하는 것과 마찬가지다.

나는 탈원전 속도조절론을 주장했다. 문재인 정부 원전 정책을 에너지 전환정책이라 표현한 것이 적절했다. 원전 문제를 정서적으로 접근하면서 불필요한 매를 맞게 되었다. 공론화추진위를 통해 '신고리 5·6호기 원전 건설 재개 여부'를 결정한 것은 나름대로 의미가 있었다. 불필요한 수개월 공사 중단으로 엄청난 비용이 발생했다는 보수언론 등의 비판도 일리가 있다. 나는 국민적 공감대를 만들기 위한 불가피한 민주주의 비용으로 이해했다.

그러나 공론화위원회가 신고리 5·6호기 공사 재개 여부를 넘어서 우리나라 원전 정책 전체 방향을 결정하다시피 활용하는 것은 월권이다. 국무총리 훈령을 살펴보았다. 이낙연 총리 때의 훈령이다. 공론화위원회의 목적이 정확히 신고리 5·6호기 공사 재개 여부에 한정되어 있었다. 이 범위를 넘어서 신한울 3·4호기 공사 중단 여부까지 결정할 권한은 없었다. 나는 원자력 업계 신년하례회에 참석하여 신한울 3·4호기 공사 중단 재검토가 필요하다고 주장했다. 위 공사 중단 여부를 국회도 아닌 신고리 5·6호기 공론화위원회가 결정하는 것은 월권임을 주장했다.

『조선일보』 등 보수언론이 이 기사를 크게 다루었다. 청와대의 즉각적인 반응이 나왔다. 당시 청와대 김의겸 대변인으로부터 전화를 받았다. VIP가 이미 논의가 끝난 일을 거론한 것이라고 즉각 논평을 내라고 했다고 한다. 실망스러웠다. 나의 주장이 뭔지 강기정 정무수석이나 노영민 실장을 시켜 한번 들어볼 수도 있었을 텐데 여당 중진의원의 말을 공개적으로 청와대가 묵살한 것이다.

페이스북을 통해 나의 진의를 밝혔다. 반응이 없다. 확전을 자제했다. 보수언론에 의해 당정 갈등으로 비화, 악용될 것을 염려했다. 아쉬웠다. 신한울 3·4호기 공사는 문재인 정부 내내 공식적으로 취소 결정을 못 했다. 취소 결정이라는 행정행위를 한다는 것은 행정법상 신뢰보호원칙 위배로 정부가 패소하기 쉽기 때문이다. 이미 두산중공업 등이 선행 투자한 비용이 7,000억 원에 이른다고 한다.

결국 탈원전 정책이란 프레임과 한국전력공사의 적자, 전기료 인상으로 연결되는 국민의힘의 공격이 지난 대선 패배의 한 원인이 되었다. 문재인 정부 때 신고리 5·6호기 공사를 계속해서 완공 직전까지 갔고 나머지 원전도 대부분 정상화되고 있었음에도 불필요한 매를 맞은 것이다.

윤석열 정권이 들어섰다. 월성원전 문제로 산자부장관과 한수원 사장 등을 수사·기소한 윤석열 정권이다. 원전 정책 강화를 표방했다. 신한울 3·4호기 공사 재개도 선언했다. EU가 원전을 비탄소에너지로 분류하는 EU 택소노미를 발표했다. 윤석열 정권은 반색했다. 그러나 EU 택소노미가 원전을 탈탄소 에너지로 분류한 것은 우크라이나 전쟁, 러시아 가스·원유 수입 감소 제한 등 외부 요인에 기인한 바가 크다. 전제조건으로 사고저항성 핵연료 사용 및 핵폐기물 처리시설 확보 등이 필요하다.

핵폐기물은 저중준위부터 고준위 폐기물이 있다. 우리나라는 경주에 저준위 폐기물 처리시설을 일부 확보했지만 고준위 폐기물처리장은 전혀 확보하지 못하고 있는 실정이다. 대부분 고준위 사용후핵연료를 발전소 수조 안에 임시 보관 중이다.

핵연료 임시 보관 공간이 점점 줄어들고 있다. 영구 저장시설이 시급히 필요하다. 2023년 4분기 기준으로 저장률이 78.7퍼센트에 달하는 한빛원전은 2030년에 저장공간이 다 차게 될 예정이다. 한울원전은 2031년에 저장공간이 다 찰 예정이어서 6-7년밖에 시간이 남지 않았다. 핵폐기물 양을 10분의 1로 줄일 수 있는 사용후핵연료 재처리는 일본, 프랑스 등에서는 허용되고 있으나 한미원자력협정으로 한국은 금지되어 있다. 이의 개정이 시급히 요구된다. 보수·진보를 떠나 역대 정부가 이 문제를 해결하지 못한 것은 안타까운 일이다.

해외 원전 수출을 위한 APR-1400 등의 원전기술에 대한 미국 웨스팅하우스의 IP(지적소유권) 주장도 해결해야 할 과제다.

나는 지난해 겨울 프랑스 파리 경영대학 방문교수로 있으면서 원전 강국인 프랑스의 핵폐기물 처리시설을 견학한 적이 있다. 뷔르라는 지방이다. 수년간 설득을 통해 주민들의 동의를 구했다. 지하 500미터에 연구시설을 만들어 지층 지하수, 온도, 압력 등 안전성 문제를 수년째 실험·연구하고 있었다. 엘리베이터를 타고 지하 500미터 현장에 내려가서 공사 현장을 둘러보았다. 대단했다. 지하 500미터 터널 옆면에 원통형 터널을 만들어 핵폐기물을 원통에 넣고 시멘트 등으로 양생한 원통을 시체실에 관 넣는 것처럼 집어넣는 시스템이었다. 부러웠다. 우리는 언제 이 정도 단계로 나아갈 것인가.

21대 국회에 여야 의원들이 고준위 핵폐기물 처리를 위한 특별법을 발의해놓고 수차례 상임위에서 논의를 한 바 있다. 상당히 의견이 접근했음에도 불구하고 답보 상태에 놓여 있다. 윤석열 정부가 그렇게 원전 중요성을 강조하고 문재인 정부를 비판해왔다면 이제 이 법안 통과를 위해 최선을 다해야 하는 것 아닌가?

신년사, 국회연설 등 수많은 대통령 메시지에서 이 문제의 시급성과 필요성을 강조하는 메시지가 보이지 않는다. 야당 대표, 원내대표도 한 번 만나지 않고 오로지 선거용 감세 포퓰리스트 정책과 GTX 노선 등 재량·재원 대책도 없는 선거용 생색내기 발표만 남발하고 있는 실정이다.

고준위 핵폐기물 저장시설 없이 원전을 유지하고 새 원전을 계속 짓는 것은 화장실 없는 아파트, 쓰레기 소각장 없는 도시를 건설하는 것과 마찬가지다.

여야 정당은 21대 국회가 종료되기 전에 탈원전 정책 찬반 여부와 상관없이 이미 발생했고 지금도 앞으로도 계속 발생할 고준위 핵폐기물 보관 문제 관련 법을 통과시키고 준비해갈 것을 강력히 촉구한다. [2024. 1. 29]

한동수 전 대검찰청 감찰부장이 본 깡패 소굴

"깡패 소굴에서 어떻게 3년을 견디셨나요?
그 경험이 언젠가 꼭 쓰이게 될 날이 올 겁니다."

『검찰의 심장부에서』는 설 연휴 기간 동안 꼭 추천하고 싶은 책이다. 임은정 검사의 책을 3회독 했는데 이 책도 3회독을 하게 되었다. 한동수 저자는 서울법대 출신 판사로 16년간 근무했다. 그 후 변호사로서 율촌 로펌에서 특허·상표 관련 등의 사건을 담당하다 2019년 대검찰청 감찰부장 공모를 보고 지원했다. 이 책은 문재인 대통령이 대검 감찰부장으로 임명해 2년 9개월 동안 (한동수 부장의 표현으로는) 깡패 소굴 같은 윤석열 검찰총장 체제와 그 이후 겪었던 내용을 기록한 글이다.

「내부자들」이란 영화에서 족보 없는 경찰대 출신 검사가 서울법대 특수부 출신들의 조폭 같은 네트워크 속에서 어떻게 생존하고 내부 비리를 폭로했는가를 생생하게 현실로 보여주는 것 같다. 영화 장면보다 실감나고 생생하게 기록했다.

한동수 부장은 첫 출근에서 윤석열 총장의 실체를 느낀 것 같다. 본능과 직감으로 윤석열 총장이 정상적인 공직자가 아님을 파악한 것이다. 윤 총장 역시 직감으로 한 부장은 선비처럼 살아온 사람으로 자신과 다른 부류임을 느꼈으리라. 첫 반응은 대검 부장회의에 한 부장 참석을 배제시킨 것이었다.

윤석열 총장은 대검 부장들과 회식 자리에서 이렇게 말했다 한다.

"만일 육사에 갔더라면 쿠데타를 했을 것이다. 쿠데타는 김종필처럼 중령이 하는 것인데 검찰로 따지면 부장에 해당한다. 나는 부장 시절로 돌아갔으면 좋겠다."

윤석열 총장은 실제 검찰 쿠데타에 성공했다. 한남동 '서울의 봄' 12·12처럼 서초동 쿠데타를 한 것이다. 『조선일보』의 강력한 공중사격 지원을 받고 박근혜 대통령을 뇌물죄로 엮어 구속시킨 것이다. 박근혜 정권이 『조선일보』 송희영 논설주간을 구속시키면서 청와대와 『조선일보』가 전쟁을 시작했기 때문이다. 또 윤 총장은 이렇게 말했다.

"『조선일보』 사주를 만났다. 『조선일보』가는 평안도에서 내려온 사람들이고 반공의식이 아주 투철하다. 검찰의 역사는 빨갱이 색출의 역사다."

찰떡궁합이다. 『조선일보』·천공·김건희·한동훈 등이 어우러지면서 '대호(大虎) 프로젝트', 즉 검찰 조직을 윤석열 대통령 만들기 사전 선거조직으로 활용한 것이다.

채널A 검언유착 사건과 한동훈 감찰 방해 고발사주 사건(손준성) 등은 윤석열·한동훈이 검찰조직을 사유화해 집권 여당이었던 더불어민주당 관련 인사들을 검언유착으로 정치적 타격을 입혀 2020년 4월 총선에서 국민의힘 승리에 사실상 도움을 주려는 의도가 생생하게 기술되어 있다. 한동훈은 손준성 대검 수사정보정책관, 권순정 대검 대변인과 채널A 사건이 보도된 3월 31일부터 4월 2일까지 최대 127차례 문자 메시지를 주고받았다고 한다. 더불어민주당 전당대회 돈봉투 논란 수사에 100번이 넘는 압수수색과 모든 카톡·텔레그램 메시지를 수사한 특수부 검사 나리들, 자기들 문제가 생기면 검사가 아니라 로펌 변호사로 돌변하는 카멜레온 같은 특수부 검사들, 채널A 사건과 관련해 한동훈을 감찰하려는 한동수 대검 감찰부장을 사사건건 방해하고 『조선일보』에 정보를 흘려서 한동수 부장을 역공하는 모습이 생생하게 기술되어 있다.

임성근 해병대 사단장을 수사하는 박정훈 해병대 수사단장을 거꾸로 항명죄로 기소하는 것과 유사하다. 문재인 정부 때였으니 한동수 부장을 구속하거나 기소하지 못했지, 만일 지금 정권에서 대검 감찰부장이 이원석 총장이나 한동훈 장관 지시에 따르지 않고 수원지검 이정섭 차장검사를 아나운서 출신 처남댁이 기자회견하기 전부터 감찰하려 시도했다고 생각해보자. 그랬다면 제2의 박정훈 대령 꼴이 났을 것이다.

한동훈의 뻔뻔함과 적반하장은 버릇없이 자라 인격훈련과 공직윤리가 확립되지 않은 우리나라 일부 부유층 교육의 문제점을 적나라하게 보여주는 것 같다. 자신의 핸드폰 비밀번호를 안 가르쳐주고 이를 확보하려는 정진웅 검사를 독직폭행으로 고소·기소하고, 양승태 대법원장을 구속기소했던 한동훈. 무죄판결이 나오자 대법원 요청에 따른 사실상 청부 수사였다고 스스로를 판단능력이 없는 용역 깡패 수준으로 디스한 한동훈. 이재용 회장 무죄판결이 나자 자기가 기소할 때 관여한 사건이 아니었다고 발뺌하고 유체이탈을 하는 한동훈. 윤석열·한동훈·이복현 등 이 패거리가 이재용을 구속기소해놓고 무죄가 나오니, 『조선일보』는 문재인 정부 이성윤 지검장 때 기소했다고 실드를 치는 난형난제, 부창부수 같은 코미디를 하고 있다.

한명숙 전 총리 모해위증 사건을 파헤치려는 임은정 검사, 한동수 감찰부장의 감사를 끝까지 방해하고 범죄를 은닉·비호한 윤석열 검찰총장, 대검 감찰부장의 정당한 감찰 활동을 '하청감찰' '몰래 포렌식' '입건사주' 운운하며 한동수 부장을 공격했던 공수처 피의자 권순정 대검 대변인, 윤석열 총장 장모 의혹 대응문건을 만들어 대한민국 대검찰청을 총장 개인의 장모 범죄행위 비호 가족 로펌으로 만들었던 자들의 생생한 민낯이 기록되어 있다.

임은정 검사가 2020년 8월 자신의 페이스북에 올린 글도 인용했다.

"20년 검사 생활하면서 저 사람 검사장 달겠다 싶은 검사 세 명. 문찬석·한동훈·이원석이다."

"그 선배들을 보며 처세에 능수능란한 검사, 난세의 간교한 검사가 될 것이라는 생각이 들 만큼 주어진 과제를 수행해가는 능력과 처신술에 빼어남이 있었다."

다시 읽어봐도 너무나 정확한 예언이라 섬뜩하다. 특수부 수사는 사냥몰이, 토끼몰이 수사라고 한다. 나도 사냥감이 되어 감옥에 갇혀 있다. 그러나 나는 전혀 쫄지 않는다. 나를 구속 수사한 기준을 윤석열·김건희·한동훈에게 똑같이 적용하는 날이 올 때까지 투쟁할 것이다.

한동훈 검사는 한동수 변호사가 대검 감찰부장으로 부임하던 첫날 점심 자리에서 "죄가 될 만한 것은 어떻게든 찾으면 나오게 마련이므로 성과를 내지 못하면 무능한 검사라고 생각한다"라고 말했다고 한다. 가칭 '정치검찰해체당'은 총선 공약으로 윤석열 조기 탄핵과, 윤석열·한동훈 범죄 의혹 특별검사법을 통과시켜 자신이 한 말이 자신에게 적용되는 상황을 만들어야 한다.

대검 형사부장이었던 김관정 검사는 나와 연수원 26기 동기다. 좋아했던 후배님이었다. 윤석열·한동훈 등과 결이 다른 검사였다. 김관정 변호사의 윤석열에 대한 평가는 임은정 검사·이성윤 검사장·한동수 부장 등의 견해와 거의 일치하는 것 같다.

윤석열 총장 시절 일본 검찰과 활발한 교류 내용도 충격적이다. 주한 일본 대사관 소속 일등 서기관 오쿠무라 도시유키(奧村寿行) 검사가 대검찰청을 방문하여 법무협력관 자격으로 총장을 만나고 각 부장실에 일본 사쿠라(벚꽃) 달력을 나누어주고 다녔다는 내용은 충격이다.

한동수 부장은 이순신 장군의 『난중일기』를 자주 읽는다고 한다.

“계사년 5월 14일 영남우수사 원균이 와서 술주정이 심하여 차마 말할 수 없으니 한 배의 장병들이 놀라고 분개하지 않는 이가 없었다. 그의 거짓된 짓을 차마 말할 수 없었다.”

한 부장은 이런 일이 대검에서 벌어지고 있는 것 같았다고 쓰고 있다.

또 한 부장은 최은순 사건에 대해 정확히 파악하고 있었다. 정대택 씨와 최은순 씨 사이의 동업 약정서를 법원이 강요된 행위라고 진정성립을 부인하는 판결을 했다. 한동수 부장도 이상한 판결을 지적했다.

“나 역시 오래도록 민사재판을 했지만 법원에서 처분문서의 진정성립을 부인한 사례는 손꼽을 정도다.”

백모 법무사의 거짓 증언 때문이었다. 그런데 그 법무사가 돈을 받고 모해위증을 했다고 양심선언을 했는데, 검찰은 전혀 수사하지 않고 모해위증죄 기소도 하지 않고 변호사법 위반으로 구속했다고 한다. 정대택 씨가 수많은 유튜브 방송에서 호소한 내용이다. 나도 수차례 정대택 씨로부터 직접 들어서 잘 알고 있다.

윤 총장 장모 최은순이 요양병원을 불법 개설해 요양급여를 부정수급했다는 의혹으로 서울중앙지검은 특가법(사기) 의료법 위반으로 불구속기소했다. 2021년 7월 2일 의정부지법은 징역 3년을 선고하고 법정 구속했다. 그런데 항소심 서울고법이 2021년

9월 9일 두 달 만에 보석으로 석방해주었다. 그리고 2022년 1월 25일 무죄판결했다. 국민 모두의 법감정과 상식에 어긋난 판결이었다. 재판장은 한동수 부장도 잘 아는 윤강열 부장판사라고 한다. 윤석열 총장과 사법연수원 23기 동기였다고 한다. 한 부장도 의구심을 표하고 있다.

보통 판사들은 검찰의 이런 노골적인 증거조작·모해위증·별건수사·70회가 넘는 소환조사·피의자 참고인 협박 등 세세한 사항을 잘 모른다. 한동수 부장도 2년 9개월 동안 검찰을 겪어보고 생생하게 느꼈을 것이다. 『검찰의 심장부에서』는 대한민국 판사님들이 꼭 한번 읽어봐야 할 책으로 추천하고 싶다. 판사가 같은 국가기관이라고 검사의 말에 더 신빙성을 부여하고 편파적으로 검사의 입증책임을 피고인에게 전가하는 순간, 국민의 기본권은 설 자리가 없어진다.

한동수 부장이 2년 9개월 동안 대검 감찰부장을 마치고 나오니 한 지인이 이렇게 말했다고 한다.

"깡패 소굴에서 어떻게 3년을 견디셨나요? 그 경험이 언젠가 꼭 쓰이게 될 날이 올 겁니다."

「서울의 봄」 영화를 보았다. 지금의 윤석열 쿠데타와 너무 닮았다. 한동수 부장도 "12·12 군사 쿠데타를 다룬 영화 「서울의 봄」은 40여 년이 지났지만, 내가 근무하던 때의 검찰의 모습과 상당히 닮아 보였다"라고 쓰고 있다. 사람 눈은 비슷하다. 수많은 MZ세대가 「서울의 봄」을 보았다. 대통령, 장관, 총장 등 공식 국가

체계가 '하나회'라는 조폭 같은 정치군인 패거리에게 그렇게 진압도 못 하고 쉽게 무너졌을까? 안타까움이 크다.

윤석열의 경우는 국민의힘 장제원·김진태 의원 등 수많은 반대에도 불구하고 문재인 정부가 검찰총장으로 발탁해 대통령이 되는 발판을 만들어주었으니 히틀러를 발탁해 총리로 지명했던 힌덴부르크 독일 대통령 때가 연상된다.

그들은 3년 전 더불어민주당 전당대회 돈봉투 논란을 가지고 정당민주주의, 대의민주주의를 훼손시킨 중대범죄라고 열을 올렸다. 한동훈 장관, 이원석 총장 등에게 반문하고 싶다. 집권 2년도 안 되어 대통령 뜻에 따라 집권여당 대표가 일곱 번 바뀌고, 강서구청장 후보 김태우를 사면·복권시켜 사실상 대통령이 공천하고, 대검총장 시절 자신의 수족 손준성 수사정보관을 통해 21대 총선 직전 더불어민주당 관련 인사를 고발사주한 사건이야말로 정당민주주의의 삼권분립, 공무원의 정치적 중립을 위반한 국기문란 행위가 아닌가?

한동수 부장의 『검찰의 심장부에서』라는 책은 영화 「내부자들」보다 더 생생한 기록이다. 저자의 용기에 감사를 보낸다.

신들의 세계에서 불을 훔쳐 인간에게 전해준 프로메테우스처럼 정치검찰에 맞서는 정의로운 검사들의 목소리를 기대한다. 임진왜란 때 이순신 장군처럼 한 사람의 힘이 중요하다는 말에 공감한다. 설날 연휴 일독을 권한다. [2024. 2. 5]

옥중에서 다시 만난 김대중 대통령

대한민국 헌정사상 최초로 평화적인
정권교체를 이루어낸 시대의 거인
김대중 대통령을 감옥에서 다시 대면하게 되었다.

김대중 대통령 탄생 100주년이 되었다. 황태연 교수님과 배기선 선배님이 면회를 와서 격려해주면서 김대중 대통령의 옥중생활 경험을 공유해보라는 조언을 해주셨다. 『사상가 김대중』이라는 책을 보내주셨다. 『김대중 자서전』을 비롯하여 김대중 대통령 관련 글은 빠지지 않고 읽어왔다. 그러나 감옥에서 읽는 김대중 대통령의 어록은 더욱 절실하게 다가왔다. 6년의 감옥생활, 3년의 망명생활과 70여 회의 가택연금, 다섯 번에 걸친 죽음의 고비를 넘기고 인동초처럼 살아남아 대한민국 헌정사상 최초로 평화적 정권교체를 이루어낸 시대의 거인 김대중 대통령을 감옥에서 다시 대면하게 되었다.

나는 1999년 36세의 나이에 '젊은 피 수혈론' 제1호로 공천되어 당시 새정치국민회의 계양지구당 위원장으로서 1999년 6월 3일 보궐선거 후보로 공천장을 받으러 청와대에 갔던 일이 기억난다. 당시만 해도 김대중 대통령이 여당 총재를 겸직하고 있어서 대통령께서 공천장을 수여했다. 그런 인연으로 정계에 입문해 5선 국회의원을 하면서 고비고비마다 김대중 대통령의 철학과 어록, 사상, 업적, 발자취는 커다란 이정표가 되어왔다.

김대중 대통령이 돌아가신 날이 2009년 8월 18일이다. 대통령님의 유지를 계승하겠다는 취지에서 21대 국회의원 당선 후 의원회관 818호실을 요청하여 배정받았다. 지금은 인천 계양을 지역구를 승계한 이재명 국회의원 방으로 쓰고 있다. 김대중 대통령이 당선된 날의 감격을 잊을 수 없다. 김대중 대통령은 정권을 재창출하여 노무현 시대를 만들었다. 그러나 아쉽게도 노무현·문재인 정부는 정권 재창출에 실패했다. 아쉬움이 크다. 패배의 후과가 크다. 감옥에 있으면서 대선 패배의 책임을 뼈저리게 반성하게 된다.

김대중 대통령은 단순한 정치인이 아니다. 정치가이자 사상가다. 동서양 철학과 우리 민족 전통의 풍류도와 유불선 동학의 사상까지 섭렵하고 현실정치와 연결시켜내는 철학과 사상이 있는 정치가다. 그래서 우리는 지금도 김대중 선생님이라고 친근하게 부른다.

갈수록 심화하는 여야 간의 극한 정쟁, 표독스럽고 무자비한 검찰 범죄정권의 전횡을 보면서 김대중 대통령의 통합의 정치를 회고한다. 남북 간 핵전쟁의 위기가 가중되는 상황에서 김대중 대통령의 외교철학과 국제적 지도력, 한반도 평화통일에 대한 확고한 철학과 정책이 절실하게 느껴진다. 김대중 대통령이 시작해서 열어놓은 남북분단 벽에 뚫린 창을 노무현 시대 때 더 열어서 개성공단과 금강산 관광이 활성화되었다.

이명박·박근혜 정부에서 폐쇄된 개성공단, 금강산 관광의 문을 문재인 정부 때 북미정상회담까지 이뤄냈지만 끝내 다시 열지 못했다. 정치적 감각 없이 미국과 일본의 대리인을 자처하는 윤석열 정권의 외눈박이 외교로 남북관계가 최악으로 치닫고 있다.

박정희 시대 7·4 남북공동성명, 노태우 시대 남북기본합의서마저 다 날아가고 아예 적대적 국가 대 국가 관계를 북이 천명하여 윤석열 정권이 바라는 대로 주적 대 주적 관계가 확립된 것이다. 이런 군사적 긴장 고조는 상호 간의 오해와 오판, 정치적 필요에 따라 언제든지 불꽃이 튈 수 있는 위험한 상황으로 전개되고 있다.

행동하는 양심으로 뛰는 청년 김대중을 시대가 절실히 필요로 하고 있다. 김대중은 국왕 권력에 맞서 신앙과 신념을 지키기 위해 목숨을 바쳤던 '토마스 모어'의 이름을 세례명으로 받았다. 김대중 재선 국회의원 32세 나이였다. 영세를 준 김철규 신부님은 "순교할 생각으로 정치를 해야 한다"고 말씀했다.

나는 1995년 사법연수원 시절 서초동 본당 이재돈 신부님께 영세를 받았다. 세례명은 대건 안드레아다. 감옥에서 식사 때마다 "김대건 신부님의 순교 정신을 계승하여 이 환난과 고통을 이겨나갈 용기를 주소서"라고 기도한다.

1976년 명동성당 시국선언 사건으로 긴급조치위반 5년 형을 선고받은 김대중은 1976년 12월 20일 최후변론에서 "하느님께서 저를 감옥에 보내주신 데 대해서 감사하고 있습니다. 저는 제 경험과 양심으로 보아 마땅히 올 장소에 와 있습니다"라고 말했다 한다. '법정은 시대의 양심을 깨우는 강의실'이었다.

김대중 선생은 1969년 수필 「하느님의 발길에 채여서」에서 "나는 감옥을 인생의 대학으로 여긴다. 학교나 사회에서 배울 수 없는 많은 것이 그곳에서 발견된다. 참된 스승은 타인이 아니라 자신 안에 있기 때문이다"라고 썼다. 김대중 선생님의 말씀에 공감한다. 서울구치소는 국립 서울대학원이다. 평생학습의 장이다. 무료 급식, 학비 면제다. 건강관리도 해준다. 무료 국립의료원이다. 일체유심조(一切唯心造)다. 마음먹기에 달려 있다.

1980년 5월 17일 비상계엄이 전국으로 확대된다. 1979년 12월 12일 쿠데타 때부터 예견된 일이다. 「서울의 봄」 영화대로 민주주의의 봄이 무참히 짓밟혔다. 수많은 시민이 학살되었다. 내란음모 수괴로 구속기소된 김대중 대통령, 얼마나 고립되고 두려웠을까 생각해본다. 군사법정에서 선고하는 날, 군검찰이 사형을 구형한 상태다. 김대중 선생은 "판사의 입이 앞으로 나오면 '무기징역'이고, 옆으로 찢어지면 '사형'이다"라고 생각하며 가슴 졸였다고 한다. 사형이 선고되었다. 고등학교 3학년 시절 5·18을 겪고 나서 김대중 사형 판결 뉴스를 보면서 가슴이 무너져 내렸다. 슬픔과 분노를 주체할 수 없었던 기억이 난다.

구속영장 실질심사를 마치고 나서 영장 발부냐 기각이냐를 기다리며 밤 12시가 되도록 애가 탔던 기억이 난다. 사형선고냐 아니냐를 가지고 가슴 졸였을 김대중 선생의 당시 심정이 절실하게 느껴졌다. 전두환 정권이 대통령만 포기하면 총리도 시켜주고 사면복권도 해주겠다고 유혹했지만, 김대중 대통령은 사형선고를 받은 피고인 신분에서 굴복하지 않았다. 얼마나 힘들었을까.

십자가를 앞에 두고 겟세마네 동산에서 "피할 수 있으면 이 고통의 잔을 피하소서. 그러나 하느님 뜻대로 하소서"라고 피땀 흘려 기도하는 예수님의 모습이 연상된다. 자기 민족을 구하기 위해 "죽으면 죽으리라"는 각오로 페르시아 왕 앞에 나가 담대히 간구했던 에스더처럼 김대중 토마스 모어는 죽음의 협박에 굴복하지 않았다. 검찰이 소환 통지만 해도 벌벌 떨고 구속 협박, 기소 협박, 별건수사 캐비닛 앞에 쫄보가 되어 움츠리고 있는 우리 세대의 나약함이 부끄러울 뿐이다.

"산업화는 늦었지만 정보화는 앞서가라"며 정보화시대 IT 강국 대한민국의 미래를 연 대통령. 지역·직장의료보험 등을 통합해 명실상부한 전 국민 의료보험 체계를 만든 대통령. 삼성·대우·현대 항공산업 빅딜을 통해 KAI를 만들어 T-50·KF-21까지 세계 6대 초음속 전투기 생산의 기초를 만든 대통령. '지원하되 간섭하지 않는다'는 문화 정책과 일본 문화 개방으로 한류 K-컬처 토대를 만든 대통령. 국가기구 '인권위원회'를 출범시키고, 민주주의·시장경제 생산성 복지를 만들고 6·15 정상회담과 공동선언을 하고 노벨평화상을 한국 최초로 수상한 대통령. 인천국제공항을 성공적으로 완성 개항시켜 세계 최고로 만든 대통령. IMF 환란 위기를 성공적으로 극복한 대통령. 놀라운 미래 비전, 민족에 대한 사랑, 평화 인권에 신념을 가졌던 대통령이었다.

외교 문제에 관심이 많았던 나는 5선 의원 하는 동안 의원 외교활동을 통해 많은 나라 국회의원들과 의회 지도자들을 만났다. 미국·일본·러시아·중국은 물론 유럽·인도 등 전 세계 대부분 정치인으로부터 존경과 인정을 받는 유일한 대한민국 대통령은 김대중이었다.

기후위기가 심각하다. 자연 파괴가 회복 능력 범위를 벗어나고 있다. 김대중 선생은 인본주의(人本主義) 인내천(人乃天) 사상을 넘어서 동물과 식물뿐만 아니라 흙·물·돌 같은 무생물까지 포함한 생태계 조화의 철학을 제시했다. 신명나는 민주주의, 만유개성(萬有個性), 천일합일(天一合一), 접화군생(接化群生), 원융회통(圓融會通) 등 동서양 철학에 우리 민족 고유의 풍류도까지 융합시킨 위대한 사상가였다.

새로운 에너지 대안도 제시했다. 핵융합에너지, 인공태양이다. 대덕단지 핵융합연구소 K-STAR 프로젝트의 토대를 만든 분이 김대중 대통령이다. 나 역시 탄소중립화시대를 만들려면 핵융합에너지가 절실하다고 생각한다. 재생에너지만으로 부족하다. 재생에너지의 간헐성·불안정성을 보완하는 기저 전력으로 원전은 지속 가능하지 않다. 원전은 일시적인 교량 에너지(bridge energy)다. 핵폐기물이 나오지 않는 꿈의 에너지 핵융합 발전으로 가야 한다. 이것을 정확히 이해하고 예견한 분이 김대중 대통령이었다.

21대 총선 더불어민주당 비례대표 후보였던 이경수 핵융합 박사의 감동적 일화를 들었다. 김대중 대통령께서 대덕 핵융합연구소 현장에 와서 한 시간 동안 핵융합에너지의 필요성과 미래 비전을 설명해서 모든 과학자가 감동했다고 한다. RE100도 모르고, 원전 폐기물 처리시설도 확보 못 하고, 원전만 건설하자고 하고, R&D 이권 카르텔 운운하며 16퍼센트 예산을 삭감한 윤석열 정권이 따라갈 수 없는 수준의 대통령이었다.

일본 다네가섬에 가토 기요마사 투구를 닮은 일본 핵융합발전 연구소가 있다고 한다. 대덕에는 거북선 모형의 핵융합발전 연구소가 있다. 토카막 플라스마 1억 도를 최초로 달성한 K-STAR 프로젝트 경험을 기초로, 세계 6대 선진국이 30조를 투자 진행 중인 ITER(국제 핵융합 실험로)가 프랑스 남부 엑상프로방스에 건설 중이다. 나는 이경수 박사와 함께 ITER를 방문해서 주도적 역할을 하고 있는 한국 과학자들과 간담회를 하면서 김대중 대통령이 뿌린 씨앗들이 커나가고 있음을 느꼈다. 위대한 나라 민주공화국, 문화강국의 꿈, 김구-김대중-노무현으로 이어진 이 꿈이 좌절되어서는 안 된다. 행동하는 양심으로 깨어 있는 시민들의 조직된 힘으로 계승해가야 한다.

감옥에서 김대중 대통령이 봉함엽서에 쓴 깨알 같은 옥중편지를 보면서 나도 모르게 눈물이 흐른다. [2024. 2. 7]

이원석 검찰총장, 이게 뭡니까

법은 형평과 균형 아닌가?
법의 여신상이 왜 저울을 들고 있는 것인가?
이것이 공정과 상식에 맞는 일인가?

해도 해도 너무하면 안 된다. 국민정서법이라고 한다. 실제 헌법상 비례원칙이다. 김혜경 여사 10만 4,000원 법인카드 유용 의혹을 마침내 기소했다는 기사를 보았다. 수원지검 공공수사부(김동희 부장검사)라고 한다. 참 열심히 산다. 대단한 검찰이다.

KBS 윤석열 대통령 대담을 감옥에서 두 번이나 보았다. 설 연휴 기간은 접견도 못 하고 운동도 못 해 가장 힘든 때인데 고문이었다. 김건희 여사 명품백 문제를 제대로 질문도 못 하고 사과도 없다. 뻔뻔한 정권이다. 10만 4,000원 법인카드 유용을 잡으려고 경기도청을 수차례 압수수색하고 난리를 치더니 드디어 기소했다. 이원석 검찰총장에게 사전 보고되었을 것이다.

이원석 총장에게 묻는다. 최소한 국민 세금으로 월급 받고 업무추진비 받고 특활비로 돈봉투 나누어 갖고 제대로 된 영수증도 없이 소고기 파티 회식을 해온 특수부 윤석열·한동훈 패거리 검찰이라면 밥값을 해야 하는 것 아닌가?

권불십년도 아니고 3년 남았다. 이원석 총장 임기도 곧 끝날 것이다. 있을 때 잘해야 한다. 퇴임 후 주변 사람들, 후배 검사들이 이원석 총장을 어떻게 평가할 것인가? 특수부 검사의 모델 심재륜 검사장의 기개를 조금이라도 따라 배워야 하는 것 아닌가?

김혜경 여사 10만 4,000원 법인카드 유용과 김건희 여사의 23억 수익 주가조작, 300만 원 명품백 수수, 무엇이 중한가? 법은 형평과 균형 아닌가? 왜 변호사 배지에 그려져 있는 대법원 법의 여신상이 저울을 들고 있는 것인가? 윤석열 정권의 슬로건이 공정과 상식 아닌가? 이것이 공정과 상식에 맞는 일인가? 이원석 총장이 수원지검 공공수사부 10만 4,000원 김혜경 여사 법인카드 수사를 기소 승인했는가? 대한민국 검찰이 야당은 때려잡고 윤석열·김건희·최은순·한동훈·이정섭·손준성 등의 재산과 비리는 지켜주고 감싸주는 사설용역 경비업체인가?

이원석 총장은 칼을 빼야 한다. 즉각 김건희 여사 명품백 사건, 주가조작 사건 수사에 착수할 것을 촉구한다. 이원석 총장! 계급장을 떼고 나서 일반 시민으로 만날 때 향기까지는 안 나더라도 악취 나는 인간 취급을 받지 않기를 바라는 마음이다. [2024. 2. 15]

59분 대통령의 신년대담

"내용, 형식 모두 기대 못 미친 대통령 대담이다."

감옥에서도 TV를 볼 수 있다. 뉴스를 보게 된다. 윤석열·한동훈의 뻔뻔스러운 거짓말 방송을 보는 것이 고문이다. 두 사람 얼굴이 화면에 비치는 순간 신속하게 전원을 끈다. 오 분 정도 지난 후 소화불량을 일으키는 두 사람의 빤질빤질한 얼굴이 사라질 때쯤 다시 뉴스를 튼다.

「KBS 윤석열 신년대담」이 방송되었다. 명불허전이다. 본다는 것이 엄청난 인내를 필요로 한다. TV 속에 들어가 질문을 하고 싶어도 할 수 없다. 59분 대통령이란 말을 다시 확인시킨 방송이었다. 자기 혼자 떠든다. 사이코패스의 기본이 나르시소스적 기질이라고 심리학자들이 분석한다. 자아도취다. 공정과 정의를 외친다. 불공정과 부정의의 화신이 되어가고 있다.

박민 KBS 사장, 김홍일 방통위원장을 무리하게 앉힌 보람이 있다. 진행 앵커가 명품백에 대한 질문도 감히 못 한다. "외국 회사의 그 조그만 파우치"라고 모깃소리처럼 물어본다.

윤석열 대통령은 화답한다. "매정하게 끊지 못한 것이 문제라면 문제"라며 아쉽단다. 사과조차 못 한다. 나는 사과할까 걱정했다. 사과하면 『조선일보』가 얼마나 윤비어천가를 불렀을까?

2024년 2월 8일 『조선일보』 1면 톱이 "尹, 명품백 매정하게 끊지 못한 게 아쉽다"이다. 오죽했으면 『조선일보』 사설에서조차 "내용, 형식 모두 기대 못 미친 대통령 대담"이라고 썼다.

『조선일보』의 사설과 한동훈 위원장의 "국민이 걱정하는 부분이 있다"가 서로 조응을 하면서 쇼를 하고 있다.

국민의힘 김경률 위원의 김건희 여사 사과와 마리 앙투아네트 논란은 결국 권력 실세 김건희 여사의 분노 폭발로 화재 현장에 급히 달려온 한동훈 위원장이 윤통에게 90도 조폭 깍두기 인사하는 장면 연출과, 김경률 '불출마' 선언으로 봉합됐다.

김경률 위원의 비 맞은 강아지 같은 모습이 처량하다. 조국 장관을 격렬하게 비판하며 『조국흑서』를 썼던 그 기개는 어디 갔는가? 참여연대에서 정의와 공정을 외쳤던 김경률의 관성이 한동훈과 교감 아래 한번 쇼를 해보려고 했는데 실세 김건희 여사의 역린을 건드려 화들짝 놀라서 무릎을 꿇은 것인가? 한동훈 위원장의 얄팍한 이미지메이킹을 위한 소품 역할을 하려고 문재인 정권하에서 조국 장관을 비판하면서 정의와 공정의 화신인 양 코스프레를 했다는 것인가?

한동훈 위원장에게 말하고 싶다.

국민은 걱정스러운 게 아니라, 분노하고 있다. '사과 논란, 걱정, 아쉽다.' 이런 말이 필요 없다. 김건희 특검법 국회 재의결 시 찬성하면 된다. 여당이라 어려우면 퇴장하면 된다. 윤석열·한동훈 당신들이 잘하는 말이 있지 않은가?

이재명·송영길 등 야당 인사들에게 항상 하는 말, 떳떳하면 수사받으면 될 것 아닌가? 김건희 여사 주가조작 의혹이 근거 없는 것이고, 윤석열 후보 시절에 말한 대로 손해만 보고 관여는 안 했다는데 무엇이 두렵단 말인가?

KBS는 이런 사전녹화, 편집, 대담, 땡전뉴스 같은 것을 방송하면서 수신료를 올려달라고 말할 자격이 있는지 돌이켜보기 바란다. [2024. 2. 17]

『조선일보』의 기발한 글솜씨

교묘한 『조선일보』 사설이다.
가히 곡학아세 완결판이다.

어쩌다 정규재·조갑제 씨와 같은 대표적 보수 논객의 말을 인용하는 글을 쓰게 됐다. 삼성그룹 경영권 승계와 관련하여 부당합병, 회계 부정 등의 혐의로 기소된 이재용 삼성전자 회장이 1심 재판에서 무죄가 선고되었다. 『조선일보』가 사설을 안 쓸 리 없다. 예상한 대로 2024년 2월 7일 『조선일보』 사설 제목이 "이재용 전체 무죄. 국가 경제만 피해 끼친 반(反)기업 적폐몰이"였다. 당시 '수사심의위원회' 수사 중단, 불기소 권유도 무시하고 임직원 110여 명을 430차례 소환 조사하고 50차례 압수수색을 하는 등 이재용 수사를 주도한 세력에 대한 비판과 지적이 당연히 있을 줄 알았다.

교묘한 『조선일보』 사설이다. 가히 곡학아세 완결판이라고 정규재 주필이 외칠 만하다. 이 수사를 주도한 윤석열 검찰총장과 한동훈 차장, 이복현 부장 이야기가 한마디도 언급되지 않고 있다. 마지못해 이 수사가 윤석열 서울중앙지검장 때 시작되었지만 실제 수사를 본격화하고 관련자들을 기소한 것은 문재인 전 대통령의 심복이던 이성윤 서울지검장이 검찰을 장악했을 때라고 윤석열 총장, 한동훈 차장 등에게 면죄부를 주고 있다. 이에 편승하여 한동훈 위원장은 이재용 기소 때는 자기가 관여하지 않았다고 발뺌했다.

『조선일보』는 더 나아가 경영권 승계 사건과 별건으로 이미 유죄가 확정된 박근혜 대통령과 이재용 간의 뇌물수수 사건 유죄 확정판결도 부정하면서 "국정농단 사건도 대통령에게 '묵시적 청탁'을 했다는 황당한 혐의였다. 한국에서 대통령의 요구를 거절할 수 있는 기업인이 누가 있나. 어쩔 수 없이 대통령 요구를 들어주면 '묵시적 청탁'이라고 처벌한다"라고 썼다.

사설이 비판하는 행위를 주도한 사람이 윤석열·한동훈 특검과 검찰 아닌가? 박근혜 탄핵에 불꽃을 더한 신문이 『조선일보』와 TV조선 아닌가? 일제강점기 때 어쩔 수 없이 친일할 수밖에 없었다는 논리 원용인가? 일제 때는 천황폐하 만세를 외치고 김일성이 서울을 점령하면 김일성 수령 만세를 외칠 것인가?

이성윤 중앙지검장이 서울중앙지검을 장악했는가? 사사건건 이성윤 지검장을 공격하고 산하 검사들의 이 지검장에 대한 불복, 반박을 부추겼던 신문이 『조선일보』 아닌가? 윤석열 검찰총장의 일거수일투족을 홍보했으며 잠재적 대선 후보 윤석열의 선거 홍보 전단지를 자임했던 『조선일보』다. 이재용을 기소했던 윤석열·한동훈 사단의 핵심 이복현 현 금융감독원장이 이성윤 검사장의 심복이었단 말인가?

정규재 주필은 이 사설을 보고 이렇게 지적했다.

"참 대단하다, 『조선일보』의 글쓰기. 삼성 이재용 사건을 주제로 사설을 쓰면서 윤석열을 면책하고 이성윤을 끼워 넣으면서 한동훈 이름 한 글자 안 쓰는 신공(神功) 말이다. (…) 요즘 들어 나날이 한동훈 추켜세우기에 여념이 없는 『조선일보』의 기발한 글솜씨 말이다. 삼성 이재용 사건을 논하면서 윤석열과 한동훈의 이름을 숨기는 것은 거의 마술에 가깝다."

정 주필은 또 "『조선일보』는 이런 사실의 왜곡과 은폐로 지금 무엇을 도모하려는가? 알량하게도 진실의 공개도 아닌 진실의 은폐를 통해 집권 여당을 돕자는 차원인가? 『조선일보』는 그러지 않아도 국민의힘의 기획본부나 당보 같다는 분위기를 풍겨 오랜 독자들을 괴롭게 만들고 있다. 『조선일보』의 끝은 어디라는 것인가"라고 개탄하고 있다.

조갑제 보수 논객도 "한동훈·이복현은 스스로 현재 직책에서 물러나는 게 국민과 검찰을 위한 최소한의 예의일 것"이라고 목소리를 높였다.

최근 발간된 한동수 전 대검 감찰부장의 책 『검찰의 심장부에서』에서 확인되듯이 윤석열·한동훈 특수부 검찰은 표범이 사냥하듯이 목표물을 거꾸러뜨려 구속하기 위해 언론을 이용하여 토끼몰이식 수사로 박근혜 대통령과 주변 세력을 수사, 구속기소했다. 이 와중에 윤 총장의 연수원 동기 변창훈 검사와 이기수 기무사 사령관 등 다섯 명이 자살한 것으로 알려졌다. 이들이 문재인 정권의 검찰이어서 문재인 대통령이 시켜서 한 일이라는 것인가? 『조선일보』의 논리는 문 정권이어서 윤석열·한동훈은 아무런 주체적 판단이 없어 청와대 하청수사를 했단 말인가?

직속상관 조국 법무부장관 가족을 도륙낸 윤석열 검찰, 문재인 정부의 환경부장관을 구속기소하고 산자부장관을 기소하고, 심지어 청와대도 압수수색했던 윤석열·한동훈 검찰이 문재인 정부의 허수아비에 불과했다는 말인가? 살아 있는 권력을 수사한다고 『조선일보』와 국민의힘이 윤석열 총장의 치어리더가 되어 환호했던 것 아닌가? 윤석열·한동훈 검찰이 허수아비라서 이재용 회장과 양승태 대법원장이 무죄판결을 받은 것은 오로지 문재인 정부의 적폐몰이에 모든 책임이 있고, 윤석열·한동훈은 선량한 피해자였다는 말인가?

대단한 『조선일보』다. 오죽했으면 대표적 우익보수 논객 정규재·조갑제 같은 분들이 이렇게 흥분하고 개탄하겠는가?

윤석열·한동훈은 비단 이재용·박근혜 뇌물죄 적용뿐만 아니라 태블릿 PC 1차(김한수), 2차(장시호) 조작을 통해 박근혜 탄핵 수사에 활용했다는 의혹이 크다. 변희재 미디어워치 대표의 일관된 주장과 소송에 대해 정면 대응, 답변이 없다. 뭔가 떳떳하지 못한 모습이다. 진정한 보수라면 일관성이 있어야 한다.

인터넷 네티즌들 사이에서 잘 알려진 유명한 조크가 있다.

"『조선일보』가 신문이면 우리 집 화장지는 팔만대장경이다."

웃픈 현실이다.

영화 「내부자들」에 『조선일보』와 같은 유력신문의 주필 이강희(백윤식 분)가 검찰 출신 대선후보, 재벌, 조폭과 연결하여 정권을 창출한 모습이 적나라하게 표현된다. 그러나 현실은 영화 「내부자들」을 뛰어넘는 모습을 보여주고 있다.

윤석열 정권 후반기에 국민으로부터 윤 정권이 버려지려고 할 때 『조선일보』가 선봉에 서서 윤석열·김건희 정권을 난도질하고 한동훈 만들기 신공을 발휘하려고 곡학아세 속편을 만들고 있을 것이다. 그러나 국민들은 전두환 후계자 장세동, 노태우 후계자 박철언을 용납하지 않듯이 더 이상 망나니 검찰 정권을 용납하지 않을 것이다. [2024. 2. 20]

윤석열과 인조의 무능한 외교정책

중국·러시아·북한과 교린 정책이 사라져가고 친미 사대 정책만 강화되어 한반도의 군사적 긴장이 강화되고 있다.

충무공 하면 이순신 장군이 연상된다. 또 한 분의 충무공이 있다. 전남 나주 출신 금성 정씨 정충신 장군이다. 이분의 군호가 금남군이다. 그래서 광주 5·18 민주항쟁의 무대였던 전남도청 앞 주 도로 명칭이 금남로가 되었다. 금남로 옆 충장로는 무등산 호랑이 익호장군 김덕령 의병장의 시호가 충장공이어서 붙인 이름이다. 임진왜란 때 호남을 대표한 의병장 김덕령 장군, 임진왜란·정묘호란 때 나라를 구한 정충신 장군, 두 분의 호가 광주 정신과 잘 연결되어 있다. 정충신 장군은 왜 우리 역사에서 잘 알려져 있지 않을까?

정충신은 고려 말 최영·이성계와 함께 왜구 토벌에 앞장섰던 정지 장군의 9대손이다. 조선시대에 들어와 몰락해 한미한 집안이 되었다. 권율 장군이 전라도 광주목사 시절 임진왜란이 발생했다. 왜군은 부산에 상륙하자마자 20일 만에 서울을 점령했다. 경부선 축으로 전진했으므로 호남은 제외되었다. 특히 이순신 장군의 수군에 막혀 보급로가 차단되었다. 호남 곡창지대 보급 확보를 위해 왜군은 서울 쪽에서 호남 지역으로 남하했다. 고바야카와 다카카게의 군이다.

이들을 격파한 전투가 이치·웅치대첩이다. 지금의 금산·완주·무주·진안·장수 지역이다. 육지에서 벌어진 임진왜란 3대 대첩이 이치·웅치대첩, 행주대첩, 진주대첩이다. 권율 장군, 황진 장군, 의병장 고경명과 두 아들 등 호남의 관군과 의병이 혼연일체가 되어 왜군을 물리쳤다. 임진왜란 발발 이후 해전에서의 첫 승리가 목포해전이라면 육지에서의 첫 승리는 이치·웅치대첩이다. 승전보 장계를 들고 적진을 돌파해 압록강변 의주까지 달려간 16세 소년이 정충신 장군이다. 여차하면 압록강을 건너 중국으로 도망치려던 선조의 발길을 붙잡은 승전 소식이었다.

정충신은 권율 장군의 사위인 백사 이항복 병조판서의 후원으로 무과에 급제하고 선사포 첨사, 안주목사 겸 방어사, 평안도 병마좌우후 등을 맡는 등 선조의 신임을 받아 빠르게 승진했다. 서북 변방을 지키며 후금 세력과 소통하면서 명·청 세력 교체의 현장과 민심을 잘 파악했고, 누르하치의 둘째 아들 다이샨과 여덟째 아들 홍타이지와도 교분을 쌓으면서 명·청 세력 간 균형을 맞추며 등거리 외교를 했다.

또한 정충신은 광해군의 대외정책에 동조했다. 그래서 1623년 인조반정에 참여하지 않았다. 이괄은 인조반정에 적극 참여했다. 그러나 김류·이귀 등 반란 주도 세력에 밀려 2등 공신이 되었고 평안도 병마사로 좌천되자 반란을 일으켰다. 정충신은 이괄의 유혹에 흔들리지 않았다. 서울을 점령한 이괄 반란군을 안현전투(지금의 서대문 안산)에서 대패시켜 인조를 구했다. 정충신은 1등 공신으로 책정되었다. 보통 이런 경우 엄청난 권력과 재물을 쌓았을 것이다. 정충신 장군은 청렴했다. 서울에 조그만 집 한 칸에 만족했다. 정충신 장군은 철산가도에 진을 치고 노략질하는 명나라 모문룡을 없애려 했다. 친명 사대사상이 뼛속까지 체화된 조선 인조 정부는 모문룡을 천자(天子)의 나라 군대로 떠받들고 행패를 묵인하며 정충신 장군을 친후금, 오랑캐 편으로 매도했다.

1627년 정묘호란이 발생했다. 대책 없는 친명 사대정부는 강화도에서 항복했다. 한강 하구가 내려다보이는 강화도 연미정에서 항복 의식을 거행했다. 백마의 피를 따라 마시고 형제의 맹약을 했다. 그러나 그 이후 조선 정부는 노골적으로 후금을 오랑캐 취급하고 사신도 제대로 받지 않았다.

1636년 2월 인조 인열왕후 장례식 때 청나라 용골대·마부대를 단장으로 하는 200여 명의 수행원이 조문을 하기 위해 홍제원에 도착했다. 인조 정부는 명나라 사신을 접대하는 모화관을 내주지 않고 북평관으로 안내했다. 청 제국 선포와 황제를 선언한 청나라 국서 조문 접수를 거부했다. 노골적인 반청 분위기에 등거리 외교를 주장하던 정충신 장군은 두세 차례 귀양을 가기도 했다. 그는 친명사대도 필요하지만 교린(交隣) 정책이 빠져 있음을 강조했다. 사대교린, 즉 큰 나라를 섬기는 불가피성이 있다 하더라도 인근 국가를 잘 관리해야 한다. 기미정책이다. 원교근공(遠交近攻)을 이야기한다. 원교근공이 아니라 원교근친이 필요하다. 김대중 대통령도 한미동맹을 축으로 하되 중·러·일과의 교린·친선을 강조했다. 4대 강국과 사이좋게 지내면서 견제균형을 시키고 이를 통해 민족의 자주적 공간을 열어나가자는 취지였다.

1626년 산해관 앞 영원성 전투에서 누르하치는 명 원숭환 장군의 홍이포(포르투갈에서 수입) 공격으로 대패하고 부상을 입고 사망한다. 뒤를 이은 홍타이지가 조선을 침략해 정묘호란을 일으킨 후 1636년 대청제국을 선포하고 조선의 화의 파기와 조문사신 용골대·마부대에 대한 굴욕적 접대를 명분으로 조선을 침략한다. 병자호란이다. 정충신 장군은 척사파 친명 사대주의 세력의 모함으로 귀양 갔다 복귀했지만 경상우도 병마사로 남쪽 변방으로 밀려났다. 정충신 장군은 결국 심신이 지쳐 병으로 1636년 5월 4일 운명했다. 병자호란 7개월 전이었다.

명의 마지막 황제 숭정제가 위충현 등 환관 출신 엄당의 모함으로 조선에서 분탕질하는 패잔병 모문룡 장군을 황제 승인 없이 처형했다는 죄목과 청의 이간계에 속아 명장 원숭환 장군을 잔인하게 처형함으로써 명은 무너진 것이다. 대책 없는 명분론과 친명 사대에 빠진 인조 정부의 무능함이 정충신 장군을 평안도 병마사에서 몰아냄으로써 북방 경비가 무너지게 된 것이다.

김훈 작가의 『남한산성』을 읽었다. 삼전도의 치욕이 영화처럼 연상된다. 역대 노태우·김영삼·박근혜 정부가 김대중·노무현·문재인 정부와 함께 보수·진보를 넘어 중·러와 전략적 동반자 관계를 맺어 북의 도발을 견제하면서 한반도 안정을 이루어왔는데 무식한 윤석열 정권하에서 중·러·북한과 교린 정책이 사라져가고 친미 사대 정책만 강화되어 한반도의 군사적 긴장이 강화되어가고 있다. 올해 11월 트럼프가 당선되면 방위비 분담 인상은 물론 윤석열 정권이 자랑하는 미국의 전략자산(B-1 폭격기, 항모, 핵잠수함) 한반도 전개 및 합동 군사훈련 비용 분담을 요구할 텐데 어떻게 대처할 것인가? 기시다 일본 수상도 지지율 제고를 위해 북일교섭을 시도하고 트럼프도 북미 직접 대화를 추진할 경우 어떻게 될 것인가?

임진왜란 때 바다와 육지에서 호남을 지켰던 충무공 이순신, 충무공 금남군 정충신, 충장공 김덕령, 무등산 충장사와 금남로와 충장로. 이 정신을 이어받은 김대중 대통령의 동북아 구상이 윤석열의 무능 정권에 의해 망가져 내리고 있다. 인조와 윤석열, 난형난제다. [2024. 2. 24]

할 수 있다, 대한민국

핵심 원료를 한국 기업이 자체 개발에 성공했다는 것이다. 감격스러운 일이다.

2019년 문재인 정부 시절 일본 정부가 반도체 관련 핵심 원료를 한국에 수출 통제한다고 발표했던 때가 생각난다. 극우 보수 언론들은 문재인 정부를 비판하면서 한국 경제 큰일 났다, 일본에 사죄해야 한다, 용서를 빌어야 한다며 큰소리쳤다. 문재인 정부의 소재·부품·장비 산업에 대한 지원으로 일본 의존도를 줄여 나가겠다는 시도에 대해 당랑거철, 사마귀가 앞발을 들고 수레바퀴를 멈추려 하는 형국이라며 비아냥거렸다. 우연히 자유주의 보수 경제 칼럼니스트 공병호TV를 시청한 바 있다. 문재인 정부를 비판하면서 한국 경제가 일본 '소부장'(소재·부품·장비) 산업을 따라가려면 한참 멀었다, 일본에 굴복하고 빌어야 한다는 취지로 열변을 토하는 것을 보았다.

민족개조론을 주장하며 적극적 친일 매국세력의 앞잡이가 되었던 춘원 이광수가 생각났다. "민족 감정의 발전적 해소를 위해 노력하자. 우리 민족은 살도 뼈도 피도 모두 일본인이 되어야 한다"고 외쳤던 이광수는 진무(神武)천황이 즉위한 하늘의 가구산(香久山)의 향(香) 자를 따서 자신의 이름을 가야마 미쓰로(香山光郎)로 창씨개명했다. 1932년 4월 29일 윤봉길 의사의 물통 폭탄 의거에 의해 사망한 시라카와 요시노리(白川義則)의 이름 그대로 창씨개명한 백선엽을 생각나게 하기도 한다.

그런데 반가운 뉴스가 보도되었다. 2019년 일본 정부가 한국의 반도체 산업에 타격을 주기 위해 수출규제를 단행했던 불화클립톤(KrF), 불화아르곤(ArF), 극자외선(EUV) 노광 공정용 포토레지스트(PR)의 핵심 원료를 한국 기업이 자체 개발에 성공했다는 것이다. 감격스러운 일이다. 재원산업(심재원 대표)이라는 중소기업이 2018년부터 개발에 착수해 4년 만에 핵심 원료 프로필렌글리콜 메틸에테르 아세트산(PGMEA) 개발에 성공한 것이다. 박수를 보낸다.

대단한 대한민국이다. 할 수 있다. 99.99퍼센트(5N급) 초고순도 제품으로 삼성전자의 최종 품질 승인을 획득해 연간 1조 원의 수입대체 효과가 기대된다는 것이다.

그렇게 일본 소부장 산업 기술수준을 찬양하면서 한국이 따라잡는다는 것은 족탈불급이라고 목소리 높였던 분들에게, 공병호 씨 등 극우 언론인들에게 묻고 싶다. 윤석열 친일 매국 정부는 R&D 비용을 16퍼센트 이상 삭감하여 우리나라 미래 과학기술의 토대를 허물어트리고 있는 상황이다. 총선을 앞두고 온갖 감세 포퓰리즘 선거운동에 대통령 조직과 정부 조직을 총가동해 올인하는 모양새다. 이런 황당한 정부 아래에서도 우리 중소기업인들과 국민들의 자주적인 의지는 일본에 굴복하지 않고 새로운 대한민국의 미래를 고민하고 개척해나가고 있다. [2024. 2. 27]

송영길의
검찰학개론
2023. 7. 21

송영길의
기후학개론
2023. 7. 28

봄

2024년 3월 - 2024년 5월

나는 윤석열 검찰 독재정권의 보복으로 구속되어 있는 상태에서 2024년 4월 10일 광주 서구 갑 국회의원으로 총선을 치렀다. 하루도 유권자를 만나지 못해 옥중에서 출마선언문을 썼다. 국민의힘은 총선에서 대패했다. 2024년 5월 30일 나는 보석으로 석방되었다.

제주도 해저터널을 연결하자

인천공항에서 제주도까지 KTX가 연결되면
이 노선에 따라 서부 대개발이 이루어질 수 있다.

제주도 해저터널 건설을 통해 전남과 연결이 필요하다. 전남은 찬성하고 제주도는 찬반이 대립한다. 나는 제주도 해저터널 연결의 필요성을 지난 대선과 서울시장 선거 때 일관되게 주장해 왔다.

제주도의 반대 논리는 다음과 같다. 해저터널이 연결되면 섬의 고유성이 상실된다, 외지인들이 쓰레기만 쌓아놓고 돌아간다, 제주도에서 숙박하지 않고 바로 돌아가서 제주도에 남는 것이 없다, 차를 가지고 와서 제주도 렌트카 사업이 안될 것이다, 배기가스 등 청정 제주에 오염물질만 배출하고 떠날 것이다 등등이다. 오해인 면이 크다.

찬성 논리로는 제주공항 수요가 폭증했다, 서귀포의 제주 제2공항 건설은 찬반양론으로 답보상태다, 게다가 제주의 항공편은 기후의 영향으로 결항이 잦으므로 예측 가능성 확보가 필요하다, 신선한 제주도 농·해산물을 육지로 반출하는 데에도 해저터널이 필요하다 등이다. 일단 제주도민들이 걱정하는 문제는 오해이거나 해결할 수 있다.

첫째, 해저터널은 KTX가 가는 철도이므로 자동차를 가지고 갈 수 없다. 따라서 제주도 렌트카 사업에 아무런 영향이 없으며 차량 배기가스도 없다. 오염 걱정이 없다.

둘째, 해저터널 KTX 비용이 만만치 않은데 비행기로 가면 제주도에서 숙박하고 KTX로 가면 숙박하지 않고 돌아온다는 논리가 성립할 수 없다.

셋째, 제주도 서귀포까지 KTX를 설치하면 서귀포 제2공항을 건설할 필요가 없어진다. 제주도민의 편의에 도움이 된다.

넷째, 제주도 쓰레기 및 오폐수 처리시설은 KTX 사업의 이윤으로 지원할 수 있다.

다섯째, 기상 여건과 상관없이 안정적으로 제주도를 방문 가능하게 되어, 제주도의 자산가치와 관광 수입이 수백 퍼센트 증가할 것이다. 기상 여건으로 인한 결항 걱정이 없어진다.

여섯째, 제주도까지 비행기에 의존하는 여객 수송 분담률을 대폭 낮추어서 비행기로 인한 이산화탄소 배출공해를 저감시킨다. 교통수단 중 비행기가 이산화탄소 배출량이 가장 많다. 환경운동가들은 비행기를 타지 않는다. 부끄러운 비행(Shame Flight)이라는 단어도 생겼다.

김포공항 여객의 80퍼센트 이상이 제주행이다. 인천국제공항까지 GTX 연결노선이 추진된다. 그러면 김포공항을 인천공항과 통폐합해도 서울시민들에게 큰 불편이 없다. 수원공항을 화성으로 이전해 경기 남부에 국제공항을 만들어 수요를 분산한다.

인천공항에서 경기 남부 국제공항, 새만금공항, 무안국제공항을 거쳐 제주도까지 KTX가 연결되면 이 노선을 따라 서부 대개발이 이루어질 수 있다. 동시에 동서 간의 횡단철도 이용률을 높여서 비용 대비 편익을 높일 수 있다. 달빛철도(대구-광주)와 부산-목포 간 철도는 남북 중심의 철도를 동서로 연결해 지역 간 통합 및 수도권 중심의 물류 구조를 개선할 수 있는 중요한 인프라다. 해남 등에서 해저터널로 제주도가 연결되면 달빛철도와 부산-목포철도의 이용객은 증가할 수밖에 없다. 지역경제 활성화의 동맥이 될 것이다. 김포공항 부지는 제2의 강남처럼 개발해서 신혼부부에게 무료로 아파트를 제공하고 벤처기업을 유치해 일자리·잠자리·놀자리를 걸어서 연결할 수 있는 콤팩트 시티를 만들 수 있다.

2025년부터 UAM(Urban Air Mobility, 도심항공교통)이 활성화된다. UAM 기지를 김포공항에 만들어서 김포공항의 기능을 인천공항과 경기 남부 공항으로 잘 연결할 수 있다. UAM은 날아가는 택시로 새로운 이동 수단이 될 것이다.

김포공항 부지 부동산 개발이익을 블록체인 기술에 기반한 토큰(암호화폐)으로 발행해 전 국민에게 골고루 나누어줄 수 있다. 이것이 국민 세금을, 즉 재정을 투입하지 않고 전 국민에게 기초적인 기본소득을 분배해줄 수 있는 재원이 될 것이다.

제주도민들에게 나의 제안을 있는 그대로 가감 없이 전달하면 찬성 의견이 높아질 것이라 확신한다. [2024. 3. 3]

임은정 검사, 박정훈 대령 힘내세요!

공정을 잃은 권력은 공권력이 아니라
벌거벗은 조직폭력입니다.

힘내라! 임은정 검사! 윤석열·한동훈의 직권남용, 증거조작, 범죄은닉 등 수많은 범죄 혐의를 임은정 특검이 수사할 날이 올 것입니다. 박정훈 수사단장이 이종섭·신원식 전현직 국방부장관과 해병대 사령관 임성근 사단장의 증거조작, 직권남용 등 범죄 혐의를 수사할 날이 올 것입니다. 배후 임성근 사단장의 업무상 과실치사 혐의를 감싸주고 박정훈 대령을 기소하도록 한 윤석열의 범죄행위를 수사할 날이 올 것입니다.

3월 4일 밴드에 묶여 수갑을 차고 죄수복을 입고 서울지방법원 502호실 첫 공판을 다녀왔습니다. 임은정 검사의 페북 글을 프린트한 우편물이 도착했습니다. 『한겨레』에 임은정 검사가 공수처 수사를 받는다는 기사가 조그맣게 나와 깜짝 놀랐습니다. 밖에 페북 글을 보내달라고 부탁했습니다. 페북 글을 보니 공수처 조사를 받고 나오며 관악산에서 불어오는 한기를 느끼면서 얼마나 외롭고 힘들었을까 눈물이 납니다.

한명숙 전 총리 사건에 검찰이 압박해 받아낸 진술을 법원에서 번복한 한만호 사장의 증언 때문에 검찰은 범죄행위를 합니다. 한만호 사장과 구치소 같은 방에 있었던 재소자 두 명을 정보원으로 삼아 모해위증교사를 했습니다. 대검 감찰부 임은정 검사가 엄희준 검사를 감찰한 결과 깜짝 놀랐습니다. 모해위증 사건을 입건 기소하고자 했습니다.

정치검찰 언론플레이가 시작되었습니다. 임은정 검사에게 친문 프레임을 씌워 공격했습니다. 허정수 감찰3부장의 무혐의 주장과 임은정 검사의 기소 주장이 대립하고 있다고 보수언론들이 검찰 관계자 발로 기사를 쏟아냈습니다. 관심 있는 국민들은 모두 당시 언론 기사를 기억할 것입니다. 윤석열 검찰총장은 2021년 3월 총장직을 사임하면서 마지막 결재를 했습니다. 한명숙 전 총리 모해위증교사 사건을 임은정 검사에서 허정수 감찰3부장으로 옮기라는 직무 이전 명령입니다. 명백한 직권남용, 범죄은닉입니다. 이에 임은정 검사는 검찰총장의 마지막 업무가 직무 이전 명령, 즉 임은정 검사 배제였다는 씁쓸한 소회를 페북에 올렸습니다.

윤 총장 뜻대로 허정수 3부장은 엄희준 검사와 모해위증에 동원된 두 명의 재소자를 무혐의 처분했습니다. 한동수 감찰부장과 임은정 검사는 배제되었습니다. 그런데 '법세련'이라는 보수단체의 고발을 핑계로 임은정 검사를 직무상 기밀누설로 공수처 수사한다니 기가 막힐 일입니다. 코미디를 보는 듯합니다.

윤석열 라인의 김선규 부장이 공수처장 직무대행입니다. 임은정 검사 소환 전에 언론에 먼저 흘린 검찰 관계자를 수사해야 하는 것 아닌가요. 임은정 검사는 김선규 부장이 전주지검 검사 시절 처리한 사건 관련 작성 문건 파일을 변호사 활동 중 동료 변호사에게 전달한 혐의로 기소되어 최근 벌금 2,000만 원을 선고받았다고 합니다.

윤석열 정권의 하수인으로 전락한 공수처 직무대행이 임은정 검사를 직무상 기밀 누설로 수사한다니 어이가 없네요. 수사기밀 누설은 윤석열·한동훈 사단의 주특기 아닌가요? 조롱정치의 끝판왕 한동훈이 서울중앙지검 3차장 시절 기자들을 한 명씩 불러 수사기밀 흘려주는 검언유착의 달인 아닌가요? 임 검사는 페북에서 또 MBC PD수첩 '검언유착' 방송을 통해 한동훈 서울중앙지검 차장검사가 기자에게 "서울중앙지법 구○○ 판사는 사법농단사건 피의자성 참고인"이라고 알려준 것을 지적하고 있습니다.

자신이 질문을 받거나 추궁당하면 그에 대한 답변을 하는 것이 아니라 검사 때 파악한 정보를 기초로 상대방을 공격해온 것이 한동훈 위원장의 주특기입니다. 손준성 고발사주도 윤석열 총장과 한동훈 검사의 공모 혐의가 매우 큽니다. 류희림 방심위원장 '청부 민원'을 제기한 김유진 방심위원을 해촉하고 이를 승인한 윤석열 대통령. 법원은 김유진 방심위원 해촉 처분 집행정지 신청을 인용했습니다. 김유진 위원이 청부 민원 의혹 제기를 한 것이 공공의 이익에 부합된다고 판시했습니다. 이것이 상식 아닌가요?

도둑이 매를 들다니요? 공정을 잃은 권력은 공권력이 아니라 벌거벗은 조직폭력입니다. 윤석열 정권의 주요 기관장이 그 기관에 요구되는 역할과 정반대되는 경우가 많습니다. 대한민국의 헌법기관, 법률기관의 본래 목적인 순기능을 망가뜨리는 암세포 같은 세력이 정치검찰 범죄 카르텔입니다. 공정과 상식이 아니라 불공정과 몰상식의 극치입니다.

소나무당은 3월 6일 노무현재단에서 중앙당을 창당합니다. 같은 날 저의 보석청구에 대해 심리합니다. 이번 총선에 출마할 것입니다. 검찰독재 퇴진의 선봉에 서서 싸우겠습니다. 임은정 검사, 박정훈 대령을 지켜내겠습니다. 임은정 검사가 특검이 되어 윤석열·한동훈의 각종 범죄 혐의를 수사할 날이 오도록 하겠습니다. 박정훈 수사단장이 군 비리 세력들을 척결하여 수사할 날이 오도록 최선을 다하겠습니다. [2024. 3. 4]

한 그루 나무를 심으면 천 개의 복이 온다

기후위기는 이제 일상이 되었다.
인류 문명 생존의 문제다.
숲을 만들어야 한다. 사막화를 막아야 한다.

20년간 '푸른아시아' 환경단체를 설립·운영해온 오기출 총장은 『한 그루 나무를 심으면 천 개의 복이 온다』를 썼다. 일독을 권한다. 저자 오기출은 기후위기가 요즘처럼 첨예한 이슈가 되기 전부터 선구자로 활동해온 사람이다. 2014년 '푸른아시아'는 환경 분야 노벨상으로 불리는 '생명의 토지'상을 수상했다. 나는 오기출 총장의 '푸른아시아'와 최근 정치적 보복수사의 대상이 되었던 '평화와 먹고사는 문제연구소'와 공동연구 프로젝트를 진행한 바 있다.

2021년 당대표 시절 나는 이 연구를 기초로 교섭단체 대표 연설에서 2030 국가탄소감축목표 NDC 40퍼센트를 제시하여 문재인 정부 정책으로 채택시킨 바 있다. 기후위기는 이제 일상이 되었다. 인류 문명 생존의 문제다. 지금처럼 탄소배출이 계속되고 지구온난화로 평균기온이 1.5도를 넘어 상승하면 지구는 화성처럼 변해갈 것이다. 푸른 생명의 별 지구는 붉은 화성으로 진화

중이다. 지구에 수많은 핵폭탄과 수소폭탄 실험을 하고 독가스와 이산화탄소를 뿜어대면서 엄청난 비용을 들여 화성의 생명체를 찾으려고 한다.

기후위기는 수많은 서민에게 차별적으로 피해를 입힌다. 오기출 총장은 수단 내전의 원인을 기후위기, 가뭄, 물 부족에서 찾는다. 유목민이나 농민 모두 가축과 농작물에 제공할 물이 부족하게 되면 피비린내 나는 전쟁이 벌어진다.

지난 20년 동안 몽골에서는 1,166개의 호수와 887개의 강, 2,096개의 샘이 사라졌다고 한다. 몽골 초원에 습기를 머금고 제공하던 영구동토층이 말라버렸다. 사막화가 급속히 진행되었다. 몽골 사막화를 막지 못하면 몽골 황사 폭풍이 중국 공업지대를 거치면서 중금속을 실어 한반도에 계속 퍼부을 것이다.

'푸른아시아'는 몽골에 나무 심기 운동을 시작했다. 나도 인천시장 시절 시민단체와 함께 몽골 숲 가꾸기 운동을 한 바 있다. 그러나 지속가능성이 문제였다. 오기출 총장은 책을 통해 새로운 모델을 제시하고 있다. 마을공동체와 결합하여 나무를 키우고 숲을 가꾸는 것이 주민들의 구체적인 이익과 연결이 안 되면 유지가 안 된다는 것이다. 양과 염소가 들어와 나뭇잎을 다 뜯어먹어 숲이 죽어버린다.

몽골 바양노르라는 지역에 '차차르간'이라는 과일나무 숲을 조성했다. 차차르간 열매는 비타민이 사과보다 200배 많다고 한다. 마을공동체가 스스로 결정하고 책임지고 이익을 공유하는 체제를 만들었다. 그래서 심어놓은 나무가 죽지 않고 성장했으며 숲을 이루어 기후난민들이 다시 돌아오게 되었다고 한다.

서울 성북구 석관동 두산아파트의 에너지 절약과 탄소배출 감소 사례도 소개했다. 재생에너지 생산, 에너지 소비 감소, 낭비 요소 제거, 에너지 효율화 등 모든 것이 공동체, 커뮤니티와 연결되어 자주적으로 결정하고 책임지도록 해야 한다.

'푸른아시아'가 '생명의 토지'상을 받은 이유가 여기에 있다. 나도 '푸른아시아' 후원회원이다. 내가 고문으로 참여하고 있는 '평화와 먹고사는 문제연구소'와 협력기관이다. 국회의원 연구단체 '1.5도 위원회'를 실무적으로 뒷받침하고 있다. 나무를 심어야 한다. 숲을 만들어야 한다. 사막화를 막아야 한다. 스피노자가 말한 대로 "내일 지구가 멸망할지라도 오늘 사과나무 한 그루를 심겠다"는 자세가 필요하다.

RE100을 몰랐던 윤석열 정권이 집권하면서 원전만 강조되고 재생에너지 분야에 대한 투자나 열정이 급속히 식어가고 있다. 이제 유럽탄소국경세(CBAM)가 곧 적용되기 시작한다. 탄소세가 현실화된다. 각국에 수출하려면 RE100 인증을 요구할 것이다. 우리나라 고탄소배출 고에너지 산업구조를 신속히 전환하지 못하면 대한민국은 산업경쟁력을 잃게 될 것이다. 원전폐기물 처리 문제 관련법 제정도 못 하고 있다. 윤 대통령이 야당 대표와 만나 처리해야 한다. 고준위폐기장은 지금 서둘러도 늦었다. 각 원전 발전소 저장공간은 곧 포화 상태다. 폐기장 확보 없는 원전 건설은 화장실 없는 아파트를 짓는 것과 같다.

현대를 인류세라고 말한다. 여섯 번째 지구상의 생명 멸종의 날이 다가오고 있다고 한다. 대한민국의 미래를 위해 나무를 심어야 한다. 재생에너지를 대폭 확대·생산해야 한다. 모든 건물에 태양광, 풍력, 지열 등의 에너지 생산을 유도해야 한다. 철저한 열관리 등으로 고효율 저소비 에너지 구조를 만들어야 한다. 우리들의 삶의 운영 방식을 획기적으로 전환해야 한다. RE100 생태계를 만들지 않으면 탄소세·국경관세를 피하기 위해 우리나라 첨단기업들이 베트남 등으로 더 많이 생산기지를 옮기게 될 것이다.

당명을 '소나무당'으로 지은 이유가 여러 가지 있지만 그 핵심 중 하나가 기후변화·기후위기에 선도적으로 대응하는 당을 상징하기 위해서다. 그래서 대한민국 정당 사상 처음으로 '소나무'라는 나무 이름을 당명으로 채택한 것이다. 오기출 '푸른아시아' 사무총장이 쓴 『한 그루 나무를 심으면 천 개의 복이 온다』를 읽으면 기후위기 대응의 새로운 모델을 알 수 있다.

대한민국 정치 영역에 소나무를 심으면, 정치검찰 해체, 윤석열 독재 퇴진, 민주공화국 복원, 주권 회복, 한반도 평화, 과학기술 강국, 서민경제 지킴이, 환경보호, 변절·배신·반역의 정치 청산 등 천 개의 복이 오도록 하겠다는 다짐을 해본다. [2024. 3. 5]

대한민국 1호 영업사원에서 여당 1호 선거운동원으로

영업사원 자격을 박탈한다.
마약 같은 포퓰리즘 선거개입을 중단하라.

세계 지도자들 평가에서 항상 꼴찌를 맴도는 대통령. 해외 나가면 앞뒤를 구분 못 하고 명품 쇼핑하는 건희 여사에게 끌려다니는 대통령. 국민 세금으로 대통령 전용기 타고 공짜 해외 순방하면서 정상회담 많이 했다고 자랑하는 대한민국 1호 영업사원. 그 참담한 실체가 작년 11월 파리 EXPO 2030 개최지 투표 결과로 확인되었다. 119 대 29. 대한민국 외교 참사다. 영업사원 자격 박탈이다.

요르단에 2 대 0으로 진 클린스만 축구 감독처럼 119 대 29 석열스만 감독도 해임해야 한다. 영업사원 실적이 안 나오니 방향을 바꿨는지, 김건희 여사 동반 방문 찬반으로 부부싸움을 했는지 모르지만 독일·네덜란드 국빈 방문을 취소했다. 동창회 모임, 조기축구 신년 하례식도 이삼일 앞두고 취소하기 어렵다. 외교적 망신이다.

국내로 눈을 돌려보자. 의사들 진료공백 사태는 검찰식 윽박지르기로 더 악화하고 있다. 열다섯 차례가 넘는 민생토론 명분으로 전국을 순회하며 선거공약 발표를 하고 있다. "국민과 함께하는 민생토론회"가 아니라 "국민의힘과 함께하는 총선공약 보고회"를 만들고 있다. 노골적이다. 눈치도 안 본다. 언론은 대부분 받아쓰기다. 대부분 민자 유치에 윤석열 정권 임기 내에 불가능한 GTX 2단계에다가 그린벨트 해제, 군사보호구역 지정 해제 발표 등 2008년 이명박식 뉴타운 정책 재탕 발표를 하고 있다. 작년 4분기 월평균 근로자 실질임금은 1.9퍼센트 감소했다. 실질 사업소득은 1.7퍼센트 감소했다. 윤석열 집권 후 11분기 만에 실질임금·사업소득 모두 감소는 처음이다.

마약사범 단속을 외치던 윤석열·한동훈 정권. R&D 예산을 삭감하여 과학기술 분야에서 대부분 중국에 추월당했고 일본은 34년 만에 닛케이지수 4만에 근접하여 잃어버린 30년을 벗어났다. 대한민국은 윤석열의 무능한 검찰독재 정권하에서 출산율 0.7이 무너져내리는 대한민국 침몰의 시작, 잃어버린 5년이 되어가고 있다.

나라를 되살리는 총선. 소나무당은 일송정 푸른 솔을 보며 나라를 되찾겠다고 맹세하던 선구자처럼 윤석열 검찰독재 해체의 선봉에 설 것이다. 윤석열 대통령은 마약 같은 포퓰리즘 선거 개입을 중단할 것을 촉구한다. [2024. 3. 6]

감옥의 의미

감옥은 몸을 가두는 곳이기도 하지만
입도 틀어막는 곳이기에 더 고통스럽다.

윤석열 대통령은 기회가 될 때마다 자유를 외친다. 유엔 연설에서도, 미 의회 연설에 이어 이번 3·1절 기념사에서도 열일곱 번 자유를 외쳤다. 예상한 대로 일제의 폭압정치, 침략범죄에 대한 성찰이나 책임에 대한 지적도 없다.

무엇으로부터 자유란 말인가? 자유의 핵심은 무엇일까? 핵심은 신체의 자유와 언론의 자유일 것이다. 윤석열 정권 들어 구속이 남발되어 서울구치소는 만원이다. 적정 수용인원 150퍼센트의 과밀 구치소가 되어 수용자는 물론 교도관들도 과중한 업무에 시달리고 있다. '압구정'(압수수색, 구속기소, 정쟁) 정권이 자유를 외친다. 옥(獄)이란 한자를 분해하면 이리(犭)와 개(犬)가 사람의 신체(身)를 가두고 있는 것이 아니라 말(言)을 가둔다. 왜 감옥을 의미하는 한자를 㺒이라 하지 않고 獄이라 했을까? 몸을 가두는 곳보다 입을 틀어막는 곳이 인간에게 고통스러운 감옥이라 본 것이다.

'김건희 특검법'에 '여사' 존칭이 빠졌다고 CBS를 제재하고 국회의원이나 카이스트 졸업생의 말 한마디를 못 참고 입을 틀어막고 끌고 가는 정권이다. 입틀막과 압구정 정권이 자유를 말할 자격이 있는가? [2024. 3. 7]

옥중 출마선언문

송영길 소나무, 푸른 숲과 그늘을 만들어
광주시민께 보답하겠습니다.
국민의 삶을 지키는 소나무가 되겠습니다.

존경하고 사랑하는 광주시민 여러분, 서구 갑 주민 여러분!

윤석열 검찰 독재정권의 정치보복으로 창살 아래 갇혀 있는 송영길 인사드립니다.

「서울의 봄」 영화를 보았습니다. 아내와 딸과 같이 보았습니다. 안타까움과 분노와 탄식이 터져 나왔습니다. '하나회'라는 군부 내 사조직이 어떻게 내란 쿠데타를 준비해서 헌정질서를 무너뜨려가는지를 생생하게 봤습니다.

12·12 쿠데타는 5·18 광주시민 학살의 전초전이었습니다. 1980년 5월 저는 광주대동고 3학년이었습니다. 생생한 학살 현장을 보고 들었습니다. 5월 27일 새벽 4시였습니다. 금남로에 진입하는 계엄군 탱크의 캐터필러 소리를 들으며 전남도청을 지키는 청년이 있었습니다.

윤상원 열사!

제가 졸업한 광주북성중학교 선배님입니다. 사랑도 명예도 이름도 남김없이 한평생 나아가자는 맹세로 계엄군 총탄에 맞서 쓰러져갔습니다. 당시 감옥에 갇혀 있던 김대중 선생께서는 사형선고가 내려진 상태인데도 군부독재의 협박과 유혹에 굴복하지 않았습니다. 그리고 마침내 미국 망명을 마치고 귀국하여 6월 항쟁을 이끌고 평화적 정권교체를 이룩했습니다.

검찰 조직의 하나회 '윤석열·한동훈 특수부 검찰 패거리'가 검찰 쿠데타로 권력을 잡았습니다. 이를 막아내지 못하고 빌미를 준 문재인 정부, 저를 비롯한 더불어민주당 의원들은 다시 한번 광주시민 앞에 사죄해야 합니다.

당대표였던 저 역시 대선 패배의 책임을 감옥에서도 되새기며 반성하고 있습니다. 윤석열 검찰 독재 지배 2년, 민주공화국이 무너져내리고 있습니다. 국가조직과 정당까지 윤석열·한동훈 검찰 카르텔의 사조직이 되어가고 있습니다.

정치적 반대자는 압수·수색·구속하고, 국민과 언론의 입은 틀어막고, 자신들의 범죄와 비리는 은폐하고, 미국과 일본에 끌려다니고, 남북관계는 최악이며, 서민경제는 갈수록 힘들어지고, 세계 최저 출생률과 최고 자살률에 국가의 미래 경쟁력이 약화되고 있습니다.

180석이 넘는 더불어민주당이 한동훈 법무부장관 탄핵소추를 하지 못하고 시간을 낭비했습니다. 기득권에 안주하여 침대축구한다는 비판이 많습니다. 강력한 야당이 필요합니다. 검찰의 협박과 유혹, 캐비닛 보복수사에 굴하지 않고 싸우는 야당과 정치인을 국민이 애타게 찾고 있습니다. 정권교체의 희망마저 흔들리고 있습니다. 흔들리지 않고 검찰 독재와 맞서는 든든한 소나무, 정권교체 희망의 소나무를 광주에 심어주십시오. 변절과 배반, 반역의 시대에 변하지 않는 국민과 함께할 송영길의 손을 잡아주십시오.

송영길 소나무, 푸른 숲과 그늘을 만들어 광주시민께 보답하겠습니다. 김대중·노무현 정신을 계승하여 행동하는 양심, 깨어 있는 광주시민과 함께 민주공화국 대한민국을 회복하겠습니다. 대한민국의 주권을 지키겠습니다. 윤석열 검찰 독재를 조기 퇴진시키겠습니다. 정치검찰을 해체하겠습니다. 한반도 평화의 물꼬를 트겠습니다. 국민의 삶을 지키는 소나무가 되겠습니다.

김대중 대통령께서 "산업화는 늦었지만 정보화는 앞서가자"는 슬로건으로 정보통신 강국을 만들었습니다. 저 송영길, 더불어민주당 당대표 시절 주력해왔던 '광주 인공지능 융복합산업' '한전공대와 한전을 연계한 에너지 융복합산업'과 제 고향 고흥의 '우주항공 드론 융복합산업'과 목포-신안 '해상풍력' 그리고 전남-제주를 해저터널로 연결하고 '광주 군공항 이전 및 이전 부지 첨단 신도시 테크노밸리' 조성을 통해 광주의 미래를 열어가겠습니다.

제가 인천시장 시절 빚더미 인천에서 세계 최고의 바이오산업단지 조성과 GCF(녹색기후기금) 본사 유치 등 국제도시를 만든 경험을 기초로 광주-전남의 새로운 미래를 만들겠습니다.

광주시민 여러분! 서구 갑 주민 여러분!

송영길의 손을 잡아주십시오. 윤석열 검찰 독재정권이 옭아맨 사슬을 풀고 광주시민의 품으로 돌아갈 수 있도록 힘을 주십시오. 광주의 정신과 민주주의와 국민경제, 복지와 평화·환경을 지키는 광주의 푸른 소나무가 되겠습니다. 감사합니다. [2024. 3. 12]

한동훈의 정치질을 규탄한다

"아무리 총선이 급하더라도 원조 정치질 전문
한동훈 위원장 자신이 한 말을 돌이켜보라."

박정훈 수사단장의 수사자료를 경북경찰청 이첩에 사인해준 이종섭 국방부장관, 하루 만에 다급하게 이를 번복시킬 수 있는 사람은 대통령밖에 없다. 상식이다. 기무사에 녹화 저장된 파일, 대통령실 통화 내역을 압수수색하면 된다. 수사가 다가오면 이종섭 전 장관이 길목이다.

핵심 공범자 도피가 필요했다. 전례 없는 출국금지 해제가 이뤄졌다. 여론이 비등하자 한동훈 쇼가 또다시 시작했다. 지난번 화재 현장 깍두기 인사 대신 알리바이용 귀국 쇼다. 한동훈 위원장은 외친다.

"이종섭 대사가 귀국했으니 공수처가 소환 조사해라."

공수처는 준비가 안 되어서 지금 소환 못 한다고 한다. 한동훈 위원장 특유의 말장난이 재현된다.

"선거 직전에 정치적 사안을 준비도 되지 않은 상태에서 강력하게 언론플레이하는 것은 선거 개입이고 정치질이다."

기시감이 느껴진다. 원조 정치팔이 윤석열·한동훈 검찰이다. 4년 전 불과 총선을 2주 앞두고 대검찰청 수사정보관 손준성이 당시 여당인 더불어민주당 인사 수사를 위해 야당에게 고발사주를 한 것이다. 국기문란이다. 선거 개입이다. 정치질이다.

나는 2023년 4월 24일 파리에서 자진귀국 후 두 차례나 검찰청에 자진출두했다. 당시 한동훈 장관의 말이 기억난다.

"마음이 다급하시더라. 순서와 절차에 따라 기다리시라."

다시 돌려준다.

"아무리 총선이 급하더라도 원조 정치질 전문 한동훈 위원장 자신이 한 말을 돌이켜보라." [2024. 3. 18]

남북 관계 영화를 보면서

좁은 독방에서 남북이 함께
북 치고 장구 치고 판소리를 들으며
막걸리 한잔 마시고 춤추는 꿈을 꾼다.

시진핑 주석이 상무위원회에서 "우리는 왜 「별에서 온 그대」 같은 드라마를 만들지 못하는가?" 하고 탄식했다고 한다. 나는 2014년 베이징 칭화대 방문학자로 일 년간 베이징에 체류한 적이 있다. 당시 베이징 시내 대부분의 간판은 김수현·전지현 배우가 모델인 광고로 도배되어 있었다.

왜 그럴까? 정치적 민주화가 없는 나라, 영화·드라마 등의 소재 제한, 출판 검열 등이 있는 나라에서는 자유로운 창작이 불가능하다. 「서울의 봄」 영화를 본 중국인들은 이런 소재를 가지고 이런 영화를 만들 수 있는 한국을 부러워했다고 한다. 「서울의 봄」은 다행히 문재인 정부 때 촬영을 시작해서 영화진흥공사 기금 지원을 받을 수 있었지만 윤석열 정권에서는 불가능했으리라 생각한다. 한류의 시작은 김대중 정부 때부터 본격화되었다. 정치적 민주화, 일본 대중문화 개방, 남북정상회담으로부터 시작된 남북 간 교류 등의 분위기 덕분에 과거에는 금기시되었던 소재도

자유롭게 다룰 수 있었다.

특히 남북관계를 다룬 영화가 과거의 멸공통일이라는 흑백논리를 벗어나 민족동일성, 남북 간 강경파들의 적대적 상호의존성, 생계형 간첩, 남북 간 국경을 초월한 사랑을 다루는 등 발전을 거듭했다. 「쉬리」 「공동경비구역 JSA」 「웰컴 투 동막골」 「고지전」 「강철비」에 이어 드라마 「사랑의 불시착」은 코로나19 기간 동안 일본 OTT 시장에서 제2의 「겨울연가」처럼 엄청난 인기를 끌었다고 한다. 나도 「사랑의 불시착」 전 회차를 빠짐없이 실감나게 본 기억이 생생하다.

서울구치소에서는 토·일요일에 영화를 가끔 보여준다. 「광대: 소리꾼」이라는 영화를 보았다. 「심청전」을 각색한 영화다. 어린 딸을 데리고 지방을 유랑하는 눈이 먼 소리꾼이 탐관오리를 만나 탄압을 받다가 암행어사의 도움으로 부패한 관리를 응징하는 내용이다. 민주대머리 박철민 씨의 맛깔스러운 전라도 사투리와 연기가 돋보였다.

「심청전」과 「춘향전」을 믹스한 「광대: 소리꾼」을 보면서 공감하고 울고 웃는 같은 DNA를 가지고 있는데, 윤석열 정권에 들어와 남북은 이제 동족 관계가 아니라 주적 대 주적 관계로 악화되고 있다. 안타까운 일이다.

김정은 위원장의 통일 철회, 민족공동체 남북 간 모든 교류협력기구 폐지, 동족 관계가 아닌 적성국가 대 국가라는 선언은 너무 단세포적 대응이라고 생각한다. 5,000년 단일민족의 유구한

흐름은 각 시대 몇몇 왕조나 정권에 따라 단절되기도 하지만 일시적일 뿐이다. 「직녀에게」라는 노래처럼 우리 민족의 이별이 너무 길다. 슬픔이 너무 길다. 이제 우리는 만나야 한다. 무력 사용은 더 이상 안 된다. 이혼한 부부 어느 한쪽이 폭력을 사용해 납치, 감금, 협박해 같이 살자고 해서 관계가 복원되는 것이 아니다. 서로를 배려하면서 접촉을 통한 신뢰회복, 비방 금지, 상호존중을 통해 서로 별거하더라도 왕래하면서 신뢰를 쌓아가야 한다. 대한민국 헌법이 대통령과 국회 등 각 헌법기관에 명령하고 있는 헌법적 소명이다.

조용필 가수에게 직접 들은 이야기다. 평양 정주영체육관에서 공연할 때 처음에는 벽에다 소리치는 것처럼 힘들었다. 그런데 「홀로아리랑」을 부르자 같이 따라부르며 청중과 하나가 되었다. 그렇다. 무뚝뚝하던 굳은 얼굴도 같이 박수치고 노래하며 정서를 공유하고 소통할 수 있다.

우리 대한민국의 모든 문제의 근원에는 분단이라는 뿌리가 가로놓여 있다. 분단을 걷어내야 대한민국의 경제도약·인구절벽·노동력 부족·자원 부족·대륙경제 복원·안보 비용 절감 등 외적 이익뿐만 아니라 민족 내부 역량 시너지로 동북아의 강국으로 뻗어나갈 수 있다. 「광대: 소리꾼」 영화를 보면서 좁은 감옥 독방에서 남북이 함께 북 치고 장구 치고 판소리를 들으며 막걸리 한잔 마시고 춤추는 꿈을 꾸면서 잠을 이루었다. [2024. 3. 25]

'꽃개' 같은 검사, 들개 같은 정치검찰

아내를 위해 들꽃의 향내를 맡고 꽃을 잘 찾아내 그에게 '꽃개'라는 별명이 생겼다.

꽃과 검사, 잘 안 어울린다. 상상이 안 된다. 온실 속 화초도 아니다. 들꽃이다. 들꽃 그리기를 좋아하는 아내를 위해 골프를 포기했다. 아내를 위해 들꽃의 향내를 맡고 잘 찾아내 '꽃개'라는 별명이 생겼다.

들개 떼처럼 먹잇감을 사냥하듯 날뛰는 윤석열·한동훈 검찰을 생각한다. 하이에나 아니면 들개 떼가 연상된다. '꽃개'라는 이름은 상상하기 힘들다. 이성윤 검사장, 인상부터 점잖은 선비 상이다. 독실한 크리스천이자 채식주의자, 평화주의자인 이성윤. 보수정권에서는 도저히 서울중앙지검장을 맡기 어려운 캐릭터다.

그가 쓴 『꽃은 무죄다』를 단숨에 읽었다. 감동이다. 우리나라 산하에 흐드러지게 피고 지던 들꽃, 보고 지나쳤던 꽃들의 이름과 사연을 알게 됐다.

추사 김정희 선생이 제주도 귀양 시절 음미했던 금잔옥대, 은행과 공룡의 관계도 알게 됐다. 꽃마리의 비밀도 알게 되었다. 작고 귀여운 꽃마리꽃. 곤충을 유인하기 위해 유인색소로 무늬를 만든다. 수정하고 열매를 맺기 위해 최선을 다한다. 그는 민생사범 해결을 위해 형사부만 전전하는 후배 검사를 꽃마리꽃에 비유한다.

후배 검사에게 물었다.

"다른 검사들은 좋은 보직 받으려고 하는데 왜 형사부만 전전하는가?"

후배 검사는 답했다.

"누가 알려주지 않아도 사건 하나하나가 당사자들에겐 소중합니다. 그래서 특수부나 공안사건보다 훨씬 중요하다고 생각합니다."

이성윤 검사장, 한동수 대검 감찰부장, 임은정 검사 등 검찰 비주류 세력들도 사냥감이 되고 있다. 이성윤 지검장은 김학의 전 법무부차관 출국금지 사건으로 기소되어 징계위에 회부되고 수난을 겪고 있다. 이런 선비 같은 분들이 조폭 같은 하이에나 그룹과 맞선다는 것이 애초에 무리가 아니었을까 하는 안타까움이 든다.

21대 총선을 앞두고 문재인 정부에서 법무부장관을 맡으라는 제의가 있었다. 노영민 실장, 강기정 정무수석이 수차례 요청했다. 당시 나는 북핵문제 해결, 북미 간 외교 정상화를 이루어보고 싶은 강렬한 열정이 있었다. 외교부장관을 하고 싶었다. 돌이켜보면 후회된다. 아쉬움이 남는다. 하이에나 같은 정치검찰을 이

선으로 후퇴시키고 제대로 정의로운 검찰 세력을 구축할 수 있지 않았을까? 이성윤 '꽃개' 같은 검사들이 들개 같은 정치검찰을 대체하는 시대가 올 것인가? 국민의 손에만 의존할 수 없다. 다시는 반복하지 말아야 한다. 우유부단함이 아니라 강력한 투쟁과 결단력 있는 민주정부를 구성해야 할 정당의 책임이다. [2024. 3. 29]

대권을 꿈꾼 사람들

**당 내부에서 경쟁하고 싸우더라도
대선에서는 힘을 합했어야 한다.**

2022년 3월 9일은 대통령 선거 개표 전 출구조사가 발표되는 날이었다. 국회의원회관 대회의실에서 출구조사 방송을 시청했다. 당대표였던 나는 추미애 전 대표와 이낙연 전 대표 사이에 앉아 있었다. 방송사마다 예측이 엇갈렸다. 이재명 후보 승리라는 출구조사 결과가 모 방송에서 발표되었다. 너무나 흥분되고 기뻤다. 기쁨을 옆에 있는 추미애 전 대표와 나누었다. 이낙연 전 대표를 보았다. 짧은 순간이었지만 나라가 무너진 듯한 당혹스러운 눈빛이었다.

나는 너무 당황했다. 경선 과정에서 다퉜더라도 결정이 되면 힘을 모아주어야 다음 기회가 생긴다. 계를 하려면 계원 간에 신뢰가 있어야 한다. 이번 기회에 계주가 안 되더라도 다음에 계주가 되려면 계를 깨서는 안 된다는 생각이 들었다.

이기택 의원을 생각해본다. 김대중 총재에게 먼저 기회를 주고 나중을 도모했으면 어땠을까? 부산 출신에 김대중 총재와 보완

관계로 김대중 정권 수립에 기여했다면 국무총리나 장관으로 참여해 국정을 펼 수도 있었을 테고, 차기를 두고 경쟁할 때 같은 부산 출신 노무현 후보보다 더 유리한 위치를 차지할 수 있었을 텐데 말이다.

이인제 후보의 경우도 마찬가지다. 1997년 대선에 출마해 이회창 후보 측의 수많은 회유, 단일화 협상을 물리치고 완주해 500여만 표를 득표했다. 39만여 표 1.1퍼센트 박빙으로 김대중 후보의 승리에 결정적 기여를 했다.

만일 당시 이회창 후보가 모든 자존심을 내려놓고 이인제 후보를 찾아가 읍소하며 삼고초려 자세로 단일화를 요청했다면 어떻게 되었을까 상상해본다. 그래서 동교동계는 그 고마움에 이인제 후보를 영입했고 이인제 후보는 더불어민주당원이 되어 2000년 16대 총선 지원 유세를 하고 다녔다.

나 역시 2000년 16대 총선 때 인천 계양구에서 더불어민주당 후보로 출마했다. 노무현 상임고문은 한 번도 지원 유세에 못 왔지만 이인제 후보는 지원 유세에 와주었다. 이인제 후보는 더불어민주당 내 기반이 튼튼했다. 그러나 2002년 12월 대선 경선에서 노무현 돌풍에 무너졌다. 이인제 후보는 승복하지 못했다. 동교동계와 DJ에 대해 배신감을 느꼈으리라. 이인제 후보는 노무현 후보에 대해 색깔론으로 공격했다. 색깔론으로 수많은 고통을 당해온 김대중 대통령과 많은 더불어민주당원의 역린을 건드린 행위였다. 그렇다고 하더라도 참고 견뎠다면 차기 대선후보는 정동영 의원이 아니라 이인제 후보가 될 수 있었을 텐데 하는 상상을 해본다. 결국 대통령을 꿈꾸었던 이기택·이인제 두 거물 정치인은 뜻을 펴보지 못하고 초라하게 정계를 떠날 수밖에 없게 되었다.

이낙연 총리 역시 대권의 꿈을 가지고 도전했다. 서울대 법대 출신에 『동아일보』 기자를 거쳐 김대중·노무현·문재인 세 대통령으로부터 신임을 받은 주류 정치인 입장에서 이재명 후보를 인정하고 수용하기가 쉽지 않았을 것이다. 경선 기간 내내 이재명 후보의 사법 리스크를 지적하고 공격했다. 최근 이 총리의 최측근인 남평우 씨가 기자회견에서 밝힌 대로 2021년 하순 『경기경제신문』에 실린 "화천대유는 누구 것인가?"라는 도발적인 대장동 의혹 기사는 이낙연 후보 측이 제공한 자료라는 것이 밝혀졌다.

예상했던 바지만, 씁쓸한 일이었다. 이낙연 후보의 기준으로 볼 때 이재명 후보의 모든 것이 도저히 수용하기 어려웠던 모양이다. 아무리 그렇더라도 윤석열 검찰 독재정권 수립을 암묵적으로 승인할 정도로 이재명 후보가 용납 안 되었다는 말인가? 당 내부에서 경쟁하고 싸우더라도 대선에서는 힘을 합했어야 더불어민주당은 물론 본인에게도 미래가 있었던 것이 아닐까.

이번 총선은 나라를 구하는 제2의 3·1 운동과 같다고 생각한다. 윤석열·김건희·한동훈의 검찰 범죄정권을 하루라도 빨리 끝내야 하는 중요한 싸움이다. 국민이 어떤 평가를 내릴지 궁금하다. [2024. 3. 30]

불편하지만 부대끼며 살아가는 이야기

서민들의 삶의 고민과 일상을 따뜻한 시선으로 풀어내 다시 일어서게 격려해주는 작품들.

감옥은 독서실이다. 핸드폰 중독에서 벗어날 수 있다. 세끼 밥이 나온다. 방해받지 않는다. 원룸 임대료도 없다. 바깥세상에서 여유가 없어 읽지 못했던 책을 읽게 된다. 『망원동 브라더스』와 『불편한 편의점』은 구치소 재소자들에게 인기 있는 책이다.

김호연(고대 국문과 출신, 1974년 서울 출생)이 2013년도에 『망원동 브라더스』로 세계문학상을 수상했다. 망원동 옥탑방 조그만 공간에서 옹기종기 살고 있는 서민들의 모습이다. 나 역시 중·고등학교, 대학 때 자취했던 옥탑방 시절이 생각난다. 40대 기러기 아빠, 20대 공무원 고시 준비생, 50대 황혼이혼을 당한 만화 스토리 작가, 30대 만화가가 밀린 방세에 보증금을 갉아먹으면서 조그만 옥탑방에서 부대끼며 삶을 개척해가는 이야기다.

변변한 직장도 없이 낙오된 삶들이 인생을 비탄하거나 사회를 저주하지 않고 서로를 격려하며 살아간다. 주인집 할아버지와 아들, 콩나물해장국을 잘 끓이는 40대 기러기 아빠 김 부장, 50대

황혼이혼을 당하면서 새로운 사랑을 찾아 나선 주인공 만화가의 '싸부', 부잣집 서자로 태어나 고시원에서 죽치는 삼척동자까지, 망원동 옥탑방의 사람 냄새가 그리워 함께 모이는 네 남성의 아기자기한 이야기가 감동적이다. 무엇보다 작가의 따뜻한 시선이 다가온다.

『불편한 편의점』은 상·하 두 권이다. 내가 살고 있는 용문동 근처의 용산구 청파동 숙대 근방 편의점이 주무대다. 평생 교직을 은퇴하고 퇴직금으로 문을 연 24시간 always 편의점 주인 염영숙 여사. 서울역에서 잃어버린 파우치에 든 지갑 등을 염 여사에게 되찾아준 서울역 노숙자 독고 씨. 독고 씨는 돈만 알던 성형외과 고용의사로, 대리수술을 하다가 환자가 사망하는 의료사고를 낸 뒤 가족들에게 버림받고 술에 취해 쓰러져 기억상실로 서울역 노숙자가 된 남자다. 둘이 만나 독고 씨는 편의점 아르바이트를 하게 된다.

편의점 아르바이트 일자리를 두고 시현(젊은 취준생 여대생)과 오선숙(50대 여성), 곽 씨(전직 경찰)와 독고 씨 등이 24시간 편의점을 운영하면서 부딪히는 서민들의 삶의 고민과 일상을 잔잔하게 이야기로 풀어낸다.

독고 씨가 보여준 남에 대한 배려, 경청해주기가 전염병처럼 주위에 퍼져 부모와 자식, 동료들 간의 불화와 갈등이 풀려나가는 기적 같은 일이 벌어진다. 마침 대학로 연극 시나리오 작가 겸 배우였던 인경이 편의점 근처 연립주택에 임시로 이사와 고갈된

아이디어를 짜내 연극 시나리오를 쓰려고 안간힘을 쓰다가 불편한 편의점을 만나게 된다. 여기서 연극 시나리오 아이디어를 구한다. 연극 제목이 「불편한 편의점」이다. 독고 씨를 중심으로 시나리오를 쓰고 독고 역할을 실감 나게 연기하기 위해 인경의 동료 연극배우 황근배(별명 홍금보)가 실제 편의점 알바로 취업해서 독고 씨가 했던 역할을 재현한다. 독고와 홍금보는 편의점 알바 시간 동안 편의점을 찾는 삶에 지쳐 낙오된 인생, 패배한 그들에게 술 대신 옥수수수염차를 나누면서 다시 일어서게 격려해 준다. 불편하지만 새로운 삶의 변화 계기를 만들어주는 편의점이다.

총선이 다가온다. 국회의원 5선을 하면서 총선을 여섯 번 치렀다. 선거운동 때 재래시장 일반상가들을 집중 방문하면서 많은 자영업자를 만나게 된다. 길거리 노점상을 만난다.

시장 입구 등 거리에 주저앉아 조그만 좌판을 깔고 콩·감자·호박·고추 등 야채를 파는 할머니들도 보게 된다. 아침 출근 인사를 하려고 지하철역에 나간다. 산동네 연립주택·옥탑방 사는 사람부터 원룸·오피스텔 사는 사람까지 많은 사람이 피곤에 찌든 모습으로 출근길 전쟁을 시작한다. 나는 출근 인사를 하면서 여의도 생활에서 만나는 기업인·기자·법조인·화이트칼라 등과 다르게 가난한 서민이 많다는 것을 매번 뼈저리게 느낀다. 출근길에 악수는커녕 명함 한 장 받아줄 여유 없이 플랫폼에 들어오는 지하철을 놓치지 않으려 뛰어가는 시민들에게 허리 숙여 인사하면서 그들을 격려하고 힘을 주는 정치가 무엇인지 고민하게 된다.

이번 총선에 나서는 후보들에게 일독을 권하고 싶은 책이다. 김호연 작가의 따뜻한 시선을 우리 정치인이 보고 배웠으면 하는 바람이다. [2024. 3. 31]

검찰 범죄정권 탄핵의 선봉이 되겠습니다

이번 총선에서 누구를 심판하시겠습니까?
송영길이 탄핵의 선봉이 되겠습니다.

저의 보석이 기각되어 감옥에서 '입틀막' 상태에서 선거를 보고 있습니다. 야당은 정권심판론을 외칩니다. 여당 한동훈 위원장은 '이재명·조국 심판, 범죄세력 심판'을 외칩니다. 설득력이 없습니다. 총선에서 여당이 민생을 망가뜨려놓고 야당 심판을 외치는 경우는 처음입니다.

송영길·이재명·조국은 이미 2-3년이 넘도록 가혹한 검찰 수사와 기소로 무간지옥 같은 고초를 겪었습니다. 법정 선거운동 기간인 지금도 야당 대표를 법정 출두시켜 재판을 하고 있습니다. 뭘 또 심판한다는 것입니까?

저 역시 일관되게 무죄를 주장하며 검찰의 정치보복, 위법수집증거에 기초한 별건수사, 공소권 남용과 싸우고 있습니다. 이에 비해 윤석열 총장은 국가 예산 수십억 특활비 횡령 의혹, 박정훈 대령 수사외압, 이정섭 피의자 범인 도피 교사 등에 선거법 위반(허위사실공표 등) 등으로 고발되어 있는 피의자입니다. 한동훈 위원장 역시 딸 입시 관련 의혹, 처남 검사 성범죄 은폐 의혹, 태블릿 PC 장시호와 증거조작 의혹 등으로 고발된 피의자입니다. 김건희 여사 주가조작 등 범죄 혐의는 말할 것도 없습니다.

윤석열·한동훈·김건희의 수많은 범죄 의혹은 전혀 수사가 안 되고 있습니다. 송영길·이재명·조국은 수백 번의 압수수색과 기소로 인생을 다 털었습니다.

자, 이번 총선에서 누구를 심판하시겠습니까? 당연히 권력을 사유화하여 자신들의 범죄를 은폐하고 있는 윤석열·한동훈·김건희 검찰 범죄정권을 심판해야 하지 않겠습니까? 송영길이 탄핵의 선봉이 되겠습니다. 송영길·이재명·조국 삼각편대를 만들어주십시오. 반드시 윤·동·희 검찰 범죄정권을 일 년 안에 끌어내리겠습니다. [2024. 4. 1]

다시 읽어보는 검사 선서

나는 이 순간 국가와 국민의 부름을 받고
영광스러운 대한민국 검사의 직에 나섭니다.

검찰청법 제4조(검사의 직무)에서 검사는 공익의 대표자라 명시하고 있습니다. 3항은 검사는 그 직무를 수행할 때 국민 전체에 대한 봉사자로서 헌법과 법률에 따라 국민의 인권을 보호하고 적법절차를 준수하며, 정치적 중립을 지켜야 하고 주어진 권한을 남용해서는 아니 된다고 규정합니다.

이원석 총장님, 송경호 서울중앙지검장님, 최재훈 서울중앙지검 반부패수사2부장님. 여러분은 김건희 여사 도이치모터스 주가조작 사건을 담당하고 있는 부서 책임자입니다. 여러분은 공익의 대표자로서 국민 전체의 봉사자라고 후배 검사들에게 떳떳하게 말할 수 있습니까? 윤석열·김건희 여사 범죄 피의사실을 변론하는 로펌 변호사 같다는 비판에서 자유로울 수 있습니까? 저도 사법연수원 졸업 때 잠깐 검사를 꿈꿔보았던 사람으로서 검사 선서를 읽어봅니다.

〈검사 선서〉

나는 이 순간 국가와 국민의 부름을 받고
영광스러운 대한민국 검사의 직에 나섭니다.
공익의 대표자로서 정의와 인권을 바로 세우고
범죄로부터 내 이웃과 공동체를 지키라는
막중한 사명을 부여받은 것입니다.
나는 불의의 어둠을 걷어내는 용기 있는 검사,
힘없고 소외된 사람들을 돌보는 따뜻한 검사,
오로지 진실만을 따라가는 공평한 검사,
스스로에게 더 엄격한 바른 검사로서
처음부터 끝까지 혼신의 힘을 다해
국민을 섬기고 국가에 봉사할 것을
나의 명예를 걸고 굳게 다짐합니다.

이 검사 선서를 여러분이 국민 앞에 당당하게 말할 수 있습니까? 주가조작으로 23억의 이익을 본 혐의의 김건희·최은순을 수사하지 않고 300만 원 크리스찬 디올 명품수수를 수사하지 않고 오히려 어제 유시춘 EBS 이사장님 집을 압수수색했습니다.

100억에 가까운 특활비를 돈봉투로 나누어 갖고 영수증도 없이 회식으로 흥청망청 쓰는 검찰이 3년 전 더불어민주당 전당대회 돈봉투 사건을 지금까지 우려먹고 있습니다. 돈봉투 사건으로 안 엮이자 '먹사연' 싱크탱크 별건수사로 영장주의를 위반하여 저 송영길을 구속하고 기소했습니다.

좋습니다. 저는 한 번도 저를 수사하지 말라고 한 적이 없습니다. 주위 사람 괴롭히지 말고 나부터 수사하라고 파리에서 자진 귀국했고 검찰청에 두 번 자진 출두했습니다. 그래서 구속되어 5개월이 되어갑니다. 억울한 점은 법정에서 밝힐 것입니다. 김건희 여사도 동일하게 수사할 것을 촉구합니다.

저를 수사·기소한 서울중앙지검 송경호 지검장, 최재훈 반부패수사2부장님, 여러분이 김건희 여사 주가조작 사건 담당 부서입니다. 왜 직무유기를 하고 있습니까? 부작위에 의한 저의 기본권 침해입니다(헌법 11조 평등권). 검찰 탄핵 사유입니다. 헌법소원을 검토 중입니다.

송경호 지검장이 김건희 여사 수사 불가피를 주장했다가 용산에서 격노했다는 추측성 언론 보도가 나옵니다. 김건희 여사를 수사하는 데 용산의 결재가 필요합니까? 대한민국 검찰이 윤석열·김건희 부부의 사설 경호업체가 아니지 않습니까? 국민의 부름을 받은 검사라고 선서했지 않습니까? 김건희 여사의 부름을 받아 검찰총장, 검사장이 되었습니까?

김건희 여사를 수사하지 않는 이원석 검찰총장이 사법 시스템을 흔들지 말라고 야당 대표에게 말할 자격이 있습니까? 대법원과 법원의 판결도 무시하고 특활비 집행 정보도 제대로 공개 안 하고, 영장 범위를 벗어난 위법수집증거를 활용하여 공소권을 남용하는 검찰이 사법 시스템 운운할 자격이 있습니까?

송경호 지검장님은 다음 달이면 임기 2년을 마치고 물러가야 합니다. 권불삼년입니다. 3년도 길다고 아우성입니다. 부끄러운 검사로 남지 않으려면 당장 김건희 여사를 소환 조사하십시오. 잘하는 압수수색부터 하십시오. 그것이 사법 시스템을 살리는 길이고 검찰과 본인들이 사는 길입니다. 여러분들의 직무유기에 대해 22대 국회가 분명히 책임을 물을 것입니다. [2024. 5. 4]

예방접종 수사, 백신 수사

검찰은 압수수색영장을 발부한
법원의 권위를 이용해 국민을 마음껏
뒤지면서 검찰과 그 가족의 비리는 철저히 감춘다.

이원석 검찰총장이 김건희 여사 명품수수 관련 수사를 지시했다고 한다. 총장이 지시를 해야 하는 수사인가? 왜 주가조작 수사 지시는 안 하는가? 주가조작 수사 없는 청탁금지법 위반 수사는 앙꼬 없는 찐빵이다. 특검 수사를 방해하기 위한 예방접종 수사, 백신 수사가 되어선 안 된다. 더불어민주당과 조국혁신당은 흔들림 없이 양평·명품·주가조작 특검법을 추진해야 한다.

헌법 제12조 3항은 체포·구속·압수 또는 수색을 할 때에는 적법한 절차에 따라 검사의 신청에 의하여 법관이 발부한 영장을 제시해야 한다고 규정하고 있다. 헌법에 "검사의 신청"이라는 조문 때문에 사법경찰관은 압수수색영장을 법원에 직접 신청할 수 없다. 오로지 검사를 통해서만 할 수 있다. 기소독점권과 더불어 영장청구권을 독점하고 있는 검찰은 자신들과 관련된 경찰의 압수수색 신청을 통제한다.

전 용산세무서장 윤우진은 윤석열 총장이 동생처럼 예뻐하던 윤대진 검사의 형이다. 윤우진이 윤석열 검사 등을 인천국제공항 부근 골프장 스카이72에서 접대한 의혹으로 경찰이 압수영장 청구를 대여섯 번 했는데 검찰이 모두 기각했다. 윤석열 총장 처남 김진우에 대한 핸드폰 압수영장 신청도 검찰이 기각해서 결국 압수하지 못했다.

일반 국민에게는 전가의 보도처럼 압수수색을 남발하면서 검찰과 그 가족의 비리에 대해서는 압수수색 독점권을 남용하여 경찰의 수사를 차단해왔다. 자신들은 압수수색영장을 발부한 법원의 권위를 이용해 국민을 마음껏 뒤지면서 자신들의 비리는 철저히 감추고, 영장주의를 위반하고 있는 것이다. 핸드폰·컴퓨터·USB 등 디지털 증거를 몽땅 압수해서 곶감 빼먹듯이 별건수사에 활용하고 있다.

형사소송법 198조 4항은 별건수사를 금지하고 있다. 같은 법 308조 2항은 위법수집증거 능력을 배제하고 있다. 최근 대법원 판례는 엄격하다. 핸드폰에 있는 정보를 모두 압수하는 것은 한 사람의 인생을 터는 것이다. 영장 피의사실과 관계없는 정보는 분리·폐기하거나 돌려줘야 한다. 검찰은 법원의 판결을 지키지 않는다.

검찰은 '윤석열 대선 후보 검증 보도' 수사 과정에서 압수수색 영장 범위를 벗어난 기자의 핸드폰 정보를 통째로 대검찰청 통합 디지털증거관리시스템(D-Net)에 저장해놓고 별건수사로 활용하고 있다. 대법원이 판결로 위법이라고 해도 법을 어기지 않았다고 우긴다.

정보공개 행정소송에서 법원이 특수활동비의 집행일자, 집행액수를 공개하더라도 업무의 공정하고 효율적인 수행에 직접적이고 구체적으로 장애를 줄 고도의 개연성이 있다고 인정하기에 부족하고 달리 구정보공개법 제9조 제1항 제4호의 비공개 대상 정보에 해당한다고 할 수 없다고 판결하고 있다.

이원석 검찰총장은 똑같은 조항을 들어 특활비 지출 증빙자료 공개를 거부하고 있다. 법원의 판결과 영장주의를 위배한 것이야말로 사법 시스템을 근본적으로 흔드는 행위가 아닌지 이원석 총장에게 묻고 싶다.

이정근과 사채업자 박우식의 채권채무 민사소송이 알선수재 형사소송으로 변질하고, 여기서 확보한 녹음테이프로 돈봉투 사건을 별건수사하고, 돈봉투 피의사실 영장으로 싱크탱크 '먹사연'을 압수수색하며 별건수사를 남용하는 검찰의 정치보복 기소에 맞서 싸울 것이다.

국민 대다수, 공무원, 기업인들이 검찰수사 표적이 되면 별건수사로 사람을 굴복시키고 검찰이 시킨 대로 진술하게 만든다. 나는 검찰의 무소불위 기소 독점, 압수수색 독점으로 국민을 협박하고 사건을 조작하는 윤석열 검찰 범죄정권과 맞서 끝까지 투쟁할 것이다.

5월 9일 윤석열 정권 출범 2주년 기자회견이 최소한의 국민 공감대를 가지려면 박정훈 대령에 대한 기소를 취소하고 김건희 특

검에 대한 거부권 행사 포기를 선언해야 한다. 이것 없는 기자회견은 맹탕이다. [2024. 5. 9]

다시 5월입니다

광주 민주항쟁 정신은
민주공화국 대한민국을 지키는 기둥입니다.

존경하는 광주시민 여러분, 함께해주신 송영길 검찰탄압 저지 비상대책위원 여러분, 이경민 국가공무직노조위원장님과 조합원 분들, 광주전남촛불행동 나규복 대표님과 회원님들을 비롯한 각 단체 대표와 회원 여러분. 정치검찰 규탄 국민행동 광주지검 앞 집회에 함께해주셔서 감사드립니다.

다시 5월입니다. 44년이 흘렀습니다. 광주 민주항쟁 정신은 민주공화국 대한민국을 지키는 기둥입니다. 감옥에 갇혀 있다 보니 1980년 5월 당시 감옥에 갇혔던 김대중 대통령의 말씀을 다시 읽게 됩니다.

5개월 감옥 생활도 답답한데 사형선고를 받은 사형수로서 김대중 대통령의 고뇌를 생각합니다. 대통령의 고백을 인용해봅니다. 전두환 군부세력이 자신들에게 협력하면 사형도 면해주고 권력도 주겠다고 회유할 때였습니다.

"죽음은 누구에게나 두려운 것이라지만 내가 그들한테 굴복했을 때, 광주 영령 여러분의 내 귀에 쟁쟁히 울리는 실망에 찬 질책을 도저히 감당할 수 없겠다고 하는 생각이 나의 마음을 결정적으로 굳혀주었던 것입니다. 나는 마침내 죽기로 결심했었습니다."

조그만 유혹과 협박에도 굴복하고 배신과 배반을 하는 시대에 가슴을 울리는 말씀입니다. 우리의 판단 기준은 다시 5월입니다.

「서울의 봄」 영화를 통해 전두환 '하나회' 군부 사조직 반란에 어이없이 무너지는 대한민국을 다시 볼 수 있었습니다. 헌정질서 수호 책임을 진 대통령, 국방부장관, 육군참모총장이 무력하게 무너졌습니다.

윤석열 검찰 쿠데타도 마찬가지입니다. 문재인 대통령을 속여 서울중앙지검장·검찰총장이 되어 수십억의 국가 예산 특활비를 횡령하여 검찰 범죄 카르텔을 양성해왔습니다. 어이없는 검찰 독재정권을 만들어주었습니다.

윤석열 정권 2년, 민주주의는 행동하는 양심과 깨어 있는 시민들의 조직적 힘이 끊임없이 지키지 않으면 쉽게 무너지고 유린될 수 있다는 사실을 뼈저리게 경험했습니다. 하여 다시 촛불을 들고 국민이 일어섰습니다.

4·10 총선을 통해 윤석열·한동훈 검찰 범죄정권을 심판했습니다. '이태원 참사, 채수근 상병 사건, 양평고속도로, 명품수수, 주가조작' 특검법 통과와 수사가 불가피해졌습니다. 윤석열 정권은 반성은커녕 김주현 민정수석을 임명하고, 김건희 여사 수사를 시작하려는 송경호 지검장을 갑자기 교체했습니다.

추미애 법무부장관 시절 검찰 인사 때 당시 윤석열 총장은 검찰총장의 의견을 안 들었다고 반발했습니다. 검찰청법 제34조(검사의 임명 및 보직) 1항에는 "검사의 임명과 보직은 법무부장관의 제청으로 대통령이 한다. 이 경우 법무부장관은 검찰총장의 의견을 들어 검사의 보직을 제청한다"고 되어 있습니다. 윤석열 대통령과 박성재 법무부장관은 이창수 서울중앙지검장 임명에 이원석 총장의 의견을 들었는지 여부를 밝혀야 할 것입니다.

김건희 여사를 소환해 명품수수만이 아니라 양평고속도로, 도이치모터스 주가조작 의혹을 철저히 수사하여 법정에 세울 때까지 저 송영길, 시민 여러분과 함께 끝까지 투쟁하겠습니다. 윤석열 검찰 범죄정권은 더 나라가 망가지기 전에 하루빨리 끌어내려야 합니다.

도청을 마지막까지 사수하다 산화하신 윤상원 열사의 정신을 계승해나가겠습니다. [2024. 5. 14]

엄마 안 보고 싶었어?

5월 어머니의 노랫소리를 듣고 싶습니다.
어머니 보고 싶습니다.

존경하는 광주시민 여러분, 송영길 옥중 인사드립니다.

다시 5월입니다.

5월 광주 민주항쟁 정신은 민주공화국 대한민국을 지키는 정신적 기둥입니다. 윤석열 정권 2년, 민주공화국이 무너지고 있습니다.

광주시민을 학살하고 쿠데타로 집권한 전두환 정권이 내세운 구호가 정의사회 구현이었습니다. 전두환·이순자, 전·이사회 구현이라고 놀림을 당했습니다.

부동시라는 석연치 않은 이유로 군대를 기피하고 문재인 대통령을 속여 검찰총장으로 특혜 벼락출세한 윤석열 특수부 검사 패거리가 검찰 쿠데타로 정권을 잡았습니다. 내세운 구호가 공정과 상식이었습니다.

윤석열 정권 2년, 온 국민이 불공정과 몰상식을 온몸으로 체험했습니다. 총선만 기다렸습니다. 4·10 국민이 심판했습니다. 검찰의, 검찰에 의한, 검찰을 위한 검찰공화국을 민주공화국으로 회복하기 위한 압도적 야당 의석을 국민들이 만들어주었습니다.

이태원 참사, 채수근 상병 수사외압, 양평고속도로, 명품가방, 주가조작. '이채양명주' 특검법이 추진되고 있습니다.

특검법 통과가 예상되자 그동안 침묵하던 검찰이 백신 수사·약속대련 쇼를 시작했습니다. 그것조차 여의치 않은지 검찰총장을 사실상 불신임하는 인사를 단행했습니다. 추미애 법무부장관 인사에 사사건건 시비를 걸던 윤석열 검찰총장은 내로남불의 끝판왕답습니다.

치솟는 물가, 채무에 허덕이는 자영업자, 외교참사, 전쟁위기. 못살겠다 갈아보자는 외침이 커집니다.

야당, 언론에 대한 일방적 압수·수색·구속이 남발되고 있습니다. 검찰·경찰 권력은 공권력이 아니라 사적 조직폭력으로 사유화되었습니다. 흔들림 없는 특검 추진으로 윤석열 검찰 범죄정권을 탄핵해야 합니다.

1980년 5월 27일 새벽 윤상원 열사와 도청을 지키다 산화한 당시 광주상고 1학년 문재학 군의 말이 우리 가슴을 울립니다.

문재학 군은 자신을 데리러 온 부모님 손을 뿌리치며 절규했습니다.

"친구가 죽었는데 어떻게 나 혼자 살겠다고 집에 돌아가겠습니까?"

재학이를 가슴에 묻고 44년 모진 세월을 견디어오신 김길자 어머니.

“엄마 안 보고 싶었어?”

5월 어머니의 노랫소리를 듣고 싶습니다. 어머니 보고 싶습니다.

다시 5월입니다. [2024. 5. 17]

소신투표의 힘

5·28 채 상병 특검법 재의결로 여야가
정상적인 정치로 회귀할 것을 간절히 호소한다.

국회의원은 국민이 뽑는다. 대통령이 임명하는 자리가 아니다. 대통령 앞에 가서도 바른 소리를 해야 한다. 벌거벗은 임금님처럼 윤비어천가 부르다 총선에서 심판받았다. 낙선자들이 뒤늦게 한탄했다.

"우리는 비겁했다" "할 말을 해야 할 때 눈치 보며 못 했다."

서울 지역 한 당선자는 "당에서 시키는 것 반대로 했더니 당선됐다"고 자백했다. 지금이 바로 그때다. 당에서 시키는 것 반대로 해야 국민의힘이 산다. '용산의힘'이 아니라면, '국민의힘'이라는 당명 이름값을 해야 한다.

윤석열 대통령은 바뀌지 않는다. 박근혜 대통령의 길을 가고 있다. 김건희 여사를 단절하고 홀로 설 수 없다. 당부터 변화해야 한다. 충격이 필요하다. 윤상현 의원이 문화혁명의 예처럼 사령부를 폭격해야 한다고 말하는 인터뷰를 보았다. 지금이 바로 그때다. 그래야 합리적 보수주의의 공간이 열린다. 해병대와 싸우는 보수정권이 살아남을 수 있겠는가? 부동시라는 석연치 않은 사유로 군대를 기피한 군통수권자가 해병대의 자부심을 이렇게 짓밟을 수 있는가?

공산 침략에 맞서 피 흘린 선배들의 희생은 윤석열·김건희 비리 옹호와 부하의 생명을 함부로 희생시켜 대통령에게 충성 경쟁하는 무능한 군 장성을 지키기 위한 것이 아니었다. 박정훈 대령 같은 참군인·애국자를 칭찬이나 포상은커녕 항명죄로 기소하는 적반하장을 5·28 특검법 재의결로 바로잡아야 한다. 제2의 김웅·안철수·유의동 의원의 소신투표가 국민의힘을 살린다.

태영호 의원은 수령독재를 비판하고 탈북했다. 국민이 국회의원으로 뽑아줬다. 이번 총선에 낙선했지만 임기 마지막에 민주공화국 국회의원이 된 밥값을 하기 바란다. 북한에서 하듯이 윤석열을 결사옹위하다간 살아남기 어렵다. 국민에 맞서 선전포고한 윤석열 정권과 이를 비호하는 정당은 살아남기 어렵다.

5·28 채 상병 특검법 재의결로 여야가 변화와 개혁을 경쟁하는 정상적 정치로 회귀할 것을 간절히 호소한다. [2024. 5. 23]

미국 국회의사당
앞 연설
2022. 9. 29

유럽의회
연설
2023. 3. 16

다시 겨울

2025년 1월 - 2025년 3월

2차 구속(2025. 1. 8 - 2025. 6. 23) 7개월 만에 다시
구속되었다. 참담하고 억울하지만 무죄를 입증하기 위해
노력할 것이다. 2차 구속되기 전 2024년 12월 3일
헌정사상 유례를 찾기 어려운 계엄이 발동되었다.
나는 제일 먼저 국회로 달려가 군인들을 설득했다.
비상계엄을 발동한 윤석열은
47일 만에 내란수괴죄로 구속되었다.

윤석열 입소를 기다리며

서울구치소에 다시 들어왔다.
참담하고 억울하지만 법이 정한 절차에 따라
항소심에서 무죄를 입증하기 위해 노력할 것이다.

"사람에게 충성하지 않는다."

윤석열 검사를 대통령까지 되게 만든 한 문장이다. 그럼 누구에게 충성할 것인가? 그것은 당연히 헌법이다. 헌법 제7조 1항에서 공무원은 전체 국민의 봉사자임을 명시하고 있다. 헌법 제10조는 국민의 존엄, 기본권, 행복추구권을 보호하고 실현할 임무를 대통령, 국회, 사법부 등 통치기관에 부여하고 있다.

윤석열의 내란·외환유치 혐의는 전 국민이 실시간으로 보는 TV, 유튜브를 통해 확인되었다. 특수부 검사, 서울중앙지검장, 검찰총장, 대통령을 하면서 수많은 사람을 압수·수색·체포·구속기소한 윤석열이다. 이제 본인 차례다.

나는 2023년 4월 24일 파리에서 귀국한 이래 2년이 다 되어가는 동안 돈봉투 사건으로 시달려왔다. 지난 1월 8일 마침내 무죄 선고를 받았다. 그럼에도 별건수사로 싱크탱크 먹사연 후원금을 법인격을 부인하고 내가 직접 받은 정치자금으로 비약해 기소,

유죄판결을 받았다. 내가 억울하다고 법정에 온 지지자들과 함께 판사의 법정구속 조치를 거부할 수 있는가?

서울구치소에 다시 들어왔다. 참담하고 억울하지만 법이 정한 절차에 따라 항소심에서 무죄를 입증하기 위해 노력할 것이다.

윤석열은 비겁하게 경호처 직원들을 특수공무집행 방해의 범죄자로 만들지 말고 자진출두하라. 최소한 조폭 두목 수준의 책임감이라도 보여주길 바란다. 최상목 대행은 우리나라 근현대사의 비겁하고 소신 없는, 영혼 없는 관료의 모습을 전형적으로 보여주고 있다. 구청장 수준도 안 되는 리더십이다.

서울구치소에 노상원 전 정보사령관, 김용군 전 대령이 내란죄로 구속 수감되어 있다. 윤석열의 입소를 기다리고 있다. 이번 주중 체포영장이 집행되고 조사 후 구속영장이 청구될 것이다. 이번 주말 윤석열의 서울구치소 입소를 기대한다. 서울구치소 접견 이동 과정에서 윤석열을 마주치기를 기대한다.

윤석열의 서울구치소 입소는 대한민국의 정치적 불확실성을 해소하는 길이다. 경제를 회복시키는 전환점이다. 내란성 우울증, 신경과민에 시달리는 국민에게 최소한의 법치주의 회복을 통해 치료약을 주는 길이다. [2025. 1. 10]

제2의 내란 협박

**내란세력을 확실히 척결하여 다시는
민주공화국 대한민국에 쿠데타 내란이
발생하지 않도록 해야 한다.**

해방이 되었다. 빛을 다시 찾았다. 광복이다. 빛이 무서운 어둠의 세력이 있었다. 민족과 나라를 배신한 그들은 두려움에 떨었다. 그런데 미군정이 그들을 살려주었다. 미군정은 일제 경찰 출신을 대거 등용하여 경찰을 구성하고 일본군 출신으로 군을 만들고 학계와 법조계도 채워나갔다. 남조선과도입법의원은 '민족반역자 부일협력자 간상배에 대한 특별조례'를 제정했다. 미군정은 이 법의 인준을 거부해 무산시킨다. 지금의 최상목 대행과 유사하다.

1948년 5월 10일 선거로 제헌의회가 구성되었다. 친일 반민족 행위자 처벌을 위한 헌법상 근거조항(소급입법 허용) 제헌헌법 제100조가 재석위원 154명 중 찬성 85, 반대 34로 통과되었다. 이 헌법 조항에 근거하여 '반민특위법'이 1948년 9월 7일 국회를 통과한다. 103명이 찬성했고 6명이 반대했다. 이승만은 거부권 행사를 검토했으나 재의결될 것이 뻔하므로 포기했다. 대신 반민특위 사무실 습격, 암살 시도, 북한 결탁 의혹 체포 등 수많은 방해 공작으로 반민특위는 1년 만에 해체되고 단 한 명도 사형시키지 못하고 막을 내린다(프랑스는 불과 4년 독일 점령 기간 중 나치에 협력한 콜라보 767명을 사형 집행하고 2만여 명에게 징역을 선고했다). 6·25 전쟁 중인 1951년에는 아예 반민법을 폐지한다.

친일 반민족 행위자 처벌을 위한 소급입법 가능 근거가 되었던 헌법 조항 101조도 5·16 쿠데타로 집권한 박정희 정권의 5차 개헌헌법에서 아예 삭제되어버린다.

반민법(反民法)이 망민법(網民法)이라며 모든 사람을 처벌할 수 있고 국가를 혼란에 빠뜨리고 국민을 분열시키는 법이라고 떠들던 그때나 지금이나 꼭 닮았다. 유권자 40퍼센트의 투표를 이승만·이기붕으로 미리 기표하여 투표도 하기 전에 투표함에 집어넣은 4할 투표, 올빼미표·피아노표·샌드위치표 등 할 수 있는 부정선거 방법을 총동원했던 이승만. 군·경찰·관을 총동원하여 부정선거를 조직했던 박정희.

원조 부정선거 원흉들을 건국의 아버지라고 모시는 자들이 0.73퍼센트 표 차로 야당 후보 윤석열을 당선시켜준 선관위를 부정선거의 주범으로 몰아 내란을 일으켰다. 내란을 넘어서 서북도에서 포사격 훈련, 풍선 삐라 살포, 무인기 평양 침투, 우크라이나 전투 개입 시도 등으로 한반도에 전시상태를 만들려고 발버둥쳤다. 제3차 세계대전의 발화점의 하나인 한반도 화약고에서 불장난을 한 꼴이다. 가슴을 쓸어내린다. 북이 연평도 폭격 도발처럼 대응사격을 했다면 나라의 운명이 어떻게 되었을까?

내란특검법에 대한 거부권을 한덕수 대행, 최상목 대행이 행사했다. 세 번째 특검법이 국회를 통과했다. 국민이 직접 선출한 국회의원 190여 명이 세 번이나 통과시킨 법에 국민이 선출하지 않은 임명직 부총리 대행이 거부권을 행사할 것인가? 대행에 불과하므로 헌법재판관 임명 행위를 할 수 없다며 마은혁 후보를 여야 합의를 핑계로 임명하지 않은 최상목 대행.

국회 몫으로 국회가 선출한 헌법재판관을 대통령이 임명하는 것은 의무사항이다. 만일 대통령이 임명거부권을 갖는다면 입법·행정·사법 3부에서 추천한 9인의 헌법재판관 구성원리가 무너지고 사실상 대통령이 9인 재판관 전원을 구성할 수 있다는 헌법 위반 상황이 생긴다.

대통령도 이럴진대 대행은 더 말할 나위가 없다. 석동현·윤갑근 변호사 등 내란 옹호세력은 법원이 발부한 체포영장 집행을 거부하고 무력 충돌 불사를 외치며 제2의 내란 협박을 하고 있다. 법원 판결이나 영장에 불만이 있으면 항소, 상고하거나 항고, 재항고를 통해 법이 정한 절차 안에서 다투는 것이 법치주의다.

국수본은 조직의 명운을 걸고 내란세력을 체포하라. 일망타진하라. 경찰을 비하하고 사병처럼 부려먹는 검찰 범죄정권의 수괴를 체포하라.

전 국민이 실시간으로 방송되는 TV를 통해 윤석열의 내란행위와 거짓말을 확인했다. 너무 뻔한 거짓말을 하는 모습이 위안부 강제동원, 강제징용, 관동대학살 등 뻔한 사실을 부인하는 일본 극우세력과 너무 닮았다. 반민특위 와해도 나라와 민족을 배반한 세력을 척결하지 못한 후과가 크다. 이번에는 내란세력을 확실히 척결하여 다시는 민주공화국 대한민국에 쿠데타 내란이 발생하지 않도록 해야 한다. [2025. 1. 11]

권력자의 표적이 된 사람을 변론한다는 것

사슴을 말이라고 하니
멀쩡한 말을 사슴이라고 합창한다.

1597년 2월 26일 선조의 명에 의해 삼도수군통제사 이순신은 체포되어 의금부로 압송되었다. 1592년 4월 13일 왜군이 부산에 상륙해 침입하자 아들 광해에게 조정의 책임을 맡기고 4월 30일 한양을 탈출해 의주까지 도망쳤던 무능한 선조. 옥포해전을 필두로 연전연승하는 이순신을 시기하고 원균을 옹호하던 중 고니시 유키나가가 가토 기요마사의 이동에 대한 정보를 흘려 이간계를 꾀하는 데 넘어가 가토를 공격하지 않은 이순신을 항명죄로 체포한 것이다.

무서운 고문에 이순신의 목숨이 경각에 달렸다. 선조의 열등감과 시기심이 적대감으로 불타올랐다. 이순신을 천거했던 류성룡조차 선조의 서슬 퍼런 분노에 이순신을 감히 변호하지 못했다. 정탁과 이원익 대감 두 사람만이 목숨을 걸고 이순신을 변호했다.

"이순신이 죄를 지은 것은 분명하나 왕께서는 신하를 함부로 죽이기를 좋아하지 않는 측은지심이 매우 크고 살려둔다면 적에게 위협이 될 만한 장수이므로 죽음만은 면하게 해주십시오."

선조의 체면을 살리면서 자비를 구하는 지혜로운 변론이었다. 이순신의 나이 53세, 망가진 몸과 상처받은 마음을 추스르고 1597년 4월 1일 옥문을 나섰다. 선조가 최소한의 양심이 있었는지 정탁·이원익 대감의 변론을 들어준 것이다. 만일 두 사람의 변론이 없었다면 충무공 이순신 장군은 어이없이 고문 현장에서 쓰러져 운명을 다했을 것이다.

1597년 7월 원균 삼도수군통제사가 이끄는 조선 수군이 칠천량해전에서 처참한 패배를 하자 선조는 부끄러웠는지 이순신 장군을 다시 삼도수군통제사로 임명하여 명량해전을 승리로 이끌게 했다.

최고 권력자의 표적이 된 사람을 변론하는 것은 힘든 일이다. 현대 같은 민주주의 사회에서도 눈치 보느라 부담이 되는데 왕조시대에는 자칫하면 목숨을 걸어야 하는 일이다.

박정훈 대령 항명죄 사건이 무죄판결이 났다. 담당재판부 중앙지역 육군법원 김종일 판사(중령)의 소신 있는 판결에 감사를 보낸다. 박정훈 대령의 변호사들께도 감사드린다. 지록위마(指鹿爲馬) 고사처럼 사슴을 말이라고 하니 멀쩡한 말을 사슴이라 합창하던 이종섭·임종헌·김계환 등 부끄러운 군상들에서 원균의 모습이 오버랩된다. 박정훈 대령의 충정을 윤석열에게 변론해줄 단 한 명의 이원익·정탁 같은 장관, 국회의원이 없었다는 것이 이 정권의 비극이다. [2025. 1. 12]

윤석열 반란수괴 서울구치소 입소 기대

박근혜를 구속기소했던 윤석열,
이제 당신 차례다.

잠 못 이루는 내란 신경증과 우울증에 시달려온 국민들에게 청량제를 선물했다. 불확실성이 제거되었다. 코스피가 올랐다. 안도의 숨소리가 서울구치소에서도 들린다. 법의 지배는 법을 집행하는 권력자에게도 법이 적용되는 것이다. 윤석열이 체포되기 전 발표된 동영상을 반복해서 방송해주어 시청했다.

적반하장의 끝판왕이다. 윤석열 정권 2년 반 동안 기소권·수사권을 남용하여 야당 정치인과 언론인 등을 엮어매어 탄압해왔던 암흑 시절을 회상해본다. 별건수사 남발로 구속된 나로서는 윤석열과 국민의힘 내란세력에 대한 분노로 치가 떨리는 심정이다.

박정훈 대령의 충실한 채수근 상병 사인 조사 이첩에 대해 수사외압을 가하고 박 대령을 항명죄로 기소했지만 무죄판결이 나왔다. 증거가 차고 넘치는 도이치모터스 주가조작 사건을 무혐의 처분한 이 정권이 법치주의를 말할 자격이 있는가?

태블릿 PC 증거조작 등으로 박근혜를 구속기소했던 윤석열, 이제 당신 차례다. 윤석열의 진술거부권 행사를 환영한다. 이미 나와 있는 증거, 본인의 세 차례 대국민 담화 선행자백으로 증거가 차고 넘친다. 입만 열면 거짓말하는 윤석열의 말은 진술의 증거로서 의미가 없다. 어차피 법정에서 피고인이 부인하면 검찰·경찰의 피의자 신문조서의 증거능력은 없다.

48시간 이내에 구속영장이 청구되면 윤석열은 영장실질심사에 참여 안 할 수 없을 것이다. 서울중앙지법에 신청하기를 바란다. 영장실질심사에서 제시되는 내란 공범자의 진술과 자신이 대국민 담화를 통해 선행자백한 사실 등에 대해 터무니없는 억지 주장을 할 것으로 예상된다. 어떤 판사라도 이런 황당한 헌법과 법률 무시를 확신범처럼 내면화하고 있는 자를 용납하기가 어려울 것이다.

체포영장을 서울중앙지법이 아니라 서부지방법원에 신청 발부했다는 이유 하나로 불법이고 온 나라의 법치주의가 무너졌다고 호들갑인 윤석열과 권영세 위원장 등 국민의힘 무리에게 묻고 싶다. 그렇게 절차를 강조하는 사람들이 헌법에 규정한 국무회의 심의도 거치지 않고 회의록도 작성 않고 총리·장관 부서도 없이 일방적으로 선포한 계엄을 민주헌정질서 옹호라고 강변할 수 있는가? 전시·사변 등 비상계엄 요건을 고의적으로 조성하기 위해 북한 도발을 유도한 행위는 극형에 처해야 할 내란·외환 범죄다.

서울구치소에 사형장이 설치되어 있다. 사형수들은 미결수이므로 교도소가 아닌 구치소에 있다. 사형은 실제 집행되지 않는다. 사실상 무기수다. 윤석열이 남은 인생을 보내게 될 서울구치소 입소를 기대하고 환영한다. 조속한 시일 내 김건희 입소를 기대한다. [2025. 1. 13]

증인 채택을 요청한다

김건희에게는 증거를 은닉하고
송영길에 대해서는 유리한 증거를 은폐해
검사의 객관의무를 위반했다.

나는 지난 4월 총선 때 옥중출마했다. 법정 선거운동 기간 중 단 하루라도 유권자를 만나게 해달라고 간절히 호소했는데 보석이 기각되었다. 소나무당 예상 지지율이 낮아 6억 상당의 부채를 짊어지게 되었다. 나는 정당법 위반으로 기소되었는데 정당법의 보호법익은 정당 내부 선거 공정성이다. 그런데 정당대표 선거보다 더 중요한 국회의원 총선에서 선거운동 기회를 박탈당한 것이다.

1심 판결에서 네 가지 공소사실 가운데 1. 국회의원 돈봉투 살포 2. 지역위원장들에게 금원 살포 3. 특정범죄가중처벌법 위반(제3자 뇌물죄)에 무죄를 선고했다. 그러나 싱크탱크 '평화와 먹고사는 문제연구소' 후원금을 송영길 개인에 대한 정치자금으로 비약해 정치자금위반죄를 인정, 2년 실형을 선고했다. 그러나 설마 법정구속을 시킬 줄은 몰랐다. 첨예하게 무죄를 다투는 사안이었다. 방어권의 심대한 침해다.

왜 구속 조치를 했을까? 나에게 9년을 구형한 검찰, 지난 1년 동안 100번 넘게 나의 주변을 압수수색한 검찰은 송영길 석방을 최대한 막기 위해 사활을 걸었을 것이다.

바로 그들의 탄핵소추 결정에 영향을 미칠 것이다. 내가 불구속되었으면 김건희 구속기소에 총력투쟁했을 것이다. 장시호와 부적절한 유착 의혹으로 태블릿 PC 등 증거 조작 혐의를 받는 김영철 검사, 주가조작으로 23억 이익을 남긴 것으로 추정되는 김건희·최은순 도이치모터스 주가조작 사건을 압수수색·소환조사 한 번 없이 무혐의 처분하고 수사 브리핑 때 허위 수사보고를 한 최재훈 검사. 이들이 서울중앙지검 반부패수사2부 부장검사들로 나를 수사하고 기소한 검사들이다.

김건희에게는 로펌 변호사처럼 증거를 은닉하고 송영길에 대해서는 유리한 증거를 은폐해 검사의 객관의무를 위반했다. 이정근·박우식 간의 채권채무관계를 알선수재 사건으로 변모시킨 후 별건수사로 돈봉투 사건을 이슈화시켜 2년 동안 우려먹었다.

내가 돈봉투 사건에 분노하고 일관되게 싸워온 이유는 나를 수사한 서울중앙지검 반부패수사2부가 김건희 코바나컨텐츠 사건을 무혐의 처분하고(먹사연을 정치자금 위반으로 기소한 자들은 서울중앙지검 피의자들이 지검장 부인 전시회에 억대 금품을 후원한 것은 무혐의 처분했다) 도이치모터스 주가조작 사건을 무혐의 처분한 당사자이기 때문이다. 만일 이창수·조상원·최재훈 검사가 김건희를 원칙대로 구속기소했다면 내란 사태를 미연에 방지할 수 있었을 것이다.

정청래 탄핵소추위원에게 요청한다. 송영길을 탄핵심판 절차에 증인으로 채택해줄 것을. 헌법재판관들에게 위 검사 3인의 헌법과 법률 위반에 대해 생생하게 증언할 기회를 주시길 요청한다.
[2025. 1. 15]

구속영장이 청구될 것인가

자신이 죄 없으면 수사받고
재판받아서 무죄를 입증하라.

윤석열이 어젯밤 서울구치소에 들어왔다. 영장 발부 전까지 대기했던 공간이다. 나도 그곳에서 영장실질심사 결과를 기다리는 것이 힘들었다. 48시간 대기가 힘들어 윤석열은 체포적부심을 청구했다. 힘들 것이다. 검사로 임용된 이후 지금까지 한 번도 수사기관의 조사를 받아본 적이 없었을 것이다. 대통령직을 유지한 채 구속된 첫 사례로 어제 하룻밤을 구치소에서 보내면서 무슨 생각을 했을까. 같은 건물에서 잠을 자면서 윤석열의 신세를 돌이켜본다.

"5년짜리가 겁도 없이 권력을 휘두른다"고 문재인 정권을 비판했던 윤석열이 5년도 아닌 2년 반 동안 겁도 없이 날뛰었다. 국민을 농락하고 거짓말을 밥 먹듯 하고 범죄자 장모·처남·아내를 비호하고 국가 예산을 펑펑 쓰며 전용기를 타고 해외여행 다니면서 대통령 놀이를 했던 순간들이 일장춘몽으로 느껴질 것이다.

윤석열 측은 공수처의 수사 권한과 법원 관할 문제를 따지고 진술거부권을 행사했다. 어떤 피의자라도 헌법상 진술거부권을 행사할 수 있고 수사 권한·법원 관할 등을 문제 제기할 수 있다. 나 역시 전당대회 돈봉투 사건에 대한 별건수사·공소권 남용을 주장하고 정당법 위반에 대해 검찰청법 제4조 1항 검사의 직접 수사 대상이 아님을 주장해왔다. 진술거부권도 행사했다. 그런데 윤석열과 국민의힘은 야당 정치인을 수사·기소할 때는 이에 방어권 행사를 해온 야당 인사들을 비판해왔다. 4·19 기념사를 통해 노골적으로 돈봉투 사건을 거론하며 수사·재판 중 사건에 사실상 가이드라인을 제시했다. 한동훈도 마찬가지였다.

국민의힘 의원들은 송영길·이재명·뉴스타파 등 수많은 야당 정치인과 비판 언론인을 수사·기소하면서 수백 번 압수수색 영장 집행과 별건수사·증거조작·은폐 등을 밥 먹듯이 해온 검찰 수사를 옹호해왔다. 죄 없으면 수사받고 재판받아 무죄를 입증하라고 윽박질러왔다.

이제 그 말을 윤석열과 내란옹호당에게 돌려줄 차례다. 자신의 정당과 그 전신 정당에서 배출한 대통령 다섯 명(전두환·노태우·이명박·박근혜·윤석열)이 모두 구속된 상태를 보고 석고대죄해야 할 것 아닌가? 이명박·박근혜를 태블릿 PC 증거조작 등으로 구속기소한 칼잡이 윤석열을 영입하여 대통령을 만든 불쌍한 정당이다. 유승민·이준석·안철수·홍준표 모두 배제하고 칼잡이 용병을 데려와 권력의 꿀물을 먹던 국민의힘은 손바닥으로 하늘을 가리는 것이 어렵다는 것을 뼈저리게 느끼게 될 것이다.

당연히 체포영장적부심은 기각되고 내일 구속영장이 청구되면 모레 새벽에 영장이 발부되리라 생각한다. 서울구치소에 이미 반란 가담자 중 기획 핵심 역할을 한 노상원 전 정보사령관과 부역자 김용군 전 대령이 구속 수감되어 있다. 입만 열면 돈봉투 사건을 거론하며 윤관석·강래구 등이 구속되었는데 최종 수혜자 송영길은 왜 빨리 구속하지 않느냐고 외쳐왔던 세력들.

나는 단 한 번도 돈봉투 자금을 준비하라고 지시하거나 협의하거나 공모한 적이 없다. 이정근의 3만여 개 녹취록에서도 이와 관련한 나의 육성이 하나도 발견되지 않았다. 오히려 당대표 이후 돈 선거·돈 쓰는 조직은 안 된다고 이정근 사무부총장에게 지시한 녹취록(검찰이 제출하지 않아 재판부 지시로 제출했다)이 발견되었을 뿐이다. 그래서 돈봉투 사건으로 송영길을 얽어맬 수 없어 별건의 별건수사 기소를 한 것이다.

이에 반해 윤석열은 전 국민에게 생중계 방송으로 국회에 병력을 투입했고 실제 자기가 지시했다고 대국민 담화를 발표했다. 명백한 국헌문란 내란 폭동의 선행자백이다.

100퍼센트 구속영장이 발부될 것이다. 영장 발부가 되어 입소되고 수번과 방이 배정될 것이다. 알코올 중독으로 알려진 윤석열에게 알코올 중독 치료를 위한 소중한 시간이 될 것이다. 용산구에 같이 살았는데 당분간 서울구치소에 같이 살게 되겠다. [2025. 1. 16]

망상에 갇힌 정신병자

검찰 조직은 자신들의 판단이 실체적
진실이고 정의라고 믿는다.
자신들은 법 적용을 받지 않는다.

12·3 내란계엄은 전 국민·전 세계가 실시간으로 상황을 지켜보았다. 주요 내란 종사자 10여 명이 구속기소되었다. 내란수괴인 윤석열 역시 구속수감되었다. 같이 서울구치소에서 수용 생활을 시작하게 되었다.

이번 공수처는 구속영장 청구에서 윤석열을 '확신범'으로 '재범 위험성'을 지적했다. 구속영장 발부 소식이 알려지자 서울서부지방법원에 난입하여 기물을 파손하는 윤석열 지지자들, 내란 옹호 세력의 모습을 보면 공수처 주장이 사실임이 확인된다.

윤석열의 옥중서신을 보면 망상에 갇힌 정신병자라는 생각이 든다. 합리적·이성적 판단 능력이 상실된 것 같다. 극우 유튜버도 아니고 국가정보원·방첩사·경찰·민정·NSC 등은 물론 미국·일본 우방국의 정보자산 등 고급 정보를 보고받고 취합하는 위치에 있는 대통령이 저런 황당한 의사판단을 할 수 있을까? 자유민주주의의 핵심으로 법치주의를 수차례 강조했다. 임은정 검사 말대로 법을 지키는 것이 아니라 법을 적용하는 것이 검찰 조직이다. 자신들은 법 적용을 받지 않는다. 자신들의 판단이 실체적 진실이고 정의다.

윤석열은 그렇다 치더라도 평생 검사를 한 석동현·윤갑근 변호사, 권영세·권성동 의원, 판사를 한 김기현·나경원 의원의 내란 옹호 발언을 보면 아연실색이다. 형법에서 가장 중요한 것은 구성요건이다. 즉 형법이 적용되려면 범죄행위가 있어야 하는데 어떤 행위의 범죄 여부를 판단하는 첫 단계가 구성요건 해당성이다. 그다음에는 위법성 조각 사유가 없어야 한다는 것이고 세 번째가 책임능력이 있어야 한다.

윤석열의 비상계엄 발동은 실체요건으로 전시·사변·국가비상사태가 없었다. 오히려 북의 도발을 유도하여 억지로 전시·사변을 만들려고 했다. 국무회의 심의·부서·국회 통보 등 모든 절차를 무시했다. 국회는 계엄 대상도 아니었다. 위법성 조각 사유도 없다. 유일하게 다툴 수 있는 것은 망상·정신착란·알코올 심신상실로 잘못 계엄령 선포를 했다고 하는 것이다. 최소한의 법률적 상식을 벗어난 망언을 아무 말 대잔치처럼 국민의힘 의원들이 떠들고 있다.

서부지법 차은경 부장판사도 윤석열의 직접 발언을 듣고 황당했을 것이다. 정형식 헌법재판관 등도 중국인들이 부정선거에 개입하여 체포되었다는 등 저질 극우 유튜버 수준인 윤석열 측 변호인의 발언을 듣고 아연실색했을 것이다.

윤석열이 헌재와 법정에 나와서 직접 하는 발언을 보면 헌재 재판관·판사들은 저런 수준의 인식 능력과 판단으로 2년 반 동안 대한민국 대통령이었다는 것이 믿기지 않을 것이다. 윤석열의 재판이 기대된다. 윤석열과 함께 서울구치소 수용 생활을 하게 되어 마음이 한결 가볍다. [2025. 1. 18]

민주주의의 회복력

절대권력은 절대부패한다.
그래서 견제와 균형을 위해 권력을
입법, 사법, 행정으로 분리한 것이다.

"싸움만 하는 국회, 국회의원 대폭 줄이고 국회를 폐지해라. 해산시켜라. 국정을 발목 잡는 국회, 발목을 부러뜨리는 국회 일거에 쓸어버리자."

보통 집권세력과 지지자들 사이에서 터져나오는 말이다. 나는 노인정이나 시장에서 이런 불만을 표시하는 여당 지지자분들께 반문한다.

"북한처럼 국회를 없애버릴까요? 거수기 국회를 만들어 천황폐하 만세, 김일성 수령 만세, 히틀러 총통 만세, 박정희 대통령 만세 하듯이 하면 국회가 싸우지도 않고 조용하겠지요?"

절대권력은 절대부패한다. 그래서 견제와 균형을 위해 권력을 입법, 사법, 행정으로 분리한 것이다. 대통령은 행정부 수반이다. 국회는 다수당이 주도한다. 0.73퍼센트 차로 겨우 당선된 윤석열이 모든 권력을 행사하려고 발버둥 쳤다. 총선에서 대패했다. 192석의 압도적 야당이 탄생했다. 의원내각제라면 즉각 정권교체가 되었고 정부가 다시 구성되었을 것이다.

윤석열은 현실을 인정하고 야당 대표를 만나 국정에 참여시켜야 했다. 권력을 나누고 타협했어야 했다. 김건희 특검법을 수용했어야 했다. 거부권은 국가원수로서 순전히 국가 전체의 이익을 우선하여 판단·행사해야 했다. 자신과 배우자의 범죄 의혹 은폐를 위해 거부권을 남발하는 순간 대통령으로서 최소한의 도덕적 권위가 상실된 것이다.

집행 권력 입장에서 의회는 성가신 존재다. 발목 잡는 방해물로 인식하기 쉽다. 실제 터무니없는 공세를 할 때도 있다. 김대중·노무현·문재인 정부 때도 의회에 대한 불만을 자주 표시했다.

문재인 대통령은 "지금 국회는 막무가내로 싸우기만 하는 모습을 보이면서 국민 분열과 갈등을 증폭시키는 역기능만 하고 있다. 국회의 존재 이유를 묻지 않을 수 없다. 부끄럽고 볼썽사납다"고 불만을 터뜨렸다. 나도 인천시장 시절, 이재명 대표도 경기도지사 시절 시의회와 도의원들의 정치적 공세에 불만을 느꼈을 것이다. 그러나 말과 논리로 상호비판, 공격·방어를 하는 것과 폭력으로 헌법기관의 권능을 무력화하는 것은 전혀 별개다.

영국에서 1215년 마그나카르타(대헌장) 이후 국왕이 제후와 주교 귀족의 동의 없이 세금을 징수할 수 없다고 명시했다. 그 이후 400년 동안 왕은 의회와 협조하면서 국정을 별 마찰 없이 운영했다. 그러나 1625년 찰스 1세가 왕위에 오르면서 윤석열처럼 의회를 무시하고 독단적 국정 운영을 고집했다. 결국 1642년 내전이 시작되고 올리버 크롬웰이 이끈 의회군이 승리하여 1649년 1월 30일 찰스 1세는 런던 왕궁 앞에서 참수형을 당했다.

윤석열과 국민의힘은 비상계엄을 빙자한 친위쿠데타를 "종북 주사파 세력으로부터 민주헌정질서를 수호하기 위한 것이다"라고 합리화한다. 급기야 구속영장을 발부한 서부지방법원에 침입하여 난동을 피운 행위까지 헌정 문란을 막으려는 비상조치라고 억지를 편다.

정치적 반대자를 공산당으로 몰아 공격하는 것은 모든 나라 보수세력들이 빠지기 쉬운 유혹이다. 1930년대 독일 히틀러 정권 때 기승을 부렸다. 1932년 7월 31일 총선에서 37.3퍼센트를 얻은 나치당이 1당이 되었다. 힌덴부르크 대통령을 압박·설득하여 1933년 1월 30일 히틀러가 총리 지명을 받았다. 독일제국의회 방화 사건을 공산당의 행위로 조작하여 대대적 탄압을 했다. 이런 분위기에서 1933년 3월 5일 총선을 했는데 나치당은 43.9퍼센트로 과반수 득표에 실패했다. 그러자 히틀러는 국회에 돌격대를 투입해 사민당을 협박, 3분의 2 찬성으로 모든 입법권을 히틀러에게 위임하는 수권법(授權法)을 통과시켰다. 그 결과 국회의 자살, 브레이크 없는 전차, 제2차 세계대전의 참혹한 결과로 이어졌다.

대한민국 역대 대통령 중 국회의원 경험이 없는 박정희·전두환·윤석열이 쿠데타를 시도했다. 그러나 집권세력의 친위쿠데타는 윤석열이 처음이다. 대통령에게 비상계엄 선포권이 있다. 그러나 엄격한 조건이 필요하다. 1. 실체적 요건이다. 전시·사변이나 이에 준하는 국가비상사태가 있어야 한다. 없었다. 김건희 특검법 이탈표 증가로 크리미널 패밀리 방탄에 구멍이 뚫릴 수 있는 비상사태가 발생한 것이다. 한동훈 체포 필요성이 생긴 것이다. 2. 대상의 제한이다. 국회·선관위 등은 계엄군이 통제할 대상이 아니다. 오히려 계엄 해제 여부를 판단하는 헌법기관이다. 국회에 통보하고 비회기 중에는 집회를 요구해야 한다. 하나도 안 지켰다. 3. 국무회의를 열고 심의 의결 후 총리·장관이 부서해야 한다. 하나도 안 지켰다. 명백한 헌법과 법률 위반이다. 이를 합리화하려는 사람들은 자유민주적 헌정질서 보호를 말할 자격이 없다.

공산당을 반대하는 이유는 공산주의가 복수정당제를 부정하고 선거를 통한 권력 획득이 아니라 폭력혁명으로 권력을 장악하려고 하기 때문이다.

자유민주주의의 핵심은 야당이 선거를 통해 권력을 획득할 기회가 보장되는 것이다. 여당이 야당이 될 각오를 하는 것이다. 검찰·경찰 권력을 사유화하여 야당과 언론을 탄압하는 것도 모자라 군대를 동원해 야당 지도자는 물론 자기 아내의 범죄 의혹을 규명할 특검법 찬성 우려가 있다고 여당 대표까지 체포하려고 무장병력을 국회에 투입한 행위를 합리화하면서 어떻게 자유민주주의를 외칠 수 있다는 말인가?

민주주의는 완성된 제도도 완벽한 제도도 아니다. 그러나 일인

독재, 일당 독재, 엘리트 독재보다 평범한 대중들의 집단적 지성과 지혜가 스스로의 운명과 방향을 결정하는 제도가 옳고 정의에 합당하고 폭정의 위험을 통제하는 최선의 방안이라는 공감대가 존재한다.

헌법 수호의 책임을 지는 대통령과 국회의원이 헌법을 침해할 때 이를 지키는 힘은 행동하는 양심, 깨어 있는 시민의 조직적 힘이다. 대한민국 민주주의의 회복력을 믿는다. [2025. 1. 20]

설날 인사드립니다

행복한 설날 연휴 보내시길 바랍니다.
인동초와 소나무 정신으로 함께하겠습니다.

소나무 당원 동지 여러분, '송영길TV' 구독자 여러분. 설날 복 많이 받으세요.

작년 5월 30일 보석으로 석방된 후 7개월 동안 쉬지 않고 거리에서, 유튜브 방송에서 여러분과 함께 윤석열 검찰 범죄정권 타도를 외쳐왔습니다.

굴속에 숨었던 멧돼지가 제풀에 놀라 뛰쳐나와 국회와 국민들을 상대로 들이박다가 체포되었네요.

윤석열과 함께 보내는 서울구치소 설날이라서 마음이 한결 가볍습니다. 내란의 불씨를 잠재우고 국민들의 애국적 열정으로 새로운 대한민국을 건설하는 데 참여할 기회를 주시라고 기도하고 있습니다.

항소심이 시작되면 보석 청구도 하고, 법리적으로 잘 대응하여 무죄를 받을 수 있도록 최선을 다하겠습니다.

변함없이 성원과 지지를 해주신 당원과 구독자 여러분께 감사드립니다. 행복한 설날 연휴 보내시길 바랍니다. 인동초와 소나무 정신으로 함께하겠습니다.

2025. 1. 23

서울구치소에서 송영길 올림

시국을 돌아보다

다시는 검찰을 정치적 반대자 탄압으로
악용하지 말고 철저히 정치검찰을 해체해야 한다.

윤석열 정권 등장의 원인과 책임

윤석열이 12·3 내란계엄으로 자폭했다. 47일 만에 내란죄 수괴로 구속됐다. 헌재 탄핵심판 절차는 이변이 없는 한 파면 인용될 것이다. 탄핵심판 절차와 별개로 내란죄로 기소되면 형사소송 절차 진행으로 무기징역형을 선고받게 될 것이다. 김건희가 저질러온 범죄행위에 대해 철저한 수사가 진행되어야 한다. 검찰 범죄정권의 정치검찰 해체를 위한 치밀한 작업이 필요하다.

독일은 바이마르 공화국의 무능과 힌덴부르크의 무능한 지도력, 베르사유 협약에 따른 가혹한 제1차 세계대전 패배 배상책임, 슈퍼인플레 등이 히틀러 정권이 탄생하는 배경이 되었다. 한국에서는 왜 이런 윤석열 검찰 범죄정권이 탄생했을까? 촛불혁명으로 탄생한 문재인 정부의 무능과 친문세력들의 권력 독점, 연합정치 방기, 윤석열 검찰을 이용한 적폐청산 명분 아래 새로운 적폐, 검찰 권력 비대화의 기여 등을 들 수 있다. 그러나 모든 선거는 후보의 책임이 절대적이다. 당대표였던 나 자신의 책임도 크다. 문재인 정부와 분명한 차별화 실패가 아쉽다.

이재명의 대한민국이 문재인의 대한민국과 어떤 부분이 달라지고 변화할 것인지 분명한 비전 제시가 부족했다. 기본소득은 재원 대책이 뒷받침되지 않는 한 설득력을 갖기 어려워서 대선 기간 동안 주요 공약으로 제시되지 못했다. 문재인의 소득주도 성장, 탈원전 정책, 공공일자리 81만 개 정책, 최저임금 급격한 인상에 따른 자영업자의 타격, 코로나 백신 피해 대책 부재 등과 다른 새로운 비전·수정 제시가 부족했다.

대통령 선거 승리와 헌법 개정 방향

민주연립정부를 구성해야 한다. 지난 촛불 국면에서 박근혜 탄핵에 동조한 세력을 하나로 묶지 못했다. 41퍼센트 득표로 당선된 문재인 정부는 유승민·안철수 세력은 물론이고 심상정·촛불 시민세력 등을 수용하지 못하고 더불어민주당 내부에서도 친문 세력 중심으로 권력을 독점 운영하면서 연합정치를 포기했다. 문재인 정부의 소득주도 정책도 더불어민주당 내부 국회의원들의 집단토론으로 만들어진 정책이 아니라 당선자 주변의 참모들에 의해 만들어진 것이다.

대북정책도 평창동계올림픽, 북미 싱가포르 회담 성사, 9·19 합의 등 획기적인 계기를 만들었으나 북미 2차 하노이 회담 실패 이후 남북관계가 최악으로 악화했다. 개성공단 복원, 금강산 관광 복원 등도 실패하고 남북 간의 군비경쟁은 더 강화되었다. 대북협력 시민단체들과 관계가 단절되었다.

대통령 선거 승리와 승리 이후 정권의 성공을 위해서 윤석열 내란세력에 반대하는 모든 정당과 단체의 원탁을 만들어 연립정부 구상을 가지고 대선 승리와 정권 성공을 담보해나가야 한다. 연합정치와 국회와 행정부 관계를 극단적 대립에서 국가 발전을 위한 상호 협력관계로 변화시켜야 한다. 이를 위한 헌법 개정과 법률 개정이 필요하다.

책임총리제 도입

문재인 정부가 실패한 원인 중에 책임총리제를 도입하지 않은 이유가 크다. 책임총리제 도입을 주장하는 견해에 대하여 문재인 대통령은 국회 추천 총리제를 도입했다면 이낙연 같은 훌륭한 총리를 임명하지 못했을 것이라고 했다. 아연실색했다.

국회는 비호권력으로 발전되고 국정을 협력하는 형성적 권력이 되지 못한다. 특히 여소야대의 경우는 더욱 그러하다. 내각제는 다수당인 의회권력과 내각이 일체화된다. 소수 여당 대통령제에서는 불가능하다. 다수 여당 대통령제라도 대통령의 측근 세력과 국회 여당의 갈등은 불가피하게 발생한다. 그래서 대통령은 여당 지도부 장악에 끊임없이 개입하려고 한다.

문재인 정부 때도 친문세력이 당권 장악을 지원했다. 윤석열 정권 때는 노골적이었다. 사실상 임명제였다. 이준석·유승민·안철수 등을 배제하고 검사 출신 윤핵관들로 당을 장악하면서 민심과 멀어지고 부정선거 음모론 망상에 빠져 교정 기회를 상실한 채 멸망의 길로 치달은 것이다.

책임총리제는 의원내각제, 이원집정부제와 달리 대통령이 총리 임명권을 갖고, 총리는 대통령의 명을 받아 내각을 총괄한다는 현행 대통령제를 유지하면서 총리를 국회가 추천하는 사람으로 임명하자는 것이다. 그래서 총리가 독자적 힘을 갖고 사실상 사문화되어 있는 국무위원에 대한 임명제청권을 실제로 행사할 수 있게 하자는 것이다. 그러면 인사청문회도 지금처럼 극단적 상황이 발생하지 않을 것이다.

문재인 정부 때 국회 인사청문회 경과보고서 채택 없이 임명한 고위공직자가 스물세 명이다. 이명박 정부 때 열일곱 명, 박근혜 정부 때 아홉 명보다 많다. 국회와 행정부 간 극단적 대립이 완화될 것이다. 국무총리가 대독(代讀) 총리, 장식물이 되지 않을 것이다.

이번 비상계엄 같은 상황 시 책임총리제였다면 국무회의 심의권 회의록 작성, 부서권을 통해 기능적 권력 통제가 가능했을 것이다. 책임총리제는 헌법 개정이 안 되더라도 당선자가 대선 때 공약으로 제시하고 당선 후 법률 개정으로 실제 운영하면 된다. 더불어민주당이 대선 전 정부조직법 등 관련법을 개정하여 책임총리제 운영 의지를 보여야 한다.

정치검찰 해체

정치검찰 개혁을 외치다가 집권하게 되면 검찰이라는 칼을 이용하려는 유혹에 빠진다. 이승만 정권이 일제의 검찰과 경찰을 이용하여 정적을 탄압하고 권력을 강화했던 것과 마찬가지다. 검찰의 정치보복으로 노무현 대통령을 떠나보낸 문재인 정권은 MB세력에 대한 보복 의지가 강했다. 윤석열 검찰, 특수부 깡패 한동훈 등을 이용하여 이명박·박근혜·양승태 등을 구속기소했다. 누구보다 검찰 개혁을 주장했던 문재인 정권하에서 검찰 권력이 더욱 비대해지고 마침내 검찰총장 출신 대통령까지 만들어 주었다.

검찰의 수사권을 박탈해야 한다. 검찰청을 두 개로 분리하여 수사청과 기소청으로 만들어야 한다. 다시는 검찰을 정치적 반대자 탄압으로 악용하지 말고 철저히 정치검찰을 해체해야 한다. 윤석열 내란세력에 동조했던 오염된 검찰세력을 철저히 쓸어내야 한다.

헌법 개정을 통해 검찰의 압수·수색·구속 청구권 독점을 폐지하고 법률유보 사항으로 바꾸어야 한다. 고위공직자 범죄는 경찰이 검찰을 통하지 않고 직접 압수·수색·구속영장을 법원에 청구할 수 있도록 해야 한다.

소나무당의 경제·사회·복지정책

소나무당은 국가 예산과 공공자금을 풀어서 일자리 만든다(문재인 정부 81만 개 공공일자리 공약)는 황당한 정책을 반대한다. 국가 예산을 쓰지 않고 창조적 아이디어와 혁신으로 전 국민에게 사실상 무료로 주택을 제공하려고 한다.

부동산 개발 이익을 암호화폐 코인을 통해 전 국민에게 분배한다. 주거와 농업을 통합해 도시농업 활성화를 통해 곡물자급률·식량자급률을 제고시킨다. 핵융합발전 상용화에 전력투구한다. 원전 폐기물 대책은 한미 원자력 협정 재협상을 통해 사용후 핵원료 재처리 문제를 해결해나간다. 전세사기 대책을 국고와 공공자금에 의존하지 않고 전·임대차 보증보험 의무화를 통해 해결한다.

각 산업별 정책이나 주거, 교육, 복지 등의 문제는 각 분야별 정당과 시민단체의 지혜를 모아야 한다. 집단지성의 발현을 유도해야 한다. 소나무당의 기본 철학은 국가의 돈과 공공 예산을 쓰지 않고 혁신적인 아이디어로 재원을 만들고 양질의 주거·교육·일자리를 만든다는 것이다.

촛불혁명으로 만들어진 문재인 정부의 무능을 반복하게 된다면 이번에 정권교체가 되더라도 다시 정권을 빼앗기게 될 것이다. 이명박·박근혜·윤석열을 보면 후반으로 갈수록 보수정권의 질이 악화하고 최소한의 합리적 대화가 불가능한 수준으로 되어간다. 그래서 합리적 보수세력을 이들과 분리해 국정에 함께 참여시키는 방안을 마련해야 한다. [2025. 1. 25]

대통령직을 부정선거로 훔치다

'STOP THE STEAL'은
윤석열 당선자에게 해당되는 말이다.

윤석열 사법절차는 KTX급으로 진행되는데 이재명 사법 열차는 완행열차라면서 권영세 국민의힘 비대위원장이 볼멘소리를 한다. 국민의힘 지지자들의 불만이 서초동 앞과 탄핵 반대 집회 때마다 "이재명 구속"이란 구호로 터져나온다. 선거법 1심 판결 이후 3개월 안에 항소심 판결하라고 사법부를 압박하고 있다.

이재명 선거법 위반은 윤석열의 선거법 위반과 비교해야 한다. 내란죄와 비교 대상이 아니다. 대통령 선거에 출마한 후보자가 선거법 위반으로 기소된 것은 헌정사상 처음이다. 0.73퍼센트로 이긴 자가 선거 당일 밤 깨끗하게 결과에 승복한 후보를 기소했다. 선거법상 허위사실 유포라고 한다. 윤석열의 대선 기간 동안 허위사실 유포는 차고 넘친다.

"김만배를 잘 모른다. 연희동 아버지의 집을 김만배의 누나가 대장동 자금으로 구입한 것 모른다. 장모가 다른 사람에게 10원 한 장 손해 끼친 것 없다. 아내가 주식 투자했다가 손해보고 손절했다."

나는 2023년 7월 25일 서울중앙지검에 윤석열의 선거법상 허위사실 유포를 공개 고발했다. 사건 배당이 어떻게 되었는지 1년 반이 넘도록 고발인 조사도 않고 있다. 오히려 2023년 7월 27일 보복수사로 먹사연 관련 후원자 전 여수상공회의소 박용하 회장과 그 주변 10여 곳의 압수수색이 시작되었다.

현저한 불공정·불평등이다. 대통령 당선자는 아무리 선거법을 위반해도 수사도 기소도 안 된다. 대통령에 취임하면 사실상 수사가 불가능하고 불소추특권이 적용된다. 대통령 후보에 한해서 공소시효를 2개월(대통령 당선 후 취임 전 기간)로 하든지 다음 헌법 개정에서 불소추특권에서 선거법 위반을 내란·외환죄와 같이 불소추특권 예외로 규정하지 않는 한 헌법 11조 평등권 침해 논란을 피할 수 없다. 헌법 불합치다.

이재명 대표는 현재 허위사실유포 선거법 위반에 대하여 대통령 후보자에 관련한 헌법 제107조 1항에 따라 헌법 11조 평등권 침해로 위헌법률심사청구를 항소심 법원에 제기하는 걸 적극 검토해보기 바란다.

명태균 게이트 사건으로 밝혀지고 있는 내용을 보면 3억 7,000만 원 상당의 여론조작성 무료 여론조사와 선관위에 신고하지 않은 서울 강남구 유사 선거사무소 무료 사용 등만 보아도 모두 선거법·정치자금법 위반으로 수사·기소되어야 한다. 전당대회 때 당대표 선거 과정의 일로 송영길을 구속기소할 정도라면 대통령을 뽑는 공직선거에 이런 부정행위를 한 것은 당선무효형이다.

'STOP THE STEAL'(도둑질을 멈춰라)은 윤석열 당선자에게 해당되는 말이다. 윤석열은 탄핵 이전에 대통령직을 부정선거로 훔친 자인 것이다. [2025. 2. 5]

일본 극우세력과 윤석열 내란세력의 싱크로율

을사늑약과 한일강제병합조약이 합법이라고 주장하는 것은 12·3 내란 비상계엄이 합법이라 주장하는 것과 유사하다.

2012년 대한민국 대법원의 강제징용자가 일본 전범기업을 상대로 한 손해배상청구 인용을 둘러싼 한일 간 대립의 본질은 일제 식민통치의 불법성 인정 문제다. 1965년 한일협정에서 "이미 무효"라는 표현의 해석 문제다. 1905년 을사늑약과 1910년 한일병합조약이 합법인가 불법 무효인가의 다툼이다.

일본 극우세력들은 을사늑약과 한일강제병합은 대한제국 내각회의를 거쳐 자발적인 의사 합치로 이루어진 합법적 조약이었고 1965년 한일협정 이후부터 비로소 무효라고 주장한다. 사실상 일본 정부의 일관된 입장이다. 따라서 일제강점기 때 한반도는 일본 영토였고 조선인은 일본 국민이었으므로 자국민을 징용한 것은 합법적인 조치이고 강제징용이 아니라는 것이다.

이러한 논리는 윤석열 내란 옹호세력들(김문수·전광훈 등 아스팔트 극우세력)의 주장과 연결된다. 일제 때는 나라가 없었고 우리 모두 일본 국민이었다는 논리다. 이는 1948년 8월 15일 건국절 주장, 임시정부 독립운동 세력 폄하로 이어진다. 심지어 『테러리스트 김구』라는 책까지 출판되기에 이르렀다.

1905년 11월 17일 서울에 주둔 중인 일본군 2만 5,000명을 경운궁 주변에 배치한 상태에서 일본 공사관으로 대한제국 대신들을 불러 2차 한일협약(을사늑약) 체결을 압박했으나 거부당했다. 이토 히로부미는 일본군을 경운궁 중명전 내부에 배치하고 대포를 경운궁을 향해 조준한 채 직접 내각회의를 주재했다.

이 회의에서 이완용 학부대신이 제일 먼저 찬성했고 한규설 참정대신만이 일관되게 반대했다. 민영기 탁지부대신, 이하영 법무대신도 반대 표시를 했다. 11월 18일 자정을 넘겨 대신들을 윽박질러 이지용 내부대신, 이근택 군부대신, 권중현 농상부대신, 박제순 외부대신과 이완용을 포함한 다섯 명(을사오적)이 협정서에 조인했다.

9인 중 과반수 찬성이라 하고 옥새를 찾을 수 없어 박제순 외부대신 도장으로 대신했다. 고종황제의 동의나 옥새가 없는 무효인 협정서다. 고종은 을사늑약의 부당성 호소를 위해 1907년 네덜란드 헤이그에 이상설, 이준, 이위종 밀사를 보냈다가 이토 히로부미에게 사주받은 역적 이완용 등이 협박하여 아들 순종에게 황제를 양위한다.

을사늑약 체결 소식이 전해지자 민영환, 조병세, 홍만식, 이상철, 김봉학, 송병선, 송병순이 자결하고 민영환의 인력거꾼도 자결했다. 1907년 정미칠조약으로 입법, 사법, 행정권 일본 이양과 군대 해산 조치가 이루어지자 해산된 2만여 명의 대한제국 군인과 의병이 결합하여 1910년 한일강제병합 때까지 치열한 의병 투쟁이 있었다. 일본군의 '남한폭도 대토벌작전'으로 20여만 명이 희생되었다. 수천 회의 전투가 있었다.

1910년 8월 29일 나라를 잃은 경술국치 때는 『매천야록』의 황현, 이범준 주러시아 공사, 『임꺽정』 저자 홍명희의 부친 홍범식, 감찰 권용하, 이면주, 공조참의 이만도, 유도발 등 49명이 자결했다. 이러한 치열한 의병 투쟁을 외면하고 정진석 대통령 비서실장은 총 한 번 못 쏘고 나라를 빼앗겼다는 말로 역사의 무지를 드러냈다.

을사늑약과 한일강제병합조약이 합법이라 주장하는 것은 12·3 내란 비상계엄이 합법이라 주장하는 것과 유사하다. 비상계엄은 대통령의 고도의 정치적 결단에 따른 통치행위이므로 사법 판단 대상이 아니라고 한다. 이미 대법원 판례, 모든 헌법학자에게 통치행위 역시 사법 심사 대상이라는 것이 중론이다. 비상계엄의 발동 요건과 절차가 위배된 점을 외면하고 있는 것이다. 국무회의 심의도 없이, 회의록과 총리·장관 부서도 없이, 국회 통고도 없이 계엄 대상도 아닌 국회에 병력을 파견하여 국회 권능을 무력화시키려 한 명백한 행위를 부정하고 있는 것이다.

1923년 관동대학살을 상기한다. 관동대지진이 발생하자 일본 당국은 민심의 불만을 돌리기 위해 조선인들이 재난 국면을 이용하여 우물에 독을 타고 방화하고 있다는 유언비어를 퍼뜨리고 조장했다. 공포에 휩싸인 일본인들의 정서에 편승하여 극우세력들이 자경단을 만들어 조선인들을 무차별 학살했다. 7,000여 명이 사망했다.

서부지방법원에 난입하여 폭동을 일으킨 세력도 비슷하다. 『스카이데일리』라는 극우 신문과 유튜버들은 중국 해커와 간첩 90여 명이 체포되어 주한미군이 이를 조사하여 일본 오키나와 미군기지로 이송했다는 근거 없는 허위 보도를 했다.

한때 대통령 직무대행을 했다는 황교안이 이를 인용하고 급기야 지난 1월 16일 헌재 탄핵심판 2차 변론 때 윤석열 측 배진한 변호사가 이 기사를 인용하여 비상계엄의 정당성을 주장했다고 한다. 심지어 헌법재판관을 역임한 조대현 변호사가 "비상계엄 선포는 국내외 공산주의 좌익세력이 대한민국의 선거 부정을 획책해서 국회 과반수 권력을 탈취했기 때문"이라고 말했다는 언론 보도를 보았다. 아연실색이다. 멀쩡한 박사 출신 인텔리들이 사이비 종교에 빠질 때의 모습을 보는 것 같다. 조대현 부장판사는 사법연수원 시절 민사실무 교수로 내가 존경했던 분이다. 어쩌다 이 지경으로 정치사상적으로 타락하고 치매 수준으로 의식이 퇴화했을까?

무슨 뉴스를 보면 근거, 소스를 찾아보는 것이 기본 아닌가? 왜 주한미군이 갑자기 나타나 국내 문제를 수사한단 말인가? 오키나와 미군기지로 이송을? 국내 수사기관이나 법원이 판단하지 않고? 사법주권 포기? 미국 간첩들인가? 수준 이하의 판단력을 가진 자들이 윤석열 변호인들이란다. 헌법재판관과 형사법원 판사들이 경악할 것이다.

이번 서부지방법원 폭동 사태를 보고 판사들이 윤석열 내란세력들이 얼마나 자유 헌정질서를 부정하는 폭도들인지 실감했으리라 생각한다. 서부지방법원 폭동 사태를 보는 정진석 비서실장의 "헌정 문란을 멈춰 세우려는 비상조치일 수 있다"는 발언이나 윤상현·권성동·석동현·윤갑근 등의 발언은 난형난제, 점입가경이다.

일제하 친일 반민족 세력을 척결하지 못한 역사적 후과가 크다. 전두환 내란세력 사면의 후과도 크다. 구속영장이 집행되어 윤석열이 사동에 입소했다. 기분이 좋다. 살아 있는 동안 나가기가 어려울 것이다. [2025. 2. 7]

트럼프 미 47대 대통령 취임과 우리의 대응

트럼프의 순기능은 격려하고
역기능에 대해서는 분명한 메시지를 보낼 수 있는
자신감 있는 지도자가 필요하다.

트럼프가 다시 대통령이 되었다. 37개 넘는 기소 범죄가 유죄 판결을 받았는데 형 집행이 면제되었다. 무능한 바이든 행정부 때문이다. 카멀라 해리스 후보가 대선 기간 중 보여준 메시지는 실망스러웠다. 우크라이나 전쟁, 이스라엘-하마스 전쟁에서 보여준 바이든·카멀라 행정부의 이중적 모습은 진보세력과 아랍 커뮤니티의 민심도 떠나가게 만들었다.

한·미·일 군사협력 강화로 윤석열을 꼭두각시 정부로 가지고 노는 바이든의 모습에서 진보적인 재미교포들도 트럼프에게 표를 던졌다. 나 역시 오바마의 전략적 인내 정책에 뒤를 이은 바이든의 한·미·일 군사동맹 강화, 아시아판 NATO 추진에 실망해서 트럼프의 당선을 기원했다. 바이든이 당선되었다면 윤석열의 비상계엄 내란의 불장난이 북의 도발을 유도하여 한반도에서 국지전이 일어났을지 모른다.

우크라이나 한국군 파병으로 우크라이나 전쟁의 불씨가 한반도로 옮겨붙었을지도 모른다. 이라크 전쟁의 설계자 딕 체니의 딸 리즈 체니 전 공화당 연방의원과 부시 가문이 카멀라 해리스를 지지했고 이라크전 반대, 북미정상회담을 지지한 로버트 주니어 케네디, 털시 개버드 전 민주당 연방의원 등이 트럼프를 지지한 것도 상징적이다.

트럼프는 북미정상회담을 추진할 것이다. 울란바토르 아니면 평양이 정상회담 장소가 될 가능성이 크다. 트럼프 취임 직전 이스라엘-하마스 휴전 합의가 되었다. 러-우 휴전 협상도 진행될 것이다. 북미협상에 대한민국이 낄 자리가 없다. 북이 격렬하게 반대할 것이다. 트럼프가 움직이면 일본도 북일수교를 위해 움직일 것이다. 북핵 동결, ICBM 동결로 협의하고 CVID는 포기할 가능성이 크다. 북은 북러 군사동맹이라는 협상 카드가 생겼다. 트럼프의 일반과세 부과, 한미 FTA 재협상, 인플레이션 감축법 폐기, 미국 투자 한국기업 보조금 삭감 또는 폐지, 방위분담금 100억 달러 요구, 주한미군 감축 또는 철수 협박 등이 쏟아져나올 것이다. 대한민국은 어떻게 대응해나갈 것인가?

윤석열 내란세력과 주변 세력들에게서는 답이 나오지 않는다. 신속한 정권교체가 필요하다. 대한민국의 산업적 토대(반도체, 조선, 원전, 방위산업 등)를 활용하여 미국의 새로운 공급체계 구성에 중심 역할을 확보해가야 한다. 제2의 북방경제·남방경제 프로젝트를 가동해야 한다. 남북관계를 다시 복원해야 한다. 개성공단 복원, 금강산 관광 프로젝트 재개를 모색해야 한다. 한미 원자력 협정 개정을 통해 사용후핵연료 재처리 권한을 확보해야 한다. 주한미군 감축·철수론에는 자체 핵무장론, NPT 탈퇴 카드로 맞불 작전을 펴야 한다.

트럼프는 미치광이 전략을 쓸 뿐 진짜 미치광이가 아니다. 예측 불가능성으로 협상의 우위를 점하는 기술이다. 이 점이 진짜 미치광이인 윤석열과 차이다. 트럼프는 협상이 가능하다. 유연성이 있다. 무엇보다 이라크, 러-우 전쟁을 반대했다. 북미 간 대화를 원한다. 70년 전쟁 상태에서 김정은과 대화 의지가 있다는 것, 냉전 이후 최초로 세 번이나 북미정상회담을 시도한 것은 평가할 만한 일이다. 트럼프 체제하에서 북미 국교 정상화가 되기를 바란다.

일본과도 수교하기를 바란다. 그래서 교차승인이 완성되기를 바란다. 북핵 문제의 근본 원인은 소련 사회주의 체제가 붕괴하기 직전 소련(1990년), 중국(1992년)이 대한민국과 국교 수립을 했는데 북은 미국·일본과 국교 수립을 하지 못하고 고립된 것이다. 남북관계는 1민족 2국가론을 2민족 2국가론, 통일포기론으로 바꾼다고 긴장 관계가 해소되는 것이 아니다. 북미관계가 정상화되어야 해결의 실마리가 열리는 것이다.

트럼프 대통령의 정책은 미국판 김대중 햇볕정책으로 발전해야 한다. 냉전의 마지막 잔재를 트럼프 대통령이 해결함으로써 트럼프·김정은이 노벨평화상 공동수상자가 되는 날을 꿈꿔본다.

"아는 악마가 모르는 악마보다 낫다"는 말이 있다. 무지는 오해와 공포를 낳고 공포에 기초한 군비 강화, 핵무장은 안보 딜레마에 빠진다. 상호군비강화의 악순환이 제1·2차 세계대전을 잉태했다. 누가 트럼프를 대한민국의 이익이 되는 순기능으로 유도할 것인가?

강한 자신감이 있는 지도자가 필요하다. 5,000년 민족의 역사에 대한 자긍심, 국민에 대한 무한한 애정과 신뢰, 민주주의와 평화, 인권에 대한 확고한 철학으로 트럼프와 대응해야 한다. 쫄면 안 된다. 트럼프는 쫄보는 우습게 본다. 강한 자신감과 한 방을 같이 때릴 수 있는 용기 있는 상대방을 존중한다.

트럼프의 노리갯감이 되었을 윤석열의 조기 퇴진 파면은 그나마 대한민국의 행운이다. 제2의 반란의 불씨를 진압해야 한다. 트럼프의 순기능은 격려하고 역기능에 대해서는 분명한 메시지를 보낼 수 있는 자신감 있는 지도자가 필요하다. MAGA(Make America Great Again)에 맞서 "Korea First, Earth First"(한국 우선, 지구 우선), "There is no planet B"(지구 이외 B 행성은 없다)를 당당히 외칠 수 있는 지도자가 필요하다. [2025. 2. 8]

친중반미인가 친미반중인가

우리가 살길은 친미국을 중심으로 하되
중국·러시아·일본과 잘 지내는 것이다.

2025년 1월 22일 『조선일보』 칼럼의 제목은 "친중반미와 친미반중의 기로에 다시 선 한국"이다. 이용준 세종연구소 이사장의 글이다.

"만일 대통령의 탄핵이 현실화되고 대선이 치러진다면 한국 국민은 미-중 대결의 최전선에서 친중반미와 친미반중 중 선택해야 하는 정체성의 기로에 서게 된다."

칼럼의 주요 논지는 전광훈 목사를 비롯한 김민전·윤상현 의원 등이 주장하는 논지이기도 하다. 인천 출신 미 연방 하원 영 김 공화당 의원의 시각도 유사하다. 『조선일보』의 시각이기도 하다. 더 나아가 『스카이데일리』라는 극우 매체가 작성한, 선관위 연수원에서 중국 간첩 99명을 주한미군이 체포하여 조사한 후 오키나와 미군기지로 이송했다는 가짜뉴스가 등장했다. 심지어 헌법재판소에서 윤석열 측 변호인이 이 기사를 인용하여 윤석열의 비상계엄 내란을 옹호하기도 했다.

풍차를 괴물로 오인하여 창을 들고 맞서는 돈키호테 같다. 냉전 시대 때도 키신저와 닉슨이 중국을 방문하여 1979년 미중국교가 수립되었다. 노태우 대통령이 북방정책으로 1992년 한중국교를 수립했다. 중국은 지금까지 한국의 제1무역 상대국이다. 왜 친중반미와 친미반중만 선택지인가? 사지선다형 객관식 문제도 아닌데, 감각이 없는 무능하고 게으른 논리다.

트럼프가 '미국을 다시 위대하게'(Make America Great Again), '아메리카 퍼스트'를 외치고 시진핑이 중화민족 부흥을 외칠 때 대한민국은 왜 친미와 친중 중 하나를 선택해야 하는가? 대한민국은 우선 '코리아 퍼스트'를 외쳐야 하는 것 아닌가.

1880년 주일본 청나라 공사관의 참찬관 황준헌이 『조선책략』이란 글을 썼다. 조선 수신사 김기수가 일본에 갔다가 이 책을 구해 고종에게 전달했다. 고종이 읽고 대신들에게 널리 읽게 했다. 주 내용은 친중국(親中國), 결일본(結日本), 연미국(聯美國)이다. 러시아를 견제하는 책략이다.

원교근공(遠交近攻, 먼 나라와 친교를 맺어 가까운 나라를 공격하라)의 원리가 있다. 우리가 살길은 친미국(親美國)을 중심으로 하되 중국·러시아·일본과 잘 지내는 것이다. 원교근친이다. 한반도를 북·중·러와 한·미·일 군사동맹의 대척점으로 만드는 것은 일본과 미국의 이익에 복무하는 것이다.

윤석열 정권 때 캠프데이비드 협정을 통해 2024년 6월 17-29일 제주 남방 공해상에서 한·미·일 세 나라는 해상·공중 다영역 연합훈련 '프리덤 에지'(Freedom Edge)를 실시했다. 이로써 국가안보가 강화되는 것인가? 일본과 미국의 군사안보는 강화될지 모르지만 한반도의 군사적 긴장은 고조되어 제2의 청일전쟁, 러일전쟁 전야로 몰고 가는 것 아닌가? 북한에는 러시아군이나 중국군이 존재하지 않는다. 북한은 지금까지 중국·러시아와 한반도 해역에서 합동군사훈련을 한 적이 없다. 북한을 상대하는 데 필요한 한미동맹을 왜 러시아와 중국을 상대로 한 군사동맹으로 발전시키려고 발버둥치는가?

북한에 대한 유엔 경제제재 이행이나 북핵 포기·도발 억제에 가장 영향력 있는 나라가 중국이다. 미국도 인정한다. 유엔 결의가 있을 때마다 미국은 중국의 협력을 요청한다.

북러 간의 군사협력이 강화되자 북중 간의 관계가 악화되고 있다. 국제관계에서 어제의 친구가 오늘의 적이 되고 오늘의 적이 내일의 친구가 될 수 있다는 이야기는 보수언론도 항상 강조하는 논리다. 트럼프-김정은 정상회담은 시간문제로 보인다.

일반관세 부과, 미국 투자 한국기업 배터리 보조금 철폐, 방위비 분담 100억 달러 요구, 한미 FTA 재협상 등 수많은 파도가 예상된다. 미국 우선, 동맹 궁핍화 전략이다. 미국이 요구한 대로 끌려다니는 것을 바라는가? 1905년 일진회처럼 미국의 51번째 주로 한미합방을 바라는가? 성조기를 태극기와 함께 들고 다니는 아스팔트 극우들을 볼 때 느끼는 감정이다. 한미동맹의 근간은 민주주의와 법치주의다. 양식 있는 미국인, 미국 정부의 입장이다.

헌법을 부정하고 내란을 일으키는 세력들이 떠드는 친미·친중 문제가 아니다. 나는 미국과 중국에서 하나를 선택하라면 당연히 미국을 선택한다. 그러나 그보다 먼저 대한민국 국익을 우선으로 판단할 것이다. 한미동맹을 근간으로 하되 중국과 러시아를 잘 관리해나가야 한다.

일본은 1894년 동학농민혁명군 진압을 위해 군대 6,000명을 파견한 후 청일전쟁을 일으켰고 7월 23일 경복궁을 점령한 후 친일 내각을 발족시켜 협약을 통해 조선군과 인력·물자를 전쟁에 동원했다. 1904년 2월 9일 제물포해전으로 러일전쟁을 시작한 일본은 2월 23일 대한제국과 의정서를 체결하여 러시아와 전쟁에 군수물자·철도·전신·영토를 조차하고 독도를 시마네현에 편입했다. 윤석열 반란수괴 정권이 계속되었으면 일본 자위대가 다시 북·중·러를 상대로 한국 안보를 지켜준다고 한반도에 진출하게 되었을 것이다.

대한민국은 우리 한국인의 자주독립국이다. 한미동맹은 자주적 동맹이 되어야 한다. 한미동맹이 미일동맹의 종속 단위가 되어서는 안 된다.

중국이든 러시아든 일본이든 미국이든 간에 누구를 상전으로 모시고 살려는 굴종적이고 비굴한 태도는 누구에게도 존경받지 못할 것이다. [2025. 2. 10]

관세 폭격

관세 폭격은 미국 소비자에게
부메랑으로 돌아올 것이다.

트럼프 미 대통령이 모든 철강과 알루미늄 수입품에 25퍼센트 관세 부과를 발표했다. '관세 폭격'이다. 이는 미국 대다수 제조업의 단가를 높이고 중국에 대한 10퍼센트 일반관세는 미국 소비자물가를 자극하여 인플레이션을 야기할 것이다. 몇 푼 안 되는 관세 수입을 얻으려고 캐나다·멕시코·한국과 맺은 FTA도 무시하면 누가 미국을 신뢰하겠는가?

조그만 욕심으로 거위 배를 가르는 행위다. 관세 폭탄은 미국 소비자에게 부메랑으로 돌아올 것이다. [2025. 2. 10]

보수의 배신자는 누구인가

건강한 보수가 없으면
건강한 진보가 발전할 수 없다. 권력이라는 중력은
합리적 이성을 마비시킨다.

보수(保守)란 보호하고(保) 지킨다(守)는 말이다. 무엇을 보호하고 지킨다는 말인가. 윤석열이, 국민의힘이 입만 열면 강조하는 것이 자유민주적 헌정질서다. 자유민주적 헌정질서의 핵심 내용이 복수정당제, 의회민주주의, 법치주의, 언론·출판·집회·결사의 자유 등이다. 그래서 우리 헌법은 전시·사변·국가위기상황에 대처하기 위한 비상계엄권을 대통령에게 허용했지만 국회는 계엄 대상이 아니라고 명시하고 있다. 오히려 비상계엄이 필요한지 여부를 판단하고 해제할 수 있는 권한을 부여했다. 약으로 치료가 가능한 멀쩡한 환자에게 긴급수술이 필요하다고 잘못 진단하여 환자 동의도 없이 환자의 몸에 칼을 댄다면, 그 의사는 당장 구속될 것이다.

윤상현 국민의힘 5선 의원은 탄핵을 찬성한 김상욱 의원에게 "일 년 지나면 다 잊힌다. 윤석열을 지켜야 한다"고 충고했다. 일 년이 아니라 한 달 만에 국민의힘 지지자들이 결집하고 있다. 이에 고무된 윤상현 의원은 전광훈 목사에게 큰절하고 윤석열 지키기에 앞장섰다. "윤석열을 지키는 것이 대한민국을 지키는 것"이라고 강변했다. 주사파들의 '수령론' '수령결사옹위론'을 보는 것 같다.

김성훈 경호처 차장이 주도한 윤석열 생일잔치 노래 가사가 알려졌다. "하늘이 내리신 대통령!" 낯 뜨거운 윤비어천가다. 대한민국 군인, 경찰, 경호처 직원에게 돈까지 주어가며 김정일·김정은 흉내를 냈다.

국회 침탈 내란행위를 넘어 서울서부지방법원 난입 옹호에 헌법재판관들에 대한 공격까지 이어지고 있다. 해병대를 공격하고, 국회를 침탈하고, 법원 점거를 옹호하고, 헌재를 공격하는 보수가 제정신인가? 무엇을 보호하고 지킨단 말인가?

이런 와중에 대한민국 보수의 가치를 세우려고 외롭게 싸우는 이가 있다. 당내 의원들, 지역구 당원들의 눈총과 공격을 받으면서 비상계엄 해제, 탄핵 찬성의 입장을 지키고 있다. 자신을 배신자로 공격하는 극우들을 상대로 "우리 당을 극우로 바꿔 보수의 미래를 없애버린 윤석열과 그 추종자들이야말로 보수의 배신자"라고 일갈했다. 시비지심(是非之心), 옳고 그름을 판단하면서도 정치적 이해타산을 생각해서 그른 것을 옳은 것이라 세뇌시키는 사람들. 김상욱 의원은 윤상현 의원과 같은 행동을 소신(所信)이 아니라 망신(妄信)이라고 규정한다.

건강한 보수가 없으면 건강한 진보가 발전할 수 없다. 권력이라는 중력은 합리적 이성을 굴절시키고 마비시킨다. 여야 마찬가지다. 견제받지 않는 권력은 필연적으로 남용된다. 히틀러와 스탈린은 동전의 양면이다. "이성이 잠들면 괴물이 깨어난다." 대한민국의 정치 발전을 위해 보수·진보 모두 사람에게 충성하는 유사 '수령론' 흉내를 중단해야 한다.

김대중 대통령의 말씀을 인용한다.

"프로 독재 공산당을 이기는 것은 아마추어 독재가 아니라 진정한 민주주의다."

대한민국은 이대로 소멸해갈 것인가, 다시 일어설 것인가 기로에 서 있다. 대한민국의 보수가 내란세력, 극우 유튜브 세력의 일시적 마약에 취해 길을 잃으면 다시 집권할 기회는 장기간 사라지게 될 것이다. [2025. 2. 11]

기후위기 대응에 대한 글로벌 리더십

생산의 사회적 성격과 소유의 사적 성격의 모순을 자본주의의 핵심 모순이라고 한다.

지구는 45억 년 전에 탄생했다. 앞으로도 40억 년 정도 존속할 것이다. 지구상에 인류가 존재한 기간은 지구 전체 나이를 365일로 보았을 때 12월 31일 자정 12시 몇 분 전에 불과하다. 마지막 제4빙하기가 끝나고 현재와 유사한 기후가 형성된 것은 1만 년 전이다.

우리가 인식할 수 있는 역사는 3,000-4,000년 정도다. 공룡이 지구상을 몇 년간 지배했을까? 이 질문에 제대로 답변할 수 있는 사람은 드물다. 1억 6,000만 년 동안 공룡이 이 지구상의 최종 포식자였다. 그런데 갑자기 멸종했다. 유카탄반도 소행성 충돌설 등 여러 가설이 있다.

인류는 외부 요인이 오기 전 스스로가 창출한 위험으로 문명의 종말로 가는 위험한 형국에 놓여 있다. 핵무기 증가·발전, 우주무기, 플라스틱 오염, 환경오염, AI 기계문명 위험 등에 이어 기후온난화를 넘어서 끓어오르는 기후위기가 가중되고 있다. 영화 「매트릭스」에서 지구를 지배하는 AI 기계인간 컴퓨터 시스템인 스미스 요원이 매트릭스의 통제와 싸우는 인간 '모피어스'를 체포한다. 키아누 리브스가 연기한 '네오'가 모피어스를 구하러 온다. 그동안 스미스가 모피어스를 고문하며 하는 말이 인상적이다.

"포유동물 중 인간은 천연자원이 고갈될 때까지 자기복제 확대를 하는 유기체다. 인간은 지구에게 바이러스, 암세포, 페스트, 흑사병이다."

현재 인류 문명은 급속하게 사회경제적 통합이 되어 실시간으로 서로 영향을 주고받는 하나의 문명이다. 이집트, 메소포타미아, 잉카, 아즈테카, 인도, 중국 등 모든 문명이 하나의 인류 문명으로 통합된 것이다.

광활한 우주에서 유일한 생명의 별, 우주물리학자 칼 세이건의 표현대로 '창백한 푸른 점'(blue pale dot) 지구라는 우주선, 우리 인류 모두 한배를 타고 있는 공동운명체다.

생산의 사회적 성격과 소유의 사적 성격의 모순을 자본주의의 핵심 모순이라고 한다. 현재 인류 문명의 최대 모순은 문제의 지구적 성격과 세계적 무정부(세계정부 부재) 상태의 모순이다.

국제연합은 무력화되고 국제기구와 결의가 미국·중국·러시아 등 강대국들에 의해 무력화되고 있다. 1992년 채택된 유엔기후변화 협약 이후 베를린·파리협약·도쿄의정서·인천 송도협약 등에서 지구온난화 1.5도 상한선 유지를 위한 온실가스 감축 협약을 체결하고 노력해왔다.

트럼프는 2기 취임하자마자 두 번째로 파리협약 탈퇴를 선언했다. 화석연료 개발 제한을 철폐했다. MAGA, "미국을 다시 위대하게"를 외치며 전임 정부가 체결·약속한 행위를 무시·폐지하고 있다. 멕시코, 캐나다, 미국 간 FTA 협정이 껍데기가 되고 있다. 한미 FTA도 풍전등화다. 오바마 정권 때 서명한 이란 핵합의도 껍데기가 되었다.

미국은 먼로주의 때부터 미국 예외주의로 어떤 국제기구나 결의에 구속되지 않으려 한다. 트럼프 취임 때 발생한 캘리포니아 산불 같은 자연재해는 매년 심화·악화할 것이다. 트럼프의 임기 4년 동안 기후위기 대응, 재생에너지 확대 등에 장애가 발생할 것이다.

그러나 세계는 미국 혼자서 움직이는 것이 아니다. 세계 온실가스 1위, 3위 배출국인 중국과 인도가 모범을 보여야 한다.

미국은 유럽연합에게 셰일가스를 판매하기 위해 러시아와 가스·원유 공급 관계를 단절시키고자 노력해왔다. 러시아가 유럽 세력 균형에 결정적 변수다. 제1·2차 세계대전 모두 러시아와 소련의 참여가 없었다면 독일을 패퇴시키기 어려웠을 것이다.

러-우전쟁이 타협되면 유럽연합은 기후위기 대응에 대한 글로벌 리더십을 미국 대신 당분간 수행해야 할 것이다. 트럼프의 관세 전쟁은 미국 소비자 물가 상승 인플레이션 압력으로 연결될 가능성이 크다.

대한민국은 한미동맹을 활용하되 유럽·러시아·중국·글로벌 사우스와 관계에서 독자적인 자기 공간을 열어나가야 한다.

"There is no planet B, except A(earth)."

플랜 B 행성은 없다. 지구를 제외하곤. [2025. 2. 12]

12·3 내란보도의 차이

검찰 범죄 카르텔을 해체하는 것이
건강한 보수와 진보의 출발점이다.

『조선일보』의 갈팡질팡

구치소에서는 신문을 세 가지 볼 수 있다. 스물세 개 신문 중 선택 가능하다. 1월 8일 구속된 후 『조선일보』『중앙일보』『한겨레』 세 신문을 선택했다. 『조선일보』조차도 12·3 계엄 내란을 옹호하기에는 낯 뜨거웠을 것이다. “부정선거 증거 너무 많다”더니 2025년 1월 22일 사설을 보니 이젠 “사실 확인 차원”이라는 제목으로 헌법재판소 탄핵 심리 때 윤석열의 발언을 비판했다. 윤석열은 1월 15일 공개한 글에서 “부정선거의 증거는 너무나 많다” “선관위 엉터리 시스템도 드러났다” “엄청난 가짜 투표지가 발견됐다”고 국민에게 발표했다.

그러나 윤석열은 헌재에서 “선거가 부정이어서 믿을 수 없다는 음모론을 제기하는 것이 아니라 사실을 확인하자는 차원이다”라고 뻔뻔한 거짓말을 했다. 『조선일보』 사설은 이 점을 날카롭게 지적하면서 “윤 대통령이 아무 증거 없이 중대한 주장을 해 사회적 혼란을 초래하고 있다면 그게 바로 음모론이다"라고 했다. 최소한의 합리적 주장이다. 그러나 아스팔트 보수와 극우 유튜버들의 『조선일보』 비판, 국민의힘 지지도가 늘어나고 독자들이 이탈하자 양비론을 거쳐 헌법재판관들의 인신공격 등에 편승하기 시작했다.

그렇게 주사파를 비판해온 『조선일보』라면 마은혁 헌법재판관 선출자의 이력 중 '인민노련'에 대해 한마디 해줄 줄 알았다. '인민노련'은 인천지역민주노동자연맹의 약자로 고 노회찬 의원이 주도한 노동운동 단체다. 소위 '주사파'들을 비판하면서 합리적 진보 노동운동을 고민했던 단체다. 김문수의 '서노련'(서울노동운동연합), '민노련'(전국민주노동자연맹)보다 온건한 단체였고 의회 진출을 고민해서 정의당까지 발전했던 단체다.

최근 『조선일보』는 도저히 읽기가 힘들었다. 고문이다. 그래서 2월에는 끊었다. 구치소가 좋은 점은 한 달 단위로 신문을 재선택할 수 있다는 것이다. 조갑제·정규재 같은 분들이 『조선일보』를 국민의힘 기관지라고 한다. 이재용 삼성전자 회장의 1·2심 무죄판결을 보고 문재인 정부를 비판하면서, 이를 주도한 윤석열·한동훈·이복현 등의 책임을 은폐하는 『조선일보』. 자신들이 말하는 보수의 가치를 완전히 부정하는 아스팔트 폭도들에게 끌려갈 것인지 『조선일보』의 갈팡질팡이 안쓰럽다.

보수의 품격을 보여준 『중앙일보』

『중앙일보』가 아름답게 보수-진보 사이에 중심을 잘 잡고 가는 것 같다. 정치·경제·국제·문화 부분에 스크랩하고 인용할 만한 좋은 글이 많다. 특히 1월 31일 『중앙일보』의 칼럼 가운데 경제 선임기자 「김창우의 시선」에서 "민주공화국과 그 적들"은 압권이다. 모든 분에게 일독을 권한다. 누가 나의 글을 김창우 기자에게 전해주기 바란다. 보수언론이라면 이 정도의 글을 써야 '보수의 품격'이 아니겠는가?

중앙SUNDAY(토·일 판)도 내용이 너무 알차다. 제목은 "무법광란 되풀이냐 법치 회복이냐, 기로에 선 한국 보수"란 글을 추천한다. 서울대 김서영 교수의 글이다. 더불어민주당·국민의힘·조국혁신당 국회의원들이 꼭 읽었으면 하는 글이다. 김 교수 글에 나의 의견을 첨부한다면, 윤석열은 트럼프를 흉내 내지만 그 내공과 내용이 다르다.

트럼프는 미친 흉내를 통해 나름대로 미국의 미래를 고민한 느낌이 있다. 윤석열은 박근혜를 태블릿 PC 조작으로 구속하고 자신의 장모·부인 등의 범죄 혐의를 은폐하기 위해 내란 쿠데타를 한 것이다. 트럼프는 미치광이 전략으로 나름대로 미국의 국익을 챙기려 하지만 윤석열은 진짜 미치광이란 것이 결정적 차이이다.

합리적 보수의 길로 가는 전환점

문재인 정권의 적폐청산 분위기에 편승하여 박근혜를 묵시적 청탁·경제공동체 논리로 묶어 구속기소한 윤석열·한동훈. 태블릿 PC까지 조작하고 선별기소, 주요 피의자 불입건·불기소 등으로 박근혜를 얽어매서 징역 30년을 구형한 윤석열. 박근혜와 최순실이 경제공동체라면 윤석열·김건희·최은순은 경제공동체를 넘어선 범죄가족공동체다. 이런 가짜 보수, 권력 장악을 위해 진보-보수 양쪽의 용역 칼잡이로, 증거조작으로 검찰권을 이용한 검찰 범죄 카르텔을 해체하는 것이 건강한 보수와 진보의 출발점이다. [2025. 2. 13]

부동시 병역기피자의 민낯

내란계엄이 성공해서 계엄통치가
시작되었으면 나부터 죽음을 각오하고
계엄군 탱크 앞에 섰을 것이다.

오늘 이사를 했다. CCTV가 있던 방에서 옮겼다. 윤석열이 수용되어 있는 A지역이다. 조국 대표가 남부구치소로 옮기기 전 수용되었던 방이라고 한다. 윤석열을 보기 힘들다. 마주치면 한마디 해주고 싶은데.

헌재 5차 변론이 있었다. 구속된 장성들이 증인으로 나왔다. 윤석열의 비이성적 광기에 희생되어 내란주요임무종사 혐의로 구속된 사람들이다. 부하들의 증언을 거짓말로 만들고 책임을 떠넘기는 모습이 민망하다. 국군통수권자로서 자격이 없다. 부동시 병역기피자의 민낯이다.

"실제 아무런 일도 일어나지 않았는데 지시를 했니 받았니 이런 얘기들이 마치 호수 위에 떠 있는 달그림자 같은 걸 쫓아가는 느낌"이라는 발언은 윤석열이 사이코패스임을 입증한다.

아무 일이 없는데 왜 군 병력을 무장시켜 국회에 투입했는가? 국회의원을 끌어내는 것이 아니라 요원을 끌어내려고? 요원은 철수를 지시하면 되지 왜 끌어내나? 아무 일 없이 호수 위 달그림자처럼 평온한데 무슨 전시·사변 또는 이에 준하는 비상사태가 있었는가?

윤석열의 내란계엄을 지금도 옹호하는 극우 아스팔트 무리들이 서부지방법원에 난입하여 판사들을 공격하는 모습을 봤다. 만일 내란계엄이 성공해서 계엄통치가 시작되었으면 어떠했을까? 그러나 광주 민주항쟁, 6월 민주항쟁으로 군사독재를 물리친 대한민국 국민이 용납하지 않았을 것이다. 나부터 죽음을 각오하고 계엄군 탱크 앞에 섰을 것이다.

1910년 2월 7일, 뤼순재판소에서 안중근 의사가 1차 재판받았던 날이다. 일본인 간수와 검찰 등도 적이지만 안중근 의사를 존경했다. 윤석열, 그렇게 자유민주적 헌정질서 수호를 위해 소신을 가지고 국회를 일거에 쓸어버리려 했으면 왜 당당하지 못하고 비겁하게 숨어서 목숨을 구걸하는가? 정권교체가 되면 시력검사를 통해 윤석열이 군대를 못 갈 정도로 부동시인지 반드시 확인했으면 하는 바람이다. [2025. 2. 14]

동양평화의 꿈

안중근 의사의 동양평화 구상!
한·중·일 상호공존 평화 구축은 현재진행형이다.

현빈 주연의 영화 「하얼빈」을 가족과 함께 보았다. 1월 8일 이봉창 의사 의거 93주년 기념일인 1월 8일 효창공원에 들렀다. 헌화·참배하고 그날 오후 1심 선고법정에서 구속되었다.

2월 7일 구속된 지 한 달째다. 뤼순감옥에 갇혀 있던 안중근 의사를 상상해본다. 1909년 10월 26일 아침 9시 30분 청년 안중근의 심장 소리가 느껴진다. 안응칠은 안중근 의사의 어릴 적 이름이다. 가슴과 배에 일곱 개 사마귀 점이 있어 붙인 이름이다. 대한의군 참모중장 안중근, 삼엄한 러시아군과 일본 경찰의 경계를 뚫고 이토 히로부미의 가슴과 복부에 정확히 세 발의 총탄을 박아넣었다. 이토 히로부미는 30분 후 사망했다. 안중근 의사는 당당하게 체포되었다. 비겁한 러시아가 재판권을 포기하고 안중근 의사를 일제에 넘겼다.

2월 7일 뤼순고등법원 1호 법정에서 첫 공판이 열렸다. 안중근 의사는 공개재판정에서 도도한 자세로 개인이 아닌 대한의군 참모중장으로서 명성황후를 시해한 죄를 비롯한 열다섯 개 범죄 사실을 이유로 이토 히로부미를 처단했음을 주장했다. 놀란 일제 법원과 검찰은 공개재판을 중단하고 비공개로 전환했다. 일주일 후인 2월 14일 바로 사형선고를 한다.

안중근 의사는 일제에 목숨을 구걸하지 않겠다며 항소를 포기했다. 대신 『동양평화론』 집필을 위해 사형집행 날짜를 한 달 정도 연기해줄 것을 요청했다. 그런데 일제는 약속을 어기고 3월 25일 집행일을 하루 연기하여 3월 26일에 집행했다. 시신을 가족에게 돌려주지 않았다. 아직도 무덤을 못 찾고 있다. 안중근 의사가 쓴 『동양평화론』은 일본 사법성 일본인 관리가 감탄하여 필사한 17쪽 분량만 일본국립국회도서관에 보관되어 있다.

안중근 의사의 동양평화 구상! 일제의 대동아공영 구상과 이름은 비슷하지만 정반대 내용이다. 아직도 미완의 과제다. 한·중·일 상호공존 평화 구축은 현재진행형이다.

안중근 의사의 의거가 있었던 하얼빈에서 동계아시안게임이 열리고 있다. 한·중·일 청년 선수들이 함께 경기하는 모습을 보면서 안중근 의사의 동양평화의 꿈을 되새겨본다.

우리 젊은 아들·딸 등이 서로 사랑을 고백하는 2월 14일 밸런타인데이. 조국을 뜨겁게 사랑하고 동양평화를 꿈꾸었던 안중근 의사의 사형선고일도 공교롭게 같은 날이다.

"견리사의 견위수명"(見利思義 見危授命)!

"이로움을 보았을 때는 의로운지에 대해 생각하고 (조국이) 위태로움을 당했을 때는 목숨을 바쳐라."

오늘의 민주공화국 대한민국을 있게 한 안중근 의사님, 의사님의 거룩한 분노가 폭발했던 하얼빈에서 대한의 청년들이 쇼트트랙 등에서 금메달을 목에 걸고 태극기를 휘날리는 모습에 눈시울이 뜨거워지는 밤입니다. [2025. 2. 15]

대한민국 헌법 열차는 달려가야 한다

**사이코패스 범죄 패밀리가 수사를 막으려
대한민국 헌정 체제에 선제공격을 가했다.**

김건희 출국금지 · 소환수사 촉구

김건희 수사 재개를 촉구한다. 특검법에는 거부권을 썼고 서울고검에 계류된 김건희 도이치모터스 주가조작 항고사건은 잠자고 있다. 12·3 내란 과정에서 선관위 서버를 가져오면 대검찰청에 있는 포렌식 관련 장비를 활용하기로 사전 공모한 정황들이 있었다. 방첩사 관련 증언 등이 추미애 의원 조사로 알려졌고 나 역시 제보를 받아 송영길TV에서 방송한 바 있다. 전혀 수사가 안 되고 있다. 고양이에게 맡긴 생선가게다.

김성훈 경호차장 구속영장 청구하라

김성훈 경호처 차장에 대한 국수본의 두 차례 영장신청이 기각·보류되었다. 박정희 3공 헌법에 들어간 검사의 영장청구 독점권을 삭제해야 한다. 산적 같은 놈들이다. 길목에 책상 놓고 출입을 통제한다. 검사들 비리가 관련된 사건은 경찰 수사·영장 신청을 철저히 차단한다. 최상목 대행이 왜 그렇게 윤석열 체포영장 집행 과정에서 경호처를 두둔했을까?

윤건영 의원 등의 지적으로 이유가 밝혀졌다. 결국 비화폰이다. 박정훈 대령 건도 비화폰 서버를 압수수색하면 윤석열의 대노 사건 정황이 나올 것이다. 김성훈 경호처 차장이 전해준 노상원 비화폰, 김용현이 이 폰을 이용하여 이진동 대검 차장과 통화하고 12월 8일 새벽에 검찰 특수본에 자진 출두했다.

경호처 비화폰 서버 압수수색하라

김용현 수사 과정에서 당연히 경호처 비화폰 서버에 증거가 있음을 알았을 것이다. 검찰 특수본에서 압수수색해야 했지만 하지 않았다. 검찰과 대화 내용, 윤석열의 지시 상황, 김건희 무혐의 처분 관련 내용이 나올 가능성이 크다고 본다.

뉴스타파가 지적한 대로 강혜경이 보관하고 있는 PC에서 나온 김건희와 명태균의 카톡 메시지나 소통 내역·내용을 보면 명태균의 예언대로 한 달 안에 무너질 상황이었다. 280개 캡처 사진을 창원지검이 확보했다. 2024년 11월 4일 검사 보고서가 작성되었다. 윤석열은 11월 9일 계엄 언급을 구체적으로 하기 시작했다.

파렴치한 범죄 패밀리를 지키려는 비상계엄 내란

12월 2일 명태균의 변호사 측이 황금폰을 더불어민주당에 제출할 수 있다는 기자회견을 했다. 윤석열은 다음 날 비상계엄을 선포했다. "파렴치한 종북 반국가세력을 일거에 척결" "국회는 범죄자 집단의 소굴"이라고 비상계엄 선포 대국민 담화를 발표했다.

김건희 범죄 혐의 수사를 막으려고, 자신의 명태균과의 유착, 선거법·정치자금법 위반과 공천개입 실체가 드러나는 것을 막으려고 대한민국 전체를 전쟁 상태로 몰고 가려고 발버둥 친 것이다. 입만 열면 거짓말, 그것도 전 국민이 TV로 시청한 사실을 부정하는 사이코패스 범죄 패밀리가 고속도로 계획까지 수정하면서 돈을 벌려고 참을 수 없는 탐욕을 드러낸 의혹 수사를 막으려 대한민국 헌정 체제에 선제공격을 가한 것이다.

최상목 대행은 내란공범인가?

서울법대를 수석 합격한 사람이 이 모양인가? 로스쿨 1학년 학생도 알 수 있는 헌법 해석도 못 하는가?

김성훈 경호처 차장 등을 비호하며 윤석열 체포영장을 왜 그렇게 막았는가? 김건희 특검법을 왜 거부하는가? 한덕수·최상목 두 사람 모두 총리·부총리 임명 과정에 김건희와 거래가 있었는가? 경호처 비화폰 서버 블랙박스에 밝혀지면 안 되는 비밀이 있는가?

미친개가 짖어도 대한민국 헌법 열차는 달려간다

석동현·윤갑근·조대현 등 내란수괴 윤석열의 변호인 등은 재판을 포기했는가? 권영세·권성동은 자신들의 친정 직계 후배 심우정 총장·박세현 특수본부장이 기소한 내란우두머리(적용 죄명)에 대한 101쪽의 공소장을 읽어보았는가? 전광훈·김용원 등의 미친개와 같은 소란에도 대한민국 헌법 열차는 달려가야 한다. [2025. 2. 17]

대통령직을 도둑질한 윤석열

대한민국 선거법과 선거관리는
미국과 비교할 수 없을 정도로 엄격하고 철저하다.

STOP THE STEAL! 도둑질을 멈춰라! 2020년 선거에서 바이든 후보에게 무려 700만 표 이상 차이로 패배한 트럼프 지지자들의 구호다. 2021년 1월 6일 트럼프의 극단적 지지자들이 폭동을 일으켜 미국 국회의사당을 점거한 초유의 사건이 발생했다.

그런데 윤석열 내란수괴의 지지자들이 흉내를 내서 "STOP THE STEAL"을 외치고 있다. 트럼프는 대통령에 패배해서 난리인데 선거로 당선된 윤석열과 그 지지자들이 할 소리인가? 자기를 당선시켜준 선거가 부정선거임을 자백한 것인가? 맞다. 명태균의 폭로로 드러난 내용을 보면 윤석열은 조작 여론조사로 불법 선거운동을 했다. 3억 7,000만 원 상당의 무료 여론조사 대가로 보궐선거 국회의원 후보로 창원에 아무런 연고가 없는 김영선을 명태균의 부탁으로 전략공천했다.

지난 박근혜 탄핵 시절 윤석열·한동훈 특검이 박근혜를 공천 개입한 혐의로 기소하여 실형 2년 징역형이 선고됐다. 윤석열은 정상명 전 검찰총장의 사위와 남매가 무상으로 제공한 강남 화랑 사무실에 불법 선거사무소를 설치하여 선거운동을 했다. 이는 공직선거법 제89조, 제256조(유사기관설치금지 위반)에 따라 2년 이하의 징역과 400만 원 이하의 벌금형에 처하게 되어 있다.

당내 경선과 본선 모두 여론조작용 여론조사, 선관위에 보고하지 않은 정치자금과 여론조사로 대통령 후보 자격과 대통령 당선 자격을 도둑질한 것이다.

야당 후보를 0.73퍼센트 차이로 당선 확정 발표를 해준 중앙선관위가 부정선거를 했다는 말인가? 권성동 강원랜드 취업 청탁 사건을 무죄 확정판결을 해준 노태악 중앙선관위원장 대법관이 부정선거를 지시했다는 말인가? 선관위 서버를 도둑질해서 불법 선거 증거를 조작하려고 노상원이 야구방망이 고문 도구까지 준비한 것 아닌가?

더불어민주당 이재명 대표의 선거법 위반 항소심 판결에 목을 걸고 있는 국민의힘에게 묻는다. 윤석열의 선거법상 허위사실 유포, 여론조작용 여론조사, 유사 선거사무소 설치, 정치자금법 위반은 윤석열이 파면되자마자 기소해야 하는 것 아닌가?

윤석열은 대통령 선거만 도둑질한 것이 아니라 배우자 김건희와 장모 최은순의 범죄를 은폐하고 당선되자마자 양평고속도로를 변경시켜 개발이익을 챙기려는 의혹과 수많은 수의계약 등 국가 예산을 도둑질하는 행위를 계속해왔다.

대한민국 선거법과 선거관리는 미국과 비교할 수 없을 정도로 엄격하고 철저하다. 검찰 범죄세력이 윤석열의 차고 넘치는 선거법 위반 사실은 수사도 하지 않고 낙선한 이재명을 기소했다. 0.73퍼센트로 낙선하고도 부정선거 의혹 한 번 제기하지 않고 바로 선거 당일 밤 깨끗하게 승복한 후보를 기소한 것이 공정과 상식의 슬로건으로 당선된 윤석열 정권이 할 일이었던가? 2022년 대선에서 부정선거로 대통령직을 훔쳐간 윤석열, 검찰을 사병처럼 부리면서 부정선거 증거가 발견되었다면 법원 영장을 받아 선관위를 압수수색할 수 있는데 하지도 않았다.

검찰과 경찰도 부족해 군대를 동원한 미친 정권이었다. 윤석열 검찰의 주특기인 증거조작을 위한 선관위 서버 압수 시도였다는 의혹이 크다. 태블릿 PC를 조작해서 박근혜를 탄핵·구속기소했던 수법으로 비상계엄 내란 명분을 만들려고 증거조작을 시도했다 실패한 쿠데타일 가능성이 크다.

STOP THE STEAL!

국민들이 윤석열 범죄 가족 공동체와 그곳에 기생해서 이권을 빨아먹는 세력에게 외쳐야 할 구호다. [2025. 2. 20]

신속한 재판과 판결을 촉구한다

수많은 시민을 압수·수색·구속기소하고
유죄판결을 내렸던 검사·판사 출신으로
부끄럽지 않은가.

"지연된 정의는 정의가 아니다."

국회의원들이 이재명 대표 재판의 신속한 진행을 촉구하는 말이다.

2019년 4월 공직선거법 연동형 비례대표제와 공수처법 도입에 합의한 더불어민주당과 정의당이 국회선진화법에 따른 패스트트랙 안건을 지정하자 이를 저지하려는 폭력 사건이 발생했다.

당시 야당 당대표 황교안과 원내대표 나경원은 의원과 보좌진을 동원하여 국회상임위원회 문을 틀어막았다. 방송에서 생중계되었다. 국회 CCTV에 다 촬영되었다. 당시 나는 윤석열 검찰총장에게 이들의 신속한 기소를 촉구했다. 기소가 되었으나 6년이 되도록 재판이 종결되고 있지 않다. 그러면서 나경원 의원은 이재명 재판 지연 비판에 앞장서고 있다.

국회의 헌법적 권한인 탄핵소추와 예산심의·삭감을 이유로 비상계엄을 합리화하는 나경원 의원님, 국회선진화법을 정면으로 무시한 난동 때 문재인 대통령이 질서유지를 위해 비상계엄을 선포했어야 할까요?

윤석열·나경원 둘 다 전 국민에게 생중계로 방송된 국회 파괴·침탈행위를 해놓고 갖은 꼼수로 재판을 지연시키고 빠져나가려고 발버둥을 치고 있다. 급기야 한동훈 법무부장관에게 공소취소를 청탁했다가 거절당했다. 작년 국민의힘 전당대회 당대표 경선에서 한동훈 후보의 폭로로 밝혀졌다.

애국투사인 양 부끄러운 줄 모르고 개인적 청탁이 아니라고 발버둥 쳤지만 한동훈은 인정하지 않았다. 어떻게 검사 출신 윤석열, 판사 출신 나경원이 전 국민에게 생중계된 방송을 통해 확인된 사실을 뻔뻔하게 부인하고 법꾸라지를 넘어 막무가내로 생떼를 쓰는가? 당신들은 수많은 시민을 압수·수색·구속기소하고 유죄판결을 내렸던 검사·판사 출신으로 부끄럽지 않은가?

명태균 게이트 사건을 보면 윤석열의 선거법상 허위사실 유포, 정치자금법 위반(3억 7,000만 원 여론조사 조작 비용)과 강남 유사 선거사무소 설치 등이 기소된다면 당선무효형감이다. 대통령 당선을 불법으로 도둑질한 것이다.

트럼프는 대선에 져서 "STOP THE STEAL"이라는 슬로건을 내세웠다. 대통령 선거에 이긴 사람이 "STOP THE STEAL"이라고? 누가 해야 할 소리인가? 0.73퍼센트 근소한 차로 야당 후보를 당선 확정 발표한 중앙선관위가 부정선거를 했다고? 어떻게 0.73퍼센트로 이긴 대선에서 상대 후보를 선거법 위반으로 기소

하는가? 이재명 재판에 앞서 윤석열 선거법 위반 기소를 촉구한다. [2025. 2. 24]

피청구인 윤석열 파면을 바란다

탄핵은 형사재판이 아니다. 징계 절차다.
국민이 고용한 일꾼이 주인에게 행패를
부려서 해고하는 절차다.

거짓말 대잔치가 끝났다. '바이든'을 '날리면'으로 우기던 전 국민 청력 테스트가 아니다. 전 세계에 생중계되는 TV로 윤석열의 헌법 위반행위를 목격했다. 수많은 국무위원, 군 장성, 장교, 병사들이 영문도 잘 모르고 윤석열의 반란행위에 동원되었다. 손바닥으로 해를 가리려고 한다. 사슴을 보고 말이라고 우긴다. 권력은 모든 진실을 왜곡한다. 그래서 권력은 쪼개서 상호 견제시키지 않으면 국민이 위험하다.

탄핵은 형사재판이 아니다. 징계 절차다. 국민이 고용한 일꾼이 주인에게 행패를 부려서 해고하는 절차다. 헌법 제7조 1항에 "공무원은 국민 전체에 대한 봉사자이며 국민에 대하여 책임을 진다"고 명시되어 있다. 박근혜 탄핵 때도 적용된 조항이다.

윤석열은 내란죄로 구속기소되어 있다. 국군통수권자이자 계엄선포권자인 자신의 명령에 따른 죄로 십여 명의 군 장성과 관계자, 경찰 수뇌부가 구속기소되었다. 탄핵 재판과 상관없이 유죄판결을 피하기 어렵다. 윤석열, 저렇게 거짓말을 밥 먹듯 하고 경호처를 동원해 증거인멸 및 체포 방해를 하는 사람을 석방할 수 있겠는가? 윤석열을 풀어주면 서울구치소에 갇혀 있는 3,400명 수용자 모두 석방을 요구할 것이다.

전원책 변호사 등 보수 패널들이 헌법재판관들의 성향을 거론하며 탄핵 기각을 예상한다. 권력과 당파성에 중독되면 너무나 명백한 사실도 뒤틀리는 모양이다. 헌법재판소는 만장일치로 윤석열 파면을 선고할 수밖에 없다. 그렇지 않으면 법질서가 망가진다. 탄핵 기각을 한다 치더라도 서울구치소 구속기소 상태를 벗어날 수 있는가?

국회의원을 끌어냈는가 아닌가가 탄핵의 주요 쟁점이 아니다. 홍장원 차장, 곽종근 사령관의 진술을 탄핵하는 데 성공했다는 논리는 정신승리·자기착각이다. 오히려 신빙성이 더해졌다고 본다. 이들 진술을 가지고 다툴 필요가 없다. 검찰 진술조서에 상세히 명시되어 있다. 윤석열의 변호인과 국민의힘 일부가 형사소송법 제312조 1항을 들어 검찰 진술조서의 증거 채택을 거부했다. 그러나 이 조항은 피고인 본인의 검찰 피의자 신문조서를 공판정에서 내용을 부인할 경우에 쓸 수 없다는 것이다. 즉, 피의자 본인의 신문조서인 경우다.

윤석열은 묵비권을 행사하고 공수처 피의자 신문조서에 서명날인도 하지 않았다. 동의하고 말고 할 대상이 없다. 홍장원, 곽종근, 조지호 등 다른 사람들의 진술조서는 피고인 윤석열이 동의할 대상이 아니다. 윤석열이 부동의하면 다른 진술자가 공판 절차에 나와 검사가 작성한 피의자 신문조서가 사실이라고 증언하고, 피의자나 변호인에게 신문 기회를 줄 경우 증거로 할 수 있다(형소법 312조 4항).

그래서 홍장원, 곽종근, 조지호 모두 헌재 변론에서 증인 채택·출석하여 모두 사실대로 진술했다고 증언했고 윤석열 변호인의 반대신문을 마쳤다. 서울구치소에 갇힌 3,400명 수용자 중 이렇게 재판 절차에 변론 기회가 주어진 사람이 있었던가?

우리 국민이 목숨 바쳐 지켜왔고 지키고자 하는 대한민국 헌정질서가 허물어져서는 안 된다. 결코 용납될 수 없다. 나는 헌법재판소가 100퍼센트 전원 합의로 탄핵심판을 인용, "피청구인 대통령 윤석열을 탄핵한다"고 선언하리라 본다.

2월 25일 최후변론일 새벽에 일어나 글을 쓴다. 1층에서 여러 고민을 하며 오늘 최후변론을 구상할 윤석열에게 충고한다. 국민 앞에 사죄하고 용서를 구하길 바란다.

"You are fired"(넌 해고야).

2025. 2. 25 새벽

윤석열이 갇혀 있는 서울구치소에서

길원옥 할머니를 추모하며

제3자 변제를 거부하고 일본 정부의 사과를 촉구하다 돌아가신 길원옥 할머니의 명복을 빈다.

"노래가 된 할머니!" 길원옥 할머니가 돌아가셨다는 뉴스를 보았다. 영전에 꽃 한 송이 헌화·조문할 수 없이 감옥에 갇혀 있음에 안타깝다. 1940년 평안도 평양에 거주했던 어린 소녀. 13세 소녀가 아버지의 빚을 갚기 위해 공장에 취업한다고 속아서 끌려간 곳. 13세 소녀라는 기사에 말문이 막힌다.

서울대 이○○, 연세대 류○○, 경희대… 소위 윤석열 반란수괴를 따르는 교수들이 위안부 할머니들을 돈 벌려고 몸을 파는 매춘부로 매도한 자들이다. 13세, 자신의 딸이나 손녀딸 같은 이를 보면서도 이런 말을 할 수 있을까? "왜 나만 부끄러운 일을 당한 것처럼 숨어 살아야 하지? 일본이 부끄러워해야지, 왜 내가 부끄러워해?" 하고 용기를 내서 자신을 드러내고 싸워오신 김복동 할머니와 길원옥 할머니께 감사하고 죄송스러운 마음 금할 수 없다.

우리나라 형법상 14세 미만은 형사 미성년자다. 형법 제287조

미성년자 약취, 유인죄는 10년 이하의 징역형이다. 위안부 할머니를 생각할 때마다 미 연방 마이클 혼다 의원, 고(故) 팔레오마베가 의원을 생각한다. 두 분은 우리나라 국회의원들을 부끄럽게 만들 정도로 할머니들을 안아주고 찾아보곤 했다. 소녀상 건립을 지원하고, 미 연방 하원총회에서 "일본 정부의 위안부 강제 동원에 대한 공식 사과"를 촉구하는 결의안을 통과시켰다.

나는 국회의원 시절 워싱턴 D.C. 미 연방의회를 방문할 때마다 혼다 의원과 팔레오마베가 의원을 찾아뵙고 식사 대접을 하면서 감사 표시를 했다. 힐러리 클린턴 상원의원은 위안부(Comfort Woman)라는 단어 대신 성노예(Sexual Slave)라는 강한 단어를 써서 일제 정책을 비판하고 사과를 촉구해왔다. 정부 공식 등록 위안부 할머니 240분 중 생존자가 일곱 분이라고 한다. 일본 정부와 윤석열 내란세력은 할머니들이 돌아가시기만 기다리는 형국이다.

지난 2월 19일 나를 법정구속한 서울중앙지법 형사합의 21부(재판장 허경무 부장판사)는 2019년 탈북어민 강제 북송 혐의로 기소된 문재인 정부의 서훈 전 국정원장, 정의용 안보실장, 노영민 비서실장 등에게 선고유예 판결을 했다. 이 판결에 대해 국민의힘과 보수언론이 비판했다. 북한 주민도 대한민국 국민인데 그들의 귀순 의사를 무시하고 일주일 만에 북송했다는 비판이다.

같은 논리로 국민의힘에 반문하고 싶다. 동료 선원 열여섯 명을 살해하고 도망쳐온 북한 주민의 인권처럼, 13세에 심청이처럼 아버지의 빚을 갚겠다고 공장 취업인 줄 알고 속아 끌려간 위안부의 삶과 인권에 대해서도 싸워줘야 하는 것 아닌가?

나는 일본 국회의원들을 만날 때마다 강조한다. 북한의 메구미 씨를 비롯한 일본 국민 납치에 대해 전 국력을 다해 비판하고 외교력을 총동원하고 있는 일본 정부 국회의원 여러분, 같은 논리로 역지사지, 위안부로 끌려간 할머니들 영전에 조의 표시라도 해야 하지 않나요?

“어떤 유혹의 손길에도 흔들림 없는 바위처럼 살자꾸나.”

제3자 변제를 거부하고 일본 정부의 사과를 촉구하다 돌아가신 길원옥 할머니의 명복을 뒤늦게 빈다. [2025. 2. 26]

윤석열의 최후변론

“저 사람은 대통령실이 아니라
정신병원으로 보내야겠다.”

2월 25일 아침, 운동 시간에 의료병동에서 혈액을 채취했다. 당뇨, 콜레스테롤 등 검사를 위해서였다. 이동 시 교도관이 감시차 함께한다. 접견, 청소, 물품 구매, 서신, 책 배달 등 수많은 사유로 복도에는 수용자와 교도관들의 움직임이 부산하다.

갑자기 ‘모든 이동 중지’라고 한다. 복도 양측에 붙어 벽을 보고 서 있으라고 한다. 윤석열이 이동하는 모양이다. 헌법재판소 최후변론일이어서 나가는 모양이다. 머리 손질받고, 양복 갈아입고! 맞닥뜨리면 “반란수괴 윤석열”을 외치려고 했는데 뒷길로 사라졌다.

용산에 살면서 아침 출근할 때 대통령이 이동한다고 교통 통제받던 때가 생각난다. 구치소에서도 교통 통제구나 하는 생각이 든다.

윤석열 최후변론 뉴스를 보니 황당하다. 12·3 비상계엄에 대해 “비상계엄 형식을 빌려 경고를 하려고” “북·중·러를 추종하는 세력" 등 정상적인 사람이라면 못 할 말들을 쏟아냈다. 밤 8시 MBC 뉴스를 보고 창가로 갔다.

"내란수괴 윤석열!"

크게 외쳤다. 1층에 있는 윤석열 귀에 들렸으리라 생각한다. 비상계엄 요건이 안 되었는데 경고용·계몽용으로 발동했다니? 헌법 위반 자백이다. 양치기 소년이다. 다섯 살 아이에게 총을 들려준 것이 맞다. 정신이상을 주장하여 형사책임을 벗으려는 소송 전략인가? 그렇다면 그것은 형사법정에서 해야지. 탄핵심판에서는 "나는 국정을 운영할 정상적 이성이 없는 사람이니 탄핵해달라"고 자백하는 것이다.

북·중·러를 추종한다고? 윤석열 같은 논리면 김정은과 사랑에 빠져 수십 번 러브레터를 교환한 트럼프는 간첩으로 구속해야겠네. 푸틴과 브로맨스로 젤렌스키를 협상 테이블에 끼지도 못하게 하고 그동안 군사 지원한 돈을 광물로 갚으라고 한 트럼프는 러시아 추종자로 계엄군을 보내 트럼프를 체포할 것인가?

폭력성과 정신병세가 치료되지 않은 자를 선생님 자리에 복귀시켜 여덟 살 초등학생이 끔찍하게 살해되었다. 마찬가지로 저런 정신이상자를 국군통수권자에 복귀시키면 군대에 보낸 우리 아들·딸의 생명이 위험하다. 전 국민의 정신적 스트레스가 크다. 국가 경제가 망가진다.

새벽 3시에 일어나 글을 쓴다. 학생운동 시절 남산 지하실에 끌려가 한 달 동안 두들겨 맞던 악몽을 다시 꾸었다. 잠을 못 이루겠다. 대한민국 헌정질서 수호를 위해 신속하고 단호한 헌법재판소의 파면 결정을 기대한다.

홍장원 메모 논란, 조지호 진술 신빙성 모두 탄핵심판에서 부차적인 것이다. 최후변론만 들어도 "아, 저 사람은 대통령실이 아니라 정신병원으로 보내야겠다"는 생각이 든다. [2025. 2. 27]

2월 28일의 사건들

**외국 정치인들은 대한민국 선거관리 체제와
압도적 다수당인 집권당의 선거 승복에 대해
높이 평가했다.**

2월 28일은 결혼 38주년이다. 결혼기념일에 개봉하는 봉준호 감독의 SF 영화 「미키 17」을 같이 보고 싶었다. 남편이 감옥에 갇혀 있어 결혼기념일에 같이 식사도 못 하고 작년에 이어 또 구치소 면회를 오게 해서 아내에게 미안한 마음이다.

2월 28일이 되면 생각나는 사건이 있다. 1947년 2월 28일 타이완에서 있었던 계엄령과 학살 사건이다. 많은 한국인이 타이완을 여행하지만 타이베이 2·28 공원과 2·28 기념관을 들러본 사람은 소수일 것이다. 나도 잘 몰랐다.

2014년 여름 칭화대학 방문학자로 베이징에 1년간 있었다. 남북통일을 대비해서 대륙과 타이완, 양안관계를 공부하기 위해서였다. 베이징의 시각과 균형을 맞추기 위해 타이완정치대학 초청으로 3개월 동안 방문학자로 타이베이에 머물렀다. 당시 타이난 시장이었던 라이칭더(현 총통)를 만나 2·28에 대해 이야기를 나눈 적이 있다.

타이완은 곳곳에 2·28 기념관과 추모탑, 기념공원 등의 시설이 존재한다. 국공내전에 패색이 짙어진 중국 국민당 정부(중화민국)는 명나라 말 정성공이 타이완을 청나라에 맞서는 명조(明朝) 부흥 투쟁의 근거지로 삼았던 것처럼 타이완을 점령했다. 이때 장제스와 함께 약 200만 명이 대륙에서 타이완으로 옮겨왔다.

17세기 중후반 명청 교체기 때 타이완으로 이주한 사람을 본성인, 장제스 때 온 사람을 외성인이라 한다. 장제스 국민당은 본성인들을 철저히 억압했다. 정부 관리 임명, 취업, 급여 수준 등에서 본성인들은 철저히 차별받았다.

1947년 2월 27일 타이베이 한 빌딩 복도에서 정부 전매품인 담배를 노점에서 판매하던 한 여인을 담배주류공사 직원과 경찰이 폭행했다. 이에 시민들의 항의가 이어지고 소요 사태로 발전했다. 그러자 경찰이 발포했고 천원시(陳文溪)라는 학생이 사망했다. 다음 날 2월 28일 광주 5·18처럼 군중들이 발포자 처벌을 주장하며 집결했다. 타이완 행정장관 겸 총사령관 천이(陳儀)는 계엄령을 선포했다.

계엄령에 격분한 시민들이 경찰서에 난입해 충돌이 벌어지자 계엄군은 기관총으로 무차별 사격을 했다. 시위대는 무기고를 습격하여 무장하고 계엄군과 전투를 벌였다. 300여 명의 사상자가 발생했다. 타이베이시 참의회는 2월 28일 오후 긴급회의를 소집하여 계엄 해제를 의결하고 '2·28 사건 처리위원회'를 구성하여 사태 수습에 나섰다. 진정국면이 되었다. 여기까지는 광주 5·18

초·중기와 최근 내란 사태를 합친 것과 유사했다.

문제는 3월 8일부터였다. 본토에서 장제스가 증파한 2개 사단 병력이 상륙하면서 무자비한 탄압이 시작되었다. 타이난, 가오슝, 지룽 등 타이완 전역에서 국회의원, 판사, 교수, 의사, 지방의원 등 타이완의 지도적 인물들과 대학생 등 2-3만 명을 체포해서 처참하게 살해했다. 나는 2·28 기념관에 들러 관장 및 직원들과 간담회를 가졌다. 광주 5·18과 제주 4·3 그리고 타이완 2·28을 비교한 강연도 했다.

6·25 전후에도 좌우 양쪽의 민간인 학살이 있었다. 「단장의 미아리고개」에 나오듯이 좌우 양측에서 철삿줄에 꽁꽁 묶어 집단 총살하는 경우가 많았다. 그런데 타이완은 큰 철삿줄로 발목 뒤와 손목 살을 찢어 뚫어서 굴비 엮듯 엮어 바다에 집단적으로 빠뜨려 죽였다.

타이완 본성인 가운데 가족·친척·친지 중에 2·28 사건 희생자가 없는 사람이 없었다. 제주 4·3과 비슷했다. 이들의 분노가 폭발했고 1987년 7월 15일 장징궈 총통이 계엄을 해제했다. 한국의 6월 항쟁 영향이 컸다고 본다(6월 항쟁은 6월 10일에 시작해 6월 29일 6·29 선언으로 마무리됐다). 그 뒤 최초의 본성인 출신 국민당 리덩후이 총통 이후 민진당이 타이완 정치를 주도하게 되었다.

제2차 세계대전 전후로 시작된 인종학살·증오와 혐오·말살 등 제노사이드라는 지옥의 문을 열어젖힌 히틀러, 그 이후로 그리스·크로아티아·보스니아·세르비아·헝가리·폴란드·우크라이나 등에서 행해진 인종청소와 대량학살은 전 세계를 휩쓸었다. 우리 인간들 내부에 잠재한 공포와 혐오, 적대감, 인종차별, 빈부격차 등이 쌓이면 마른 숲에 불씨 하나로 산불이 일어나듯이 학살과 보복의 아수라장이 될 수 있다.

나는 타이베이, 타이난 등의 2·28 추모관을 돌아보며 사망자들의 처형 직전 사진과 그들이 사랑하는 가족들에게 남긴 메시지를 꼼꼼히 읽어보았다. 인간의 악마성, 짐승과 같은 잔인함에 소름이 돋는 것을 느꼈다. 같은 인간이 어떻게 같은 인간을 저렇게 살해할 수 있을까?

그것은 최면이다. 반복되는 편견, 증오, 보복 프레임으로 합리화한다. 역사를 왜곡하여 증오를 불러일으킨다. 괴벨스는 유대인을 예수를 십자가에 달아 죽인 살인마요 흑사병 페스트를 퍼뜨리는 쥐이며 공산당으로 매도하여 증오심을 선동했다. 유대인이 가진 재물을 뺏으려는 탐욕과 결합시켰다. 일본 제국주의자들이 제2차 세계대전 당시 생체실험을 한 하얼빈 731부대 현장을 가본 적이 있다. 생체실험이 어떻게 가능했을까? 그들은 희생자들이 인간이 아니라 마루타(통나무)라고 교육했다. 실험용 모르모트라고 자기최면을 걸었다.

반국가세력이라는 말은 히틀러 때 스탈린 등에서부터 김일성 체제, 이승만, 박정희, 전두환, 윤석열까지 독재정권이 애용하는 단어다. 노상원은 수첩에 여·야 당대표, 국회의장, 국회의원, 정치인들을 쓰레기 취급하며 체포도 아니고 수거 대상이라고 기재했다.

윤석열 비상계엄 내란세력이 언어를 오염시키고 있다. 헌법과 우리나라 말의 기본 뜻을 왜곡하고 있다. 로마 시대 네로 황제가 기독교인들을 죽일 때, 히틀러가 유대인들을 학살할 때, 1923년 일제가 관동대지진 당시 조선인을 학살할 때 이들이 우물에 독약을 넣고 병균을 전파한다는 등 유언비어를 만들었다.

윤석열 내란세력이 계엄을 합리화하기 위해 부정선거 음모론을 제기한다. 부정선거의 원조는 이승만, 박정희, 전두환이다. 모두 계엄령을 통해 군대의 총칼로 협박·변칙 개헌으로 대통령 자리를 도둑질한 사람들이다. 윤석열은 검찰 권력을 이용해 부정한 선거운동으로 대통령 자리를 도둑질한 사람이다. "STOP THE STEAL"이라는 말은 당시 집권당 대표인 나 또는 이재명 후보가 할 수 있는 말이다. 그러나 2022년 3월 9일 밤 나나 이재명 후보 모두 0.73퍼센트 미세한 차이지만 깨끗이 승복하고 윤석열이 당선자로 확정되기도 전에 축하 메시지를 보냈다. 주한 외국 대사들이나 프랑스 체류 중 유럽 정치인들을 만나면 그들은 나에게 대한민국 선거관리 체제와 압도적 다수당인 집권당의 선거 승복에 대하여 높이 평가했다.

이제 거짓말 잔치가 끝나간다. 헌법재판소 탄핵 변론이 종결되었다. 3월 중 8 대 0으로 탄핵 인용, 파면 결정이 내려질 것이라 생각한다. 윤석열이 서울구치소에 있으면서도 경호차량의 호위를 받으며 요란하게 헌재를 다니던 일도 끝이 났다. 하루속히 파면 결정이 나야 서울구치소 교도관들과 수용자들의 불편도 해소될 것이다.

취침 시간이 지나 밤 12시가 넘어간다. 잠 못 이루는 밤이다. 『야만 대륙』을 다 읽었다. 제2차 세계대전 이후 진행된 각국 인종 학살의 생생한 보고서다.

2월의 마지막 날에 2·28 타이완 계엄령을 생각한다. 12·3 계엄 당시 국회의 비상계엄 해제 결의가 없었다면 유혈사태가 불가피했을 것이다. 지옥의 문이 열리게 되었을 것이다. 나도 수거 대상이었다고 한다. 국회에 이어 헌법재판소가 헌법 수호를 선언할 순간이 다가오고 있다. [2025. 2. 28]

무능한 지도자와 나라의 운명

국제질서는 냉혹하다.
고정되어 있지 않다. 변화한다.

2월 18일 사우디아라비아 리야드에서 우크라이나 대표 없는 미국-러시아 고위급 회담이 열렸다. 우크라이나-러시아 전쟁 종결 문제를 상의했다. 한국전쟁 때와 비슷하다. 이승만의 북진통일론으로 우리는 자의 반 타의 반 휴전 협정 테이블에서 배제되었다. 미국의 도움 없이 전쟁 지속이 불가능한 젤렌스키는 크림반도를 회복하지 못하면 종전은 없다고 호기를 부렸다. 크림반도는커녕 러시아가 점령하고 있는 돈바스·도네츠크·헤르손 등 동부 우크라이나 지역도 회복하기 어렵게 되었다. NATO 가입도 트럼프의 반대로 어려워졌다.

왜 전쟁을 했을까? 사전에 막을 수는 없었을까? 젤렌스키의 무능함에 여러 생각을 해본다. 2010년 4월 당시 러시아 대통령 메드베데프와 우크라이나 대통령 야누코비치는 크림반도 세바스토폴 항구에 있는 러시아 흑해함대 사령부 임대 기간을 2017년에서 25년을 더해 2042년까지 임대 조약을 연장했다. 야누코비치는 임대 정책에 반발해 즉각 종료를 외치는 마이단 세력에 의해 축출되었다. 야누코비치가 2014년 2월 22일 러시아로 도피한 후 러시아군은 2014년 3월 16일 크림반도로 진격해 주민투표로 러시아 합병을 선포했다.

미국은 플로리다반도에 중국 군사기지와 러시아 군사기지가 들어서는 것을 용납할 수 없을 것이다. 캐나다와 멕시코가 중국과 무역 협력을 넘어 군사동맹이 되는 것을 용납할 수 없을 것이다. 1962년 쿠바에 소련 미사일 기지가 설치되자 케네디 미 대통령은 핵전쟁을 각오하고 쿠바를 봉쇄했다. 마찬가지로 역지사지, 크림반도에 NATO 미사일 기지가 들어오는 것을 용납할 수 있는 러시아 지도자가 있을까?

우크라이나는 전쟁 초기 튀르키예의 중재로 협상이 될 뻔했는데 NATO의 부추김으로 무산되었다는 점을 미어샤이머, 제프리 삭스 같은 미국 학자들이 지적한다. 40-50만 명이 넘는 젊은이가 사망하고 국토는 파괴되고 우크라이나가 얻은 것은 무엇인가?

우크라이나는 유럽연합에만 가입한 상태로 러시아와 우호 관계를 병행했어야 하지 않을까? 굳이 NATO에 가입하려고 발버둥 쳐야 했나? 이미 돈바스·도네츠크 내전으로 NATO 가입이 불가능했다. NATO 5조 1항이 적용되면 돈바스·도네츠크 내전이 NATO와 러시아의 직접 전쟁으로 확산할 수밖에 없다.

2008년 부쿠레슈티 NATO 정상회의에서 미국과 동유럽 국가

들도 조지아, 우크라이나의 NATO 가입 전 단계인 MAP(회원행동계획) 지위 부여를 촉구했다. 당시 독일의 앙겔라 메르켈 총리와 프랑스의 사르코지 대통령의 반대로 유보되었다. 젤렌스키는 메르켈과 사르코지를 비판하지만 나는 이들의 판단이 옳았다고 본다. 휴전을 반대하는 젤렌스키를 상대로 트럼프는 "독재자다"(계엄령으로 우크라이나 2024년 대선 연기), "지지율 4퍼센트도 안 되는 대통령이 나라를 산산조각 내고 있다"고 비판했다. 휴전을 반대하고 북진통일론을 고집하던 이승만을 제거하려는 계획을 검토했던 1950년대 미국과 비슷하다.

트럼프의 표현에 따르면 코미디언 출신 '독재자' 젤렌스키와 브로맨스를 보였던 윤석열. 감각이 없는 비정상이었다. 우크라이나에 무기 지원과 파병 검토, 우크라이나 전쟁을 한반도로 끌어와 전시 상태를 만들고 북을 자극하여 도발을 유도한 윤석열 정권.

트럼프는 취임 전부터 김정은과 사랑에 빠졌다는 표현으로 브로맨스를 보이고 있다. 곧 북미정상회담이 추진될 형세다. 윤석열·김용현 내란세력이 우크라이나와 얽혀서 트럼프와 대립하는 형세다. 국제질서는 냉혹하다. 고정되어 있지 않다. 변화한다.

1938년 9월 29일 히틀러 나치당이 창설되었던 뮌헨에 영-프-이-독 네 나라 대표가 모였다. 체임벌린 영국 총리, 달라디에 프랑스 총리, 무솔리니 이탈리아 두체, 히틀러 독일 총통이다. 체코슬로바키아 수데텐란트 땅을 분할하여 독일에 병합하는 조약이다. 체코슬로바키아 대표단은 협상 테이블에 들어가지도 못했다.

자국의 땅이 분할되는 동안 대기실에 앉아 기다리며 괴로워했다. 이것이 유명한 뮌헨 협정이다.

미국이 대한민국을 제쳐놓고 북한과 핵 협정을 통해 CVID를 포기하고 ICBM만 폐기하고 NPT에 협력하는 것으로 스몰딜을 할 경우, 대안은 무엇인가? 대한민국의 자주적 핵 개발이라는 레버리지를 가지고 미국과 협상할 만한 리더십이 있는가?

부동시 병역기피자의 비굴하고 비겁하고 비열한 윤석열이 혹여라도 파면되지 않고 복귀한다면 대한민국은 망가지는 것이다. 자신의 명령을 안 들을 것으로 생각하고 경고용 계엄을 했다는 사이코패스가 국군통수권자로 복귀한다면 무슨 일이 벌어질 것인가?

나는 2016년 문재인 대통령 특사로 러시아를 방문했다. 크렘린에서 푸틴 대통령과 대담한 이후에 라브로프 외무부장관을 만났다. 러시아 외무부 영빈관에서 오찬을 했다. 특별한 장소였다. 해방 후 한반도 신탁통치를 논의했던 모스크바 삼상회의 장소였다. 미국 대표가 앉았던 자리에 앉아 라브로프 장관과 오찬을 했다. 우리는 참석도 못 한 채 우리의 운명이 결정되었던 곳이다. 만감이 교차했다.

젤렌스키와 윤석열 같은 부패하고 어리석은 무능한 지도자를 선택하면 나라의 운명이 나락에 떨어지게 되는 것이다. 일시적인 극우세력의 선동에 눈이 멀어 윤석열 내란 혐의를 옹호하는 국민의힘 지도자들은 명심해야 한다.

우크라이나 극우세력 아조우 군단 같은 세력에 끌려 코미디언에서 갑자기 대통령이 된 젤렌스키의 무능함이 나라를 전쟁 폐허로 만든 것이다. 나는 러시아의 우크라이나 침략을 강력히 비판해왔다. 문제는 방어운전이다. 중앙선을 침범하는 차량을 피하는 방어운전 능력이 필요하다. 전쟁을 막았어야 했다. 푸틴의 수차례 경고의 의미를 분석하고 적극적 외교를 해야 했다.

앙겔라 메르켈 같은 지도자가 우크라이나 대표였다면 전쟁은 일어나지 않았을 것이다. 동독 출신 과학자로 16년 동안 통일 독일 총리로 유럽 질서를 주도한 앙겔라 메르켈 총리는 끝까지 푸틴과 대화의 끈을 놓지 않았다.

그녀의 회고록 『자유』를 인용한다.

"나는 분쟁의 군사적 해결, 즉 러시아군에 대한 우크라이나의 군사적 승리가 환상이라고 생각했다." [2025. 3. 9]

계몽령을 발동한 이유

**"공무원은 국민 전체에 대한 봉사자이며,
국민에 대하여 책임을 진다."**

구치소 TV에서 토요일 오후에는 영화를 방영해준다. 3·1절 연휴 때「어 퓨 굿 맨」영화를 보았다. 젊은 시절에도 두 번 본 기억이 있는데 나이 들어 다시 구치소에서 보니 내용이 새롭게 다가온다. 톰 크루즈와 데미 무어의 리즈 시절 영화다. 톰 크루즈가 나와 동갑이니 오래된 영화다.

20-30대 세대에게 추천하고 싶은 작품이다. 특히 군대를 다녀온 30-40대들이 보면 무척 공감이 갈 것 같다. 영화를 보는 내내 박정훈 해병대 대령과 김계환 해병대 사령관, 이종섭 장관, 윤석열이 연상되었다.

영화는 쿠바에 위치한 관타나모 미 해병대 부대에서 발생한 산티아고 일병의 사망 사건을 둘러싼 군재판소의 소송 절차를 다룬다. 산티아고 일병은 몸이 약해 구보 훈련 중 자주 쓰러진다. 일병은 도저히 견딜 수 없어 전출을 요구한다. 전출 요구에 응답이 없자 전출 요구를 수용해주지 않으면 상급부대, 장관, 상원 등 각

급 기관에 관타나모 기지에서 발생한 무단 사격행위를 알리겠다고 한다.

그러나 사관학교 출신 해병대 사령관 네이선 제셉 대령은 매슈 마킨슨 중령(부사령관)의 전출 허가 요청을 묵살하고 조너선 켄드릭 중위에게 군기훈련을 지시한다. 김성훈 경호처 차장을 연상하듯 자신의 충성 대상은 미국 헌법이 아니라 하느님과 제셉 사령관뿐이라는 비틀어진 충성심을 가진 자였다.

소대장 켄드릭 중위는 소대원 도슨 상병과 다우니 일병에게, 소대원 중 해병대 신조를 어긴 밀고자 산티아고에게 얼차려를 주라고 명령한다. 도슨 상병과 다우니 일병은 명령에 따라 산티아고 일병의 방에 들어가 두 손을 테이프로 묶고 수건을 얼굴에 덮고 구타한다. 몸이 약한 산티아고 일병은 질식사한다. 산티아고가 사망하자 제셉 사령관과 켄드릭 중위는 얼차려 명령을 내린 적이 없다고 발뺌한다. 하버드 로스쿨 출신 풋내기 군법무관 대니얼 캐피 중위(톰 크루즈)와 여성 법무관 소령 조앤(데미 무어)이 도슨 상병과 다우니 일병의 국선 변론을 맡게 된다.

권력의 중력은 사실을 은폐하고 거짓 시나리오를 만든다. 동서고금을 막론해서 동일하다. 2,000년 전 지록위마는 지금도 권력이 있는 곳에 발생한다. 특히 특별권력관계에 있는 군대 내에서 각종 사건이 은폐되는 것은 다반사다. 그래서 국회는 군사법원법을 개정하여 살인·성추행·민간인 관련 사건은 관할을 군사법원 검찰에서 민간 경찰·검찰과 법원으로 변경했다.

박정훈 대령이 채수근 상병의 죽음에 임성근 사단장의 업무상 과실이 있음을 조사해 경북경찰청에 이첩하는 것을 두고 김건희 라인의 로비 영향으로 윤석열이 격노하면서 일이 꼬이기 시작한다. 마치 이 영화에서 제셉 사령관이 왜곡된 해병대의 프라이드·신조·국가관·훈련관에 따라 산티아고 일병의 전출 요구를 묵살하고 군기훈련 지시로 사망에 이르게 한 것과 유사하다. 문제는 사실을 은폐한 것이다.

양심적인 군인 마킨슨 중령은 제셉 사령관의 거짓말과 얼차려를 지시받고 이를 수행하여 도슨 상병과 다우니 일병으로 하여금 산티아고를 죽게 만든 켄드릭 중위의 뻔뻔한 거짓말을 보고 괴로워한다. 결국 탈영을 했다가 법정 증언을 앞두고 호텔방에서 해병대 부사령관 제복을 입은 채 얼차려 시행을 막지 못해 산티아고 일병이 죽게 된 점을 반성하고 권총으로 자살한다.

그러나 철저한 권력의 힘으로 증거가 인멸된다. 도슨 상병과 다우니 일병은 "거역할 수 없는 해병대 사령관과 소대장 명령에 따랐을 뿐이다" "살인 의도가 없었다" "해병대 기강을 위해 얼차려를 시행했을 뿐이다"라고 항변했다. 이 영화의 클라이맥스는 풋내기 변호사 캐피 중위가 해병대 사령관 제셉 대령을 증인으로 신청하여 법정에서 벌인 논박 장면이다. 캐피 중위의 날카로운 변론으로 산티아고 일병에게 전출 명령을 내렸다고 뻔뻔한 거짓말을 하는 해병대 사령관의 말문이 막힌다.

궁지에 몰리자 제셉 사령관은 자기 범행을 사실상 자백한다.

해병대의 명예·신조·국가안보는 자기 같은 전선에 있는 해병대가 책임진다, 하버드 로스쿨 출신 풋내기 변호사 따위가 국가안보를 아느냐! 약아빠지고 조직을 배신했다며 산티아고 일병 같은 병사들에게 비난을 퍼붓는다.

"빌어먹을 너 같은 놈들, 애송이들이 나라를 위험에 빠뜨렸다."

제셉 사령관은 분에 차서 소신발언을 한다. 재판장은 즉시 배심원 퇴장을 명하고, 증인석에 있는 제셉 사령관의 체포를 지시한다. 도슨 상병과 다우니 일병은 살인죄 기소에 무죄 평결이 내려진다.

헌법재판소에서 윤석열 피청구인이 국가안보·자유민주주의 수호를 위해 야당의 패악질에 경고를 하기 위해 계엄령을 발동했다고 자백했다. 소위 '계몽령'이다. 국민 계몽을 위해 계엄령을 발동했다고 큰소리쳤다. 헌법상 전시·사변, 이에 준하는 국가비상사태에 대응하기 위한 요건이 없었음을 스스로 자백한 것이다. 국민 계몽을? 주술과 알코올에 취해 본인이 정신감정을 받아야 하는데 누구를 계몽한다는 말인가? 그래도 박정훈 대령, 곽종근 사령관, 홍장원 차장 등 '어 퓨 굿 맨'이 있어서 대한민국 헌정질서가 유지되고 있다고 본다.

「어 퓨 굿 맨」이 일부 좋은 사람을 넘어 대다수 공무원이 헌법 7조 1항 "공무원은 국민 전체에 대한 봉사자이며, 국민에 대하여 책임을 진다"를 체화하는 대한민국이 되기를 기원한다. [2025. 3. 11]

군판사들의 소신 판결

박정훈 대령의 무죄판결 요지는 해병대 사령관의 분명하고 구체적인 명령이 없었다는 것이다.

지난 1월 9일, 박정훈 대령의 항명죄 기소 사건이 무죄판결을 받았다. 군판사들의 소신 판결에 찬사를 보낸다. 김용현 국방부 장관이 사표 내고 구속되지 않았다면 군판사들을 상대로 무슨 압력과 회유를 했을지 모른다. 대통령의 눈치를 보고 부실한 수사와 박정훈 대령에 대한 유리한 증거 누락 등으로 기소를 한 군검찰관은 징계처분해야 한다.

그런데 이들은 반성은커녕 중앙지역군사법원의 1심 무죄판결에 불복하여 항소를 제기했다. 즉각 항소 취하할 것을 촉구한다. 최상목 대행과 국방부차관은 항소 취소를 명해야 한다.

미국은 1심 무죄판결이 나면 검사가 항소할 수 없다. 항소는 피고인의 이익을 위한 제도다. 박정훈 대령의 무죄판결 요지는 해병대 사령관의 분명하고 구체적인 명령이 없었다는 것이다. 매번 공판절차에 참여했던 내가 보더라도 판사의 판단은 정확했다. 항명할 대상, 즉 명령 자체가 없었는데 무슨 항명죄란 말인가?

처음 보고했을 때 임성근 사단장까지 혐의자로 적시하여 경북 경찰청에 이첩하겠다고 하자 해병대 김계환 사령관과 이종섭 국방부장관 모두 수고했다고, 잘했다고 결재했던 사안이다. 뒤늦게 윤석열(김건희·도이치모터스 이종호 등의 로비 영향으로 추측)의 격노 때문에 대가 약한 이종섭 장관이 외국에서 취소하라고 했을지 모른다.

직속상관인 김계환 해병대 사령관은 내심 박정훈 수사본부장의 견해에 동의했다. 이미 작성 완료된 이첩 보고서에 임성근 사단장 등을 삭제할 경우 나중에 해병대가 책임을 뒤집어쓸 수 있다는 박정훈 수사단장 주장에 흔들렸다. 우물쭈물 결정을 못 하고 공식 이첩 중단 명령도 내리지 못한 채 사실상 묵인하에 경북경찰청에 이첩했다. 무엇이 문제인가?

국군통수권자인 윤석열이 특전단, 방첩대, 수방사 사령관 등에게 국회에 쳐들어가 국회의원을 끌어내라고 지시해놓고도 부당한 지시는 당연히 안 따를 것이라고 변명하는 황당한 발언을 했다. 아무 일도 안 생긴 리얼리티 쇼를 했다는 것이다. 이런 정신나간 내란수괴의 부당한 명령은 거부해도 항명죄가 성립하지 않는다.

하물며 우유부단하고 기회주의적인 김계환 해병대 사령관의 공식적 명령 자체가 없었다. 철저한 군인정신이 체화되어 있는 박정훈 대령은 만일 해병대 사령관이 공식 하명이라고 했으면 수행했을지 모른다. 무슨 내란죄 같은 중대 사유가 아니었으니까.

그러나 명령 자체가 성립하지 않았다.

평생 나라를 위해 헌신해온 박정훈 대령이 채수근 상병의 죽음 이후 지금까지 2년이 다 되도록 보직도 못 받고 군에서 고립되어 외롭게 투쟁해왔다. 이제 국가가 잘못을 인정하고 진상을 규명해야 한다.

최상목 대행과 국방부장관 대행, 군검찰은 항소를 취하하고 박정훈 대령을 수사·기소한 군검찰단에 진상조사와 징계절차를 진행할 것을 촉구한다. 내란세력과 단절할 것을 충심으로 호소하고 촉구하는 바다.

박정훈 대령이 그간 사법 족쇄를 풀고 국가안보의 간성 주축인 해병대를 바로 세울 수 있는 기회를 주기를 촉구한다. 국가가 박정훈 대령에게 사죄하고 훈장을 줘도 시원치 않은데 무슨 항소란 말인가? [2025. 3. 12]

법꾸라지들의 사기극

국민 기만극이다.
눈물이 나온다. 잠을 이룰 수가 없다.

구속일수냐 구속기간이냐

나는 일관되게 검찰은 내란죄 수사권이 없으니 수사를 오염시켜 법원에서 공소기각이나 증거능력을 부정당하는 부실수사, 부실기소가 될 수 있음을 지적해왔다. 평생 국민들을 압수·수색·구속기소하는 것으로 밥 먹고 살던 검찰이 구속기간 계산을 잘못해서 무기징역·살인죄에 해당하는 내란우두머리를 풀어주다니. 한덕수와 최상목은 끝까지 특검법을 거부한 내란공범자들이다. 국민 기만극이다. 눈물이 나온다. 잠을 이룰 수가 없다.

토요일 저녁 윤석열 석방 지휘가 내려졌다. 가증스러운 심우정 총장을 이창수·조상원·최재훈 탄핵소추 때 탄핵시켜야 했다. 구치소 앞에서 윤석열 지지자들의 환호 소리가 들려온다. 평생 감옥에 있어야 할 반란수괴가 빠져나간다. 윤석열 체포를 외치며 눈 내리는 밤을 지새우며 아스팔트 위에 '키세스'가 되어 버텼던 국민 여러분께 죄송하기 이를 데 없다.

그 수많은 더불어민주당·조국혁신당 국회의원 중에 구속기간 계산 문제, 형사소송법 법조문 한 번 제대로 분석해본 사람이 없었단 말인가?

나부터 반성한다. 불안했다. 검찰이 1월 23일 공수처에서 이첩받자마자 바로 기소해야 하는데, 어차피 수사 권한도 없고 윤석열은 진술거부권을 행사하고 소환 거부할 텐데, 1월 24일 구속기간 연장청구를 법원에서 불허했으면 그날 기소했어야 하는 것 아닌가? 왜 머뭇거렸는가? 백보 양보해서 25일에 기소했으면 문제가 없었다. 일부러 지연시킨 것이다.

그때도 불안했는데 설마 기간 계산을 잘못했을까 안이하게 생각했다. 감옥에 갇혀 있어서 인터넷 검색도 안 되고 정보가 제한되어서라고 핑계를 대보지만 변명이 안 된다.

형사소송법 제66조(기간의 계산) 단서조항을 다시 보았다. 단서조항에는 "시효와 구속기간의 초일은 시간을 계산하지 아니하고 1일로 산정한다"고 나와 있다. 반대해석상 초일이 아니면 시간으로 계산한다고 해석하는 법원의 판단이 일리가 있다.

형사소송법 제214조의2 13항에도 법원이 수사 관계 서류와 증거물을 접수한 때부터 결정 후 검찰청에 반환한 때까지 기간은 '구속기간'에 산입하지 아니한다고 되어 있다. 즉 '구속일수'가 아니라 '구속기간'으로 명시하고 있다. 문제는 검찰이 지금까지 일수로 구속기간을 계산해왔고 법원에도 넘어갔는데 윤석열이 혜택을 받은 것이다. 윤석열이 지금까지 검사 시절 구속기소한 사건은 구속기간을 어떻게 계산해왔는지 살펴볼 일이다.

이 법꾸라지들이 전 국민을 상대로 사기극을 벌인 느낌이다. 이번 기회에 검찰수사권 원상회복을 노린 것이다. 김건희를 무혐의 처분한 비겁한 놈들이 탄핵소추가 되자 숟가락을 얹어 국수본과 공수처 수사를 지속적으로 방해한 것이다.

왜 김용현이 대검차장과 통화를 해서 새벽에 검찰에 자진출두한단 말인가? 국수본 수사를 피해 수사권 논란이 있는 검찰과 내통한 것 아닌가? 비화폰 압수수색을 피하고 서버도 압수수색하지 않고 김성훈 경호차장 구속신청을 세 번이나 기각한 검찰이다. 김용현 수사기록을 검토해봐야 한다.

김용현은 재판 과정에서 검찰청법 4조 1항과 2항 위반을 제기할 것이다. 윤석열은 공수처 수사에 검찰 기소로 수사개시 검사와 공소제기 검사가 다르다. 김용현은 특수본(검찰)이 수사개시하고 기소했다. 검찰청법 4조 2항에는 "검사는 자신이 수사개시한 범죄에 대하여는 공소를 제기할 수 없다. 다만, 사법경찰관이 송치한 범죄에 대하여는 그러하지 아니하다"라고 되어 있다. 위반 논란이 될 것이다.

최근 광주 모 국회의원 선거법 위반 사건에서 수사개시 검사와 기소검사가 동일하여 공소기각 판결을 받았다. 나도 서울중앙지검 반부패수사2부가 수사개시도 하고 공소제기도 하고 법정에서 공소유지도 담당하고 있어서 검찰청법 제4조 2항 위반으로 공소기각을 주장하고 있다.

검찰 범죄 카르텔 해체의 필요성

헌법재판소에서 윤석열을 파면했기에 부담이 없어졌다. 윤석열 구속 취소 결정에 환호하는 국민의힘과 그 지지자들이 헌재 결정을 승복하지 않을 수 없을 것이다. 지난 서부지법 난입 폭동을 재현하는 자들은 엄벌해야 한다.

"의심스러울 때는 피고인의 이익으로."

당연한 형사소송법의 원칙이 선언되었다. 그러나 법원의 판결이 "의심스러울 때는 검사의 이익으로" 판결하는 경우가 많았다. 공소장과 판결문이 별 차이 없는 경우가 많다. 이 원칙의 철저한 적용은 송영길·이재명 등 항소심 재판 판결에도 도움이 될 것이다. 가장 무식하게 별건수사·증거조작을 해온 윤석열이 이 혜택을 받는다는 것이 정말 불공평하다.

1월 8일 법정구속된 이후로 (돈봉투 사건, 뇌물 사건이 무죄 선고되었는데도 별건기소로) 서울구치소에 있으면서 윤석열이 구속수감되어 큰 위로가 되었다. 윤석열이 석방된 이후 잠 못 이루는 밤의 연속이다. 지금처럼 국회에 들어가지 못해 무기를 뺏기고 갇혀 있는 처지가 답답한 적이 없었다.

항소이유서를 제출하고 보석 청구를 했다. 정당법 50조(당대표경선 등의 매수 및 이해유도죄)는 경찰 수사, 정치자금법 45조(정치자금부정수수죄)는 공수처 수사 대상이다. 검찰 직접수사 대상이 아니다. 검찰 범죄세력들을 철저히 해체, 발본색원해야 한다.

정신 차려야 한다. 내란은 계속 중이다. 투쟁의 현장에 열심히 참여하지 않고 차기 권력에 숟가락 들고 다니는 모습은 좋지 않다. 윤석열 탄핵 인용에 집중하자. 파면되면 대통령직이 상실되므로 공직선거법·명태균 관련 범죄 수사로 윤석열을 다시 구속해야 한다. 이재명이 다섯 건 이상 각각 기소되어 재판받는 것 이상으로 윤석열·김건희의 기소 대상은 차고 넘친다.

"상대방이 너무나 어설픈 덕으로 큰 승리를 얻은 경우, 당장 승리에 우쭐하면서 다음 싸움에서는 큰 고배를 마실 위험이 크다."

이번 사건을 보면서 검찰 범죄 카르텔 해체의 필요성을 뼈저리게 느끼게 된다. 다음 헌법 개정 시 검찰의 압수·수색·구속영장 청구 독점권, 기소독점권을 헌법에서 삭제하고 법률에 위임해야 한다. 검찰 범죄 옹호의 방어막, 아이언돔을 벗겨내야 한다.

[2025. 3. 13]

빌라도 총독과 헌법재판관

헌법과 양심에 기초하여 헌법 수호의 강력한 의지를 선포해줄 것을 간구한다.

"저는 대야를 가져오라고 하여 소란스러운 군중 앞에서 제 손을 씻음으로써 '나사렛 예수'를 죽음에 내어주는 데 대해서 아무런 책임이 없다는 것을 보여주었습니다만 그것도 허사였습니다. 이 철면피 같은 군중들이 갈구하는 것은 예수의 생명이었던 것입니다."

"저는 가끔 시민 폭동에서 성난 군중을 목격해왔으나 이번처럼 격렬한 폭동은 본 적이 없습니다. 마치 지옥의 모든 유령이 예루살렘으로 모여든 것과 같았다고밖에는 표현할 수가 없습니다."

예수의 십자가형을 최후 승인한 유대 로마 총독 빌라도가 티베리우스 황제에게 쓴 「빌라도 보고서」의 일부다. 빌라도는 예수의 무고함을 확신했지만 군중 폭동의 공포에 굴복했다. 강도 바라빠를 풀어주고 예수의 십자가형을 요구하는 군중에게 굴복한 것이다. 빌라도는 자신의 책임을 도피하기 위해 여러 핑계를 대고 대얏물에 손을 씻었지만 빌라도의 최종 승인이 있어서 예수는 십자가형에 처해진 것이다. 그후 2,000년이 되도록 수십억의 전 세계 가톨릭인과 기독교인이 매주 미사·예배 때마다 사도신경 낭송을 통해 빌라도의 책임을 상기하고 있다.

"빌라도 통치 아래서 고난을 받으시고…"

빌라도는 영어로 'Pontius Pilate'이다. 영어 사전을 찾아보면 예수를 처형한 유대의 로마 총독이라는 것과 함께, 도덕적 책임을 회피하는 사람이라는 뜻풀이가 나온다. 예수의 처형을 요구한 대제사장 카야파가 윤석열이라면 예수는 대한민국 헌법으로 지금의 상황에 비유해본다.

자유민주 헌정질서를 수호한다는 명분으로 회칠한 무덤처럼 위선을 행해온 윤석열 가족범죄단이었다. 도이치모터스 주가조작, 양평고속도로, 명태균 게이트, 삼부토건 주가조작, 말레이시아 마약 관련 의혹까지 온갖 범죄에 연루된 크리미널 패밀리가 명태균 녹취록 폭로와 한동훈 등의 이탈로 특검법이 통과될 기미가 보이자 선제적으로 비상계엄 내란을 일으킨 것이다.

성전에서 장사하며 돈을 벌던 헤롯당, 사두개파, 바리새인 권력과 종교귀족들의 이권 카르텔을 향하여 예수는 외쳤다.

"강도의 소굴, 회칠한 무덤, 위선자, 너희 뱀들아, 독사의 자식들아. 너희가 지옥행 판결을 어떻게 회피하려 하느냐?"

자신들의 위선과 비리를 폭로하는 세례자 요한을 목 자르고 예수를 죽이려고 빌라도 총독 앞에 온 것이다. 빌라도의 최종 결정으로 예수의 죽음이 결정된다. 대한민국 헌정질서가 지켜질 것이냐, 무너져 혼돈으로 갈 것이냐의 순간이 다가왔다. 헌법재판관들이 빌라도처럼 군중들의 폭동이 두려워 책임을 회피한다면 2,000년 동안 수십억 인류가 빌라도의 죄를 상기하듯이 역사의 책임을 지게 될 것이다.

지금도 예수를 십자가에 매달라고 외치는 무지몽매한 아스팔트 극우 폭도들을 보게 된다. 2,000년 전 예수 사형을 외쳤던 유대 민족, 유대교 이스라엘의 깃발을 들고 내란폭동을 옹호하는 무지몽매함을 본다. 사슴을 말이라고 외치는 간신 조고의 권력에 굴복하여 계엄령을 계몽령이라 외치는 계몽되지 않는 군상들을 본다. 자기들이 지지했던 박근혜를 증거조작으로 구속기소한 윤석열을 찬양하는 바보들의 행진을 본다.

이번 주에 헌법재판관들이 모든 정파 의식, 보수·진보를 넘어 재판관으로서 헌법과 양심에 기초하여 헌법 수호의 강력한 의지를 선포해줄 것을 간구한다. 서울구치소 독방에서 무릎 꿇고 민주공화국 대한민국을 위해 기도한다. [2025. 3. 14]

추강 김지섭 의사 추모 축사

친일 반민족세력들이 기승을 부리는
반역의 시대에 김지섭 의사의 기개와 애국심,
충절을 되새기고 추모한다.

귀한 행사 감사합니다. 외롭게 독립투쟁하다 순국하신 열사들을 기억하고 알리고 계승하는 일은 귀한 일입니다. 김문수 의원님과 준비하신 단체 관계자 여러분 고맙습니다.

나이 들어 새삼 느낀 일은 우리 모두 당연하게 생각했던 일본 제국주의의 대한제국 침략과 이에 항거했던 독립투쟁을 사람마다 너무 다르게 받아들이고 있다는 사실입니다. 독립투쟁은 결코 쉬운 일이 아니었습니다.

1924년, 제1차 세계대전 때 승전국인 일본이 3·1 운동을 진압하고 1923년 관동대학살 범죄행위를 저질렀을 때였습니다. 뛰어난 머리와 학습 능력으로 교사와 법원 서기 등으로 근무하면서 식민지 관리로 편하게 살 수 있는 처지였던 김지섭 의사.

현인신(現人神)으로 알려진 일본 천황을 상대로 폭탄을 투하할 결심을 한다는 것은 놀라운 기개와 결단이었습니다. 폭탄 불발로 거사에 실패했지만 일본 군국주의 세력에게 준 충격과 메시지는 대단했을 것입니다. 일제의 심장 도쿄지방재판소 법정에서 사형 구형에 굴하지 않고 일제의 범죄상을 폭로하는 최후변론은 상상만 해도 통쾌합니다.

"조선 민중은 굶어 죽고 맞아 죽고 하는 가운데 나 홀로 적국에 들어와 사형을 받는다 하는 것은 진실로 넘치는 광영이다."

김지섭 의사의 절절한 외침이 귓전에 울립니다. 식민지근대화론에 이어 위안부·강제징용 부정을 넘어 김구 주석을 테러리스트라고 주장하는 자가 나올 만큼 윤석열 친일 매국정권하에서 대한민국이 오염되고 있는 상황입니다.

곳곳에 숨어 있는 친일 반민족세력들이 기승을 부리는 반역의 시대에 김지섭 의사의 기개와 애국심, 충절을 되새기고 추모하고 알리는 강연과 토론회는 너무 귀한 모임이라 생각합니다.

옥중에서 매일 기도하면서 일제하 독립투사의 삶에 비하면 고문당하지도 않고 옥살이하는 것은 조족지혈이라는 생각이 듭니다.

윤석열 반란수괴가 다시 서울구치소로 복귀하는 날을 위하여 김지섭 의사의 애국 열정과 투쟁을 기억하고 추모하고 알리고 다짐하는 우리가 되기를 바라는 마음입니다. 성공적인 토론회가 되기를 바랍니다. [2025. 3. 25]

안중근 의사 순국 115주년 새벽의 단상

1910년, 30세의 나이에 순국한
도마 안중근의 영혼을 위해 기도했다.

암세포도 우리 신체의 일부다. 정상세포와의 차이는 뇌의 명령, 자율통제를 받지 않는다는 것이다. 조절·통제가 안 된다. 정상세포의 돌연변이다. 작은 종양에서 시작하여 무한정 증식으로 종양이 커져 정상세포의 기능을 저해한다. 자기는 일을 안 하고 다른 세포의 영양분을 뺏어 먹으면서 자기 욕심만 채우고 자기증식 분열로 덩치를 키워간다. 결국 숙주인 사람을 죽게 만들어 자신도 죽는다.

우리 몸에는 스스로를 치료하는 약이 분비된다. 병균과 싸우는 백혈구를 비롯한 각종 단위가 있다. 면역결핍증이 생기면 외부 병균의 침입과 싸우는 능력이 떨어진다. 암세포와 싸우는 항암제를 투여하면 암세포뿐만 아니라 정상세포도 죽는다. 그래서 머리카락이 빠지게 된다. 빠르게 증식하는 성질을 가진 암세포를 죽이려다 보니 빠르게 증식하는 정상세포인 머리카락이 같이 공격받기 때문이다.

윤석열 검찰 범죄집단은 우리 사회의 일부분이다. 문제는 이 집단이 헌법의 통제를 따르지 않는다는 것이다. 정상세포의 기능을 중단하고 돌연변이가 되어 자신들의 탐욕을 위해 이상증식·분열을 하는 것이다. 배우자, 장모, 처남의 범죄와 수익을 보장하면서 헌법이 부여한 각 기관의 정상적 기능이 오염되고 면역력이 현저하게 떨어졌다.

윤석열이 대통령직을 이용해 임명한 헌법재판관, 대법원장, 검찰총장, 방통위, 방심위, KBS, 금감원, 감사원 등 모든 기관에 검찰 범죄 암세포가 전이되었거나 공격받고 있는 상황이다. 면역력이 떨어졌다. 기능적 권력 통제가 안 된다.

히틀러는 자유민주주의 체제를 이용하여 선거로 집권했다. 공산당은 아예 의회주의를 부정하고 폭력혁명을 시도하니 분별·차단하기가 쉬운 면이 있다. 극우세력은 자유민주주의로 위장하고 정상적 국가기관을 사유화하고 타락시켜나간다.

정상적인 대한민국 민주공화적 헌정질서는 그동안 수많은 돌연변이 암세포와 싸우면서 여기까지 왔다. 항암치료제가 암세포뿐만 아니라 정상세포도 죽이는 부작용처럼. 우리 헌정질서 옹호를 위한 싸움 과정에서도 이런 일들이 발생한다. 문재인 정부 때 적폐몰이 수사를 하면서 발생한 부작용도 있었다. 윤석열이 이 점을 이용해 권력을 찬탈했다.

정상세포는 보호하고 암세포만 제거하는 맞춤형 치료제가 나왔다. 발전 중이다. 면역항암제다. 외부 약물에 의존하지 않고 내부 면역세포 기능, 킬러 T세포 기능을 활성화해 암세포만 정밀타격하는 것이다.

암을 이기는 힘, 자기 면역기능 강화다. 면역항암제가 필요하다. 그것보다 더 중요한 것은 살고자 하는 의지다. 윤석열 헌재 탄핵이 기각되면 나라를 떠나고 싶다는 사람이 많다. 국민이 정신적으로 무너지고 민주공화국 붕괴 위험이 발생할 것이다. 제발 그런 일이 발생하지 않기를 바란다. 그러나 설령 그런 일이 발생해도 결국 암세포는 퇴치할 수 있다는 강한 의지가 필요하다. 킬러 T세포를 활성화해야 한다. 국민들의 민주 역량을 강화해야 한다. 무엇보다도 야당이 암세포를 보고 따라가서는 안 된다. 모든 권력은 항상 사유화·남용의 위험성이 있기 때문이다. 반드시 대한민국 민주공화국을 지키겠다는 의지가 필요하다.

판결과 판단은 헌법재판관, 판사, 검사만 하는 것이 아니다. 우리 모든 국민이 매일매일 뉴스를 접하고 사건이 발생하면 해석하고 판단한다. 스스로 운명을 결정한다. 국민이 배심원이다. 혐오, 증오, 확증 편향에 빠져서 올바른 판단을 못 하면 정상세포 기능이 약화하는 것이다. 암세포 발생의 토양이 만들어지는 것이다.

윤석열 암세포는 너무 종양이 커져서 수술로 떼어내야 한다. 수술을 집도하는 헌법재판관 일부에게 암세포 전이가 의심된다. 윤석열 범죄집단의 무한 증식이 우리 사회 곳곳의 정상세포 기능을 약화하고 저해하고 있는 것이다.

3월 26일 새벽 1시에 깨었다. 잠 못 이루는 밤이다. 감옥의 벽이 실감 난다. 1910년 115년 전 안중근 의사 사형집행일, 순국추도일 아침 새벽이다. 30세 안중근. 내 아들 주환이의 나이다. 안중근 도마의 영혼을 위해 기도했다.

보수·극우세력도 '하보우만'(하느님이 보우하사, 우리나라 만세)을 외친다고 한다. 일제 때는 일장기, 해방 후에는 성조기와 이스라엘기를 들면서 장식용으로 드는 태극기가 아니라, 이봉창·안중근·윤봉길의 피 묻은 태극기를 마음속에 흔들며 외친다. 공산침략 때 김일성 수령 만세를 외치던 세력에 맞선 김홍일 장군, 김종오 사단장의 태극기가 펄럭인다. [2025. 3. 26]

이재명 대표 항소심 무죄판결을 환영한다

무죄판결이라는 소식을 들었다.
타들어가는 가슴에 한줄기 비가 내리는 것 같다.

사슴을 보고 사슴이라고 말하는데 이렇게 힘들다. 세 사람이 말을 맞추면 없는 호랑이도 만들어낸다. 검찰 범죄세력들이 국민 세금을 도둑질하면서 국민과 헌법이 부여한 검찰권으로 윤석열 내란세력 지키기, 김건희 등 가족범죄단 보호에 앞장서고 있다.

검찰은 사냥개처럼 떼거리로 몰려 다니면서 더불어민주당 전·현직 대표를 수사·기소하는 데 집중해왔다. 최소한 균형을 잡으려는 쇼도 하지 않는다. 3월 26일 안중근 의사 서거 115주년 새벽, 이재명 대표 무죄판결을 간절히 바라면서도 하루 종일 불안했다. 2시가 되어도 뉴스를 보기가 겁이 났다. 무죄판결이라는 소식을 들었다. 타들어가는 가슴에 한줄기 비라도 내려주는 느낌이다. 다행이다. 환영한다. 항소심 재판부에 존경을 표한다.

1심 재판부처럼 판사가 감정적으로 선입견을 가지고 판결하면 안 된다. 입만 열면 거짓말로 도배하는 윤석열 당선인을 수사·기소도 안 했다. 0.73퍼센트로 낙선하고도 부정선거 이의제기 한

번 안 하고 깨끗이 승복한 후보를 선거법으로 기소한 정권은 대한민국 헌정사에 처음이다.

저녁 뉴스에 판결 이유를 들었다. 지극히 당연한 판단이다. 공직선거법의 허위사실은 김건희 논문표절, 학력 위조, 윤석열의 부동시 병역기피 같은 재산·학력·병역·경력 등 허위사실 공표를 단속하자는 것이다. 누구를 알고 몰랐다는 일은 사회적 평가의 문제지, 법률의 문제인가? 총을 든 무장군인을 국회에 투입하고 자신의 대국민 담화, 녹취, 수많은 증언에도 뻔뻔하게 거짓말로 도배하는 자들이 허위사실 유포를 말할 자격이 있는가?

야당 기초자치단체장이 중앙정부의 계속된 공문을 보고 압력을 느끼고, 약간 과장된 표현으로 협박을 느꼈다고 말할 수 있는 것 아닌가? 최상목의 노골적 반헌법행위에 대해 현행범을 체포해야 한다고 경고할 수 있는 것 아닌가? 이것을 IS의 이슬람 테러집단처럼 보인다는 권성동 원내대표의 과장과 비교하면 어떤가?

김성훈 경호차장의 영장을 세 번이나 기각하고 마지못해 여론에 떠밀려 형식적 청구만 하고 실질심사에 참여도 안 한 검찰, 교묘한 법기술로 윤석열을 풀어주고 항고·즉시항고도 안 한 심우정 내란공범, 이런 검찰 범죄 카르텔을 철저히 해체하지 않으면 대한민국이 바로 설 수 없다. 철저히 추적하여 발본색원해야 한다.

헌재가 수상하다. 국민의 가슴이 불타고 있다. 빨리 결정을 해서 정상으로 돌아가야 한다. 광화문으로 국민과 언론, 경찰력이 모일 것이 아니라 산불 끄는 데 집중해야 하는 것 아닌가? 있을 수 없는 일이지만 탄핵을 기각·각하한다면 헌법재판소는 스스로 존재 이유를 부정하는 최악의 결정이 될 것이다.

조갑제 대표의 지적처럼 내란우두머리 혐의자가 대통령과 군 통수권자로 복귀하는 것은 좀비 영화에서도 상상하기 어려운 일이다. 정규재 대표의 말처럼 대한민국이 불법 계엄을 처리하지 못하는 비문명국가로 전락하는 것이다.

윤석열 탄핵을 기각·각하하면 2,000년 전 진나라 환관 조고의 지록위마 판결로 대한민국 헌정사에 기록될 것이다. 헌법재판관 각 개인을 모욕하고 총 든 군인을 시켜 법관 체포 지시를 하고, 이렇게 헌법 위반을 지금도 선동하고 조금도 반성을 안 한 무리들에게 대한민국을 다시 맡긴다고? 기각·각하하는 헌법재판관들은 대한민국 헌정질서하에서 비겁하고 비열한 삶을 어떻게 유지하려고 하는가? 사슴을 보고 있는 대로 사슴이라고 쓰면 된다. 사슴을 보고 뿔 달린 말이라고 머리 싸매지 말기를. 아이들, 후배들에게 부끄럽지 않은가?

윤석열이 탄핵되면, 내가 서울중앙지검에 접수한 윤석열 허위사실 유포 선거법 위반 사건 수사·기소를 강력히 촉구하고 싸워나갈 것이다. 윤석열 선거법 위반은 이재명 대표의 수사·기소에 쏟은 정성과 열정의 10분의 1이면 충분하다. 유죄판결을 받으면 국민의힘은 440억 선거비용 국고 환수에 적극 협력하기를 바란다.

소나기가 내려서 산불이 진압되고, 탄핵파면 결정으로 대한민국 헌정질서 곳곳에 불을 지르고 다니는 반란·내란세력들이 진압되기를 간절히 기도한다. [2025. 3. 28]

12·3 계엄, 국회
2024. 12. 4

헌법 열차는 달려야 한다
2024. 12. 15

다시 봄

2025년 4월 – 2025년 6월

2004년 12·3 내란계엄으로
윤석열이 구속되었지만 두 달도 안 되어
구속 취소 석방되었다. 2025년 6월 3일에 치른
제21대 대통령 선거에서
이재명 후보가 당선되었다.

윤석열 탄핵 인용을 바란다

민주공화국 헌정질서 수호는
여야 모두와 국민 전체의 기본권,
게임의 룰을 지키는 일이다.

불타오르는 민심의 산불을 진화할 것인지 폭발하게 할 것인지 갈림길에 섰다. 4월 2일 새벽 3시에 일어났다. 우리 할머니들이 정한수 한 그릇 올리고 하늘에 기도하는 심정으로 108배 수련을 했다. 하느님께 간절히 기도했다.

"하느님이 보우하사 우리나라 만세."

108배 수련을 마치고 찬물로 샤워를 했다. 맑은 정신으로 옥중 서신을 쓴다.

오늘 오후 3시에 나의 항소심 첫 재판이 열린다. 보석 청구 심리도 함께 열린다. 법정에서도 간절히 호소하려고 한다.

헌재의 윤석열 탄핵 각하·기각 결정은 상상하기도 싫지만 만일 그런 일이 발생하면 전민항쟁이 벌어질 것이다. 대한민국은 끝없는 혼란과 분열로 치달을 것이다. 경제는 망가지고, 트럼프 행정부에 무시당하고 북미 간의 통미봉남(通美封南)으로 대한민국의 운명이 어디로 갈지 모른다. 결국 국민이 승리할 것이지만 제2의 계엄령으로 용산과 광화문이 제2의 금남로가 될 것이다.

단 한순간도 윤석열 검찰 범죄정권·내란수괴를 대한민국 대통령으로 용납할 수 없다. 나부터 죽음을 각오하고 용산으로 달려가, 윤석열 재구속 처벌을 위해 투쟁할 수밖에 없다. 대다수 국민도 그럴 것이다.

만장일치로 탄핵이 인용되면 전 세계에 다이나믹 코리아를 다시 한번 보여주게 될 것이다. 전 세계에 생중계되는 TV로 대한민국 민주주의의 저력을 보여주게 될 것이다. 트럼프와 미국 국민을 부끄럽게 만들 것이다. 전 세계적인 극우세력들의 발호에도 민주주의는 무너지지 않는다는 새로운 희망의 불꽃이 될 것이다.

민주주의는 선거를 통해 권력을 평화적으로 주고받음으로써 실현된다. 야당 집권을 막기 위해 탄핵을 반대한다니 평생 여당만 할 것인가? 국민의힘 의원과 지지자 여러분! 여러분이 이렇게 반헌법적 비상계엄 반란을 옹호하다가 야당이 되면 어쩌려고 이런 짓을 하는가? 민주세력이 집권하여 비상계엄을 발동해 여러분들을 영장 없이 무장군인이 체포해도 되는 세상을 만들겠다는 것인가?

국민의 지지를 받아, 민심을 얻어서 집권하려는 생산적 경쟁을 하지 않고 검찰을 동원하여 더불어민주당 전·현직 대표를 온갖 혐의로 수사·기소하는 것도 모자라 계엄령으로 무장병력을 동원한다고? 홍장원 차장이 말한 대로 새벽에 무장군인이 갑자기 영장 없이 찾아와 야당 정치인, 언론인, 종교인, 판사들을 체포하는 나라가 바로 용산 독재국가다. 민주공화국 헌정질서 수호는 여야 모두와 국민 전체의 기본권, 게임의 룰을 지키는 일이다.

5,000년 역사를 이어온 민족의 혼, 하늘에 간절히 기도하며 국민의 염원이 확인되는 4월 4일을 기대한다. [2025. 4. 2]

헌법재판소 탄핵 인용 결정

망상과 미몽에서 깨어나야 한다.
우리 모두는 대한민국 국민이다.

4월 4일 새벽에 일어나 108배 수련을 하면서 하느님께 간절히 기도했다. "하느님이 보우하사 우리나라 만세." 모든 국민이 같은 마음이었을 것이다. 11시 서울구치소 감방 안에서도 TV로 생중계되었다.

문형배 헌법재판소장의 낭랑한 음성으로 선포된 대한민국 헌법정신과 수호 의지에 전율했다. 8 대 0. 모든 분에게 고맙다. 눈물이 난다. 국가안보를 위해 배치된 병력을 정치적 목적으로 국회에 투입하여 시민과 대치하게 함으로써 국민을 배신하고 국군통수권자로서 헌법을 위반했다는 부분이 감동이었다.

그럴 리가 없으리라 생각하면서도 혹시나 기각, 각하되었을 경우를 생각해보았다. 내가 석방된다면 용산에 쳐들어가 김성훈 같은 역적의 무리들에게 총 맞아 죽을 각오로 싸울 수밖에 없다는 생각을 했다. 살 만큼 살았다.

1980년 5월 27일 새벽의 광주 전남도청이 지금은 용산이다. 그런데 탄핵 인용 결정 파면으로 용산이 제2의 금남로가 되는 비극을 막았다. 너무나 감사한 일이다. 김복형, 조한창, 정형식 재판관님께 특히 감사를 드린다. 윤석열이 임명했고 전략상 처형 박선영을 진실과화해위원장으로 임명해 논란이 있었던 분, 주심으로 결정문 초안을 쓴 정형식 재판관께 감사드린다. 헌법재판소를 살렸다.

이번 탄핵 찬성·반대의 문제는 여야 보수·진보의 문제가 아니라 헌법 수호와 내란 폭동의 문제였음을 확인해주었다. 8 대 0 선고로 국민통합의 이정표를 제시해주었다. 미국 국민들도 부러워할 민주헌정질서를 단호하게 수호했다.

윤석열의 비상계엄과 헌법재판소의 변론을 보고 계몽되었다는 많은 국민의힘 의원님들, 잘 모르고 전광훈·전한길 등의 혹세무민 선동가에게 속아 막연한 애국심으로 얼떨결에 동참했던 대다수 분이 헌법재판소 결정문을 듣고 계몽되었으리라 생각한다. 망상과 미몽에서 깨어나야 한다. 우리 모두는 대한민국 국민이다. 야당이 집권한다고 나라가 공산화되고 친중반미 국가가 된다는 선동은 80년이 다 되도록 독재자들이 우려먹었다.

윤석열이 드디어 일반 국민이 되었다. 자신이 후보 시절 말했던 것처럼 임기 5년짜리가 겁도 없이 날뛰었다. 3년도 못 채우고 자폭했다. 그동안 윤석열·김건희 가족범죄단에게 대한민국이 우습고 만만하게 보였을 것이다. 부동시로 군대도 기피하고 부동산 투기, 주가조작으로 돈 벌고 검찰 범죄조직을 이용해 증거를 조작하고 경쟁 세력을 탄압하여 대통령까지 해먹었다. 이제 진실의 방으로 가야 할 시간이다. 송영길·이재명·조국을 수사한 것처럼 똑같은 강도로 계급장 떼고 수사받기를 바란다. 심우정 내란공모 검찰은 손을 떼라. 공수처, 국수본이 철저히 수사하고 신속히 특검법을 통과시켜 특검이 제대로 수사하여 내란세력 잔불 진화를 해야 한다.

서울구치소 윤석열의 방은 아직 비어 있다. 김건희와 같이 입소하기를 기대한다. [2025. 4. 4]

코로나 백신 피해보상법 국회 본회의 통과

국민의 삶을 지키고,
약속과 공약을 지키는 것이
정치의 출발입니다.

마침내 코로나 백신 피해보상법이 통과되었습니다. 법안 통과를 해주신 여야 국회의원 모두에게 감사드립니다. 특히 이 법안을 대표 발의하여 본회의 통과까지 노력해준 김윤 더불어민주당 의원께 감사드립니다. 문재인 정부 때 대통령은 모든 것을 정부가 책임질 테니 안심하고 백신 접종을 해야 한다고 대국민 담화를 했습니다.

저도 당시 집권 더불어민주당 대표로서 최고위원회 회의를 통해 정부와 더불어민주당이 책임질 테니 국민 여러분은 안심하고 백신 접종에 참여하라고 호소했습니다. 그런데 2,500여 명이나 되는 사망자가 발생했는데도 코로나 백신과 인과관계를 인정받은 사망자는 1퍼센트 정도에 불과했습니다. 건강하던 젊은 아들·딸들이 백신 접종 이후 쓰러져갔습니다. 기저질환이 있는 분들은 우선 접종받으라고 홍보했습니다. 그런데 기저질환을 이유로 사망 책임을 인정하지 않았습니다.

지난 대선 때 윤석열·이재명 후보 모두 코로나 백신 피해보상법 제정을 약속했습니다. 그러나 윤석열 정권은 공약을 배신했습니다. 문재인 정부도 책임지지 않았습니다. '코백회'(코로나19백신피해자가족협의회) 피해자들은 이중으로 사기당하고 버려졌습니다. 저는 김두경 코백회 회장과 회원들과 함께 입법 투쟁을 해왔습니다. 당시 더불어민주당 대표로서 했던 저의 발언에 대한 책임감이 컸습니다.

저는 이재명 대표에게 간절히 호소했습니다. 이 대표가 이를 수용해 입법 추진에 뒷받침이 되어준 것에 감사드립니다. 국민의 삶을 지키고, 자신들이 했던 약속과 공약을 지키는 것이 정치의 출발입니다. [2025. 4. 7]

특검법을 공포하라

검찰은 유혹한다, 권력의 충견이 되겠다고.
이것은 마약이다.

국민의힘은 헌재의 윤석열 만장일치 탄핵 결정에 정확한 의견을 구체적으로 밝혀야 한다. 윤석열 1호 당원부터 제명 조치하라. 내란을 옹호해온 세력은 총사퇴하라. 최소한 계엄 해제 표결에 동참한 조경태·김상욱 의원과 현역의원이 아니라서 표결에 참석하지 못했지만 뜻을 같이한 김종혁·유승민 등으로 주도세력이 교체되지 않으면 희망이 없다.

통합진보당 해산 결정에 비추어보면 국민의힘은 헌법 제8조 2항 위반으로 4항에 의한 정당해산 청구 대상이다.

히틀러와 무솔리니가 국민 다수 지지만으로 집권한 것은 아니다. 폭력만으로 집권한 것도 아니다. 정통 보수세력이 이들을 감싸주었기 때문에 이를 이용하여 최종적으로 권력을 장악한 것이다. 국민의힘이 전광훈·전한길 및 석동현·윤갑근·심우정·이창수 등 검찰 범죄세력들을 감싸준 것이다.

폰파펜 전 총리의 설득에 넘어간 노쇠한 힌덴부르크 독일 대통령이 히틀러를 총리로 지명하여 오스트리아 상병 출신으로 망상에 빠진 괴물에게 권력을 넘겨주었다. 비토리오 에마누엘레 3세 이탈리아 국왕은 얼뜨기 파시스트 무솔리니를 총리로 지명해주면서 그에게 권력을 넘겨주었다. 좌파 집권을 막는다는 명분으로 독일과 이탈리아 보수세력이 히틀러와 무솔리니에게 권력을 넘겨주고 입법권도 포기하여 일당 독재 체제를 만들어주었다.

윤보선 대통령과 장면 총리의 갈등, 5·16을 친위쿠데타로 착각한 윤보선의 쿠데타 진압 명령 거부로 어설픈 5·16 쿠데타가 성공했다. 김대중·김영삼의 분열과 최규하 대통령의 헌법 수호 의지 포기, 노재현 국방부장관의 12·12 쿠데타 세력에 투항한 것이 전두환의 쿠데타 성공을 가능케 했다. 최규하·노재현의 서울의 봄 때 행동은 한덕수·최상목의 기회주의적인 모습과 오버랩된다.

그러나 대한민국은 헌재 결정문에 나온 것처럼 국가긴급권 남용의 아픈 역사를 이겨내고 국민들의 힘으로 쿠데타를 막아냈다. 12월 3일부터 4월 4일 헌재 결정까지 123일 동안 국민의힘 지도부와 상당수 국민의힘 의원들이 반란수괴를 다시 대통령에 복귀시키기 위해 전광훈과 극우 유튜버들과 야합해 헌재, 법원 및 민주헌정질서를 공격한 행위는 사실상 내란동조 행위였다. 이를 정리·청산하지 않고 대통령 선거에 나선다는 것은 낯부끄러운 일이다.

최소한 지금이라도 국민의힘은 김건희·명태균 특검법과 12·3

내란특검법에 동의해야 한다. 한덕수 대행은 마은혁 재판관을 임명하고 특검법을 공포하라. 제2의 내란을 방지하기 위해서는 한덕수·최상목 등 을사오적 같은 기회주의 세력에 대한 철저한 응징이 필요하다. 윤석열과 그 하수인 심우정 검찰은 수사기관이 아니라 공작기관이다. 수사 주체가 아니라 수사 대상이다.

문재인 정부 때처럼 적폐 수사라는 명목으로 검찰에 칼을 들려줘선 안 된다. 정권교체가 되더라도 검찰의 캐비닛 타협, 유혹에 넘어가선 안 된다. 초기부터 검찰을 해체해야 한다.

윤석열 검찰 범죄세력의 주역 검사들을 발본색원해야 한다. 공수처법 개정을 통해 인원과 조직을 강화해야 한다. 검찰을 기소청과 수사청으로 분리하고 국수본과 연계해야 한다.

당장 김건희·최은순 출국금지 조치부터 시행하라. 어떤 세력이든 집권하면 검찰을 이용하고 싶은 유혹에 빠진다. 검찰은 유혹한다, 권력의 충견이 되겠다고. 이것은 마약이다. 용역 깡패 정치, 제2의 윤석열·한동훈을 막아야 한다. 임은정 검사 같은 진짜 검사들이 주류가 되어야 한다. [2025. 4. 13]

검찰은 내란방조범이다

검찰과 타협해서는 안 된다.
내란세력을 수사·구속·기소하고 국민의힘
해체 투쟁에 나서야 한다.

윤석열·한동훈 정치검찰의 하수인 심우정 검찰은 내란공범이다. 수사기관이 아니라 공작기관이다. 수사 주체가 아니라 수사 대상이다. 윤석열을 풀어주고 김성훈 구속을 방해하고 증거인멸의 기회와 시간을 허용하고 있는 검찰은 내란방조범이다. 검찰은 손 떼라. 기소청 전환을 지금부터, 수사는 국수본과 공수처가 주도하라. 특검법을 공포하지 않고 상설 특검도 추천하지 않고 마은혁 재판관 임용을 핑계로 대통령처럼 이완규 등 두 명의 헌재 재판관을 임명한 한덕수! 차기 대통령의 권한을 도용한 행위다. 이곳 서울구치소 수용자들이 제일 미워하는 자가 한덕수·최상목이다. 윤석열보다 더 미운털이 박힌 간신들이다.

이런 자들은 차라리 트럼프 대통령이나 행정부 측과 어설프게 안 만나는 게 더 낫다. 만나면 호구가 될 것이다. 차라리 트럼프 눈에 안 띄는 것이 낫다. 트럼프 행정부가 만나려고도 하지 않을 것이다. 차기 정통성 있는 정부에 맡겨라.

개헌은 반드시 해야 한다. 가장 핵심은 책임총리제 도입과 검사의 영장 청구·기소독점권 삭제다. 개헌을 대선 공약으로 제시하라. 대선 전 개헌은 시기상 적절치 않다. 내란 진압 수사에 집중해야 한다. 방심하면 안 된다. 지금까지 더불어민주당은 약간 분위기가 좋아지면 느슨한 모습을 보여 국민을 불안하게 했다. 곳곳에 지뢰가 숨어 있다.

해방 후 친일세력과 친일언론이 야합하여 모스크바 삼상회의 결과를 왜곡보도했다. 미국이 주도한 신탁통치를 소련이 주도한 것으로 반대로 보도했다. 갑자기 신탁 찬성 반대운동으로 국면을 전환했다. 친일 반민족 행위자들을 척결해야 할 시점에서 반탁운동이 물결쳤다. 친일세력은 숨 쉴 공간을 찾았다.

일제 통치 40여 년 동안 대동아 공영, 내선일체, 천황폐하 만세, 독립 반대 자치론을 구걸하던 친일세력들이 갑자기 반탁 애국자로 말을 갈아탔다. 마찬가지로 내란세력이 갑자기 개헌 주도세력으로 변장하려고 한다.

내란세력들을 진압하고, 내란 옹호 정당 국민의힘 해체 투쟁에 나서야 한다. 검찰과 타협해서는 안 된다. 내란세력을 수사·구속·기소하고 국민의힘 해체 투쟁에 나서야 한다. 기존 헌법을 안 지키고 노골적으로 헌법을 짓밟는 자들과 어떻게 헌법 개정을 논의한다는 말인가? 대통령의 내란 비상계엄은 고도의 통치행위로 사법 심사의 대상이 안 된다, 국민 계몽을 위한 비상계엄이었다고 외치던 자들이 대통령 권한 통제를 위한 헌법 개정을 떠들 자격이 있는가?

"위선이라는 것은 악이 선에게 바치는 경의다"라는 속담이 있다. 그런데 윤석열 내란수괴와 국민의힘 내란당은 선에게, 즉 국민들에게 바치는 최소한의 예의로서 위선, 겉으로나마 헌법을 지킨다는 경의조차 표하지 않았다.

아예 언어의 의미를 다르게 해석했다. 언어는 존재의 집이다. 반란수괴를 1호 당원으로 유지하고, 배제하지 않고 옹호하면서 무슨 체면으로 대선에 임하고 개헌을 외친단 말인가?

범죄검찰, 국민의힘 내란당! 수사와 개헌에서 손 떼라! 법무부장관 대행은 반란수괴를 1호 당원으로 유지·옹호하는 국민의힘을 즉각 헌법 제8조 2항 4항 위반으로 정당해산 청구하라! [2025. 4. 15]

삶과 죽음에 대한 생각

죽음은 삶의 의미를 깨닫게 한다.
죽음은 나의 친구다.

나는 4월 2일 보석심리를 마치고 보석 결정을 기대했다. 4월 4일 윤석열 탄핵 파면 결정에 안도했다. 그러나 간신 한덕수의 도발로 내란의 불씨가 살아났다. 윤석열 검찰 범죄정권의 종양이 제거되지 않고 암세포 전이가 계속되고 있다. 명태균·김영선 보석 결정이 났다. 송영길을 풀어주기가 힘든 모양이다. 4월 15일 새벽 108배 수련을 하고 찬물로 샤워한 다음 재판부에 탄원서를 제출했다.

작년 4월 총선 때도 감옥에 갇혀서 보내야 했는데, 이번 대선도 감옥에서 보내야 하는가 생각해본다. 2023년 4월 프랑스에서 귀국한 지 2년이 다 되어간다. 지난 2년 세월을 돌이켜본다. 보석 결정을 기대하다 보니 하루하루 보내기가 너무 힘들다. 마음을 비운다. 존경하는 박석무 선생님이 주신 공자 말씀이다.

'불원천 불우인'(不怨天 不尤人). 하늘을 원망하지 말고 사람을 탓하지 마라.

마음에 새긴다. 삶의 가장 훌륭한 스승은 죽음이다. 죽음은 만인에게 평등하다. 스티브 잡스는 인류 최대의 발견이 죽음의 가치라고 한다. 죽음을 생각하면 어떤 어려움도 극복할 수 있다. 집착에서 벗어날 수 있다.

매 순간 죽음을 대면하고 살아야 한다. 아침에 눈을 뜨면 감사기도를 한다. 오늘도 생명을 허락한 하늘에. 쇠창살로 조각난 하늘이 밝아져온다. 사형 집행이 저녁에 예고되어 있는 사형수의 심정에 들어가본다. 매 순간 삶의 의미를 뼈저리게 느낄 것이다.

"5년짜리가 겁도 없이 날뛴다"는 윤석열의 말이 떠오른다. 세월은 흐른다. 권력도 바뀌고 흐른다. 삶도 흐른다. 오늘이 내 인생의 마지막이란 생각을 하며 하루 종일 용맹정진의 자세로 책을 읽고 명상에 잠긴다. 죽음은 삶의 의미를 깨닫게 한다. 죽음은 나의 친구다. 인생이란 연극 무대에 캐스팅된 역할이 끝나는 날이다. 죽음을 두려워하지 않을 때 권력과 싸워 이길 수 있다. 죽음을 정면으로 응시하고 오늘의 살아 있음에 감사한다.

우주 공간을 시속 10만 킬로미터로 날아가는 창백한 푸른 점, 지구라는 우주선에서 잠을 잔다. 새로운 세상을 꿈꾸며. 세월호 아이들의 억울한 죽음 하나 제대로 밝히지 못한 무능한 정권 교체가 되어서는 안 된다는 생각도. [2025. 4. 18]

역사가 승리할 것이라는 믿음

민주주의는 짓밟혀도
다시 부활한다는 믿음이 있다.

천주교와 기독교는 부활의 종교다. 죽음의 권세를 이기는 상징이다. 하느님은 공의와 사랑의 양면성이 있다. 인간의 죄에 대한 심판은 죽음이다. 그러나 인간을 사랑하신다. 그래서 죽일 수 없다. 공의와 사랑의 충돌을 해결하는 것이 속죄양이다. 인간의 몸으로 태어난 예수의 죽음을 통해 공의와 사랑을 동시에 완성한다. 부활을 통해 죽음의 권세를 이긴다.

예수를 세 번이나 부인하고 도망쳤던 베드로, 배신한 유다, 십자형 이후 절망에 빠져 숨어 있던 열한 명의 제자. 이들 모두가 로마 권력의 탄압에도 무서워 도망가거나 배신하지 않고 기꺼이 순교를 각오할 용기는 어디에서 갑자기 생겼을까? 예수 부활 사건 때문이다. 제자들에게 나타난 부활하신 예수는 놀라는 그들에게 말한다.

"왜 놀라느냐? 어찌하여 너희 마음에 여러 가지 의혹이 이느냐? 내 손과 내 발을 보아라. 유령은 살과 뼈가 없지만 나는 너희도 보다시피 살과 뼈가 있다."

우리나라에 자칭 재림예수 보혜사 성령이라 하는 사이비 이단 교주가 200여 명 된다고 한다. 신도는 200만 명이나 된다고 한다. 대단하다. 신천지 같은 종교는 교주 이만희가 보혜사 성령이 자신의 몸에 접신했다고 주장한다고 한다. 그러나 예수는 유령으로 부활한 것이 아니다. 영으로 부활하여 자칭 재림예수라 주장한 자들의 말처럼 그들의 육신에 접신한 것이 아니다.

"너희를 떠나 승천하신 저 예수님께서는, 너희가 보는 앞에서 하늘에 올라가신 모습 그대로 다시 오실 것이다."(사도행전 1장 11절)

분명한 성경의 적시에도 이단 교주들은 신도들을 가스라이팅 한다. 권력자는 빵과 채찍으로 백성을 통제한다. 빵과 채찍은 피압제자들에게 유혹과 공포로 다가온다. 예수의 십자가 사건 이후 로마제국이 기독교를 공인하기 전까지 무서운 탄압이 일어난다. 이것을 이겨낸 힘이 부활 사건이다.

학생운동 시절부터 지금까지 독재 권력과 싸울 때 읽어보는 성경 구절을 소개한다.

"육신은 죽여도 그 이상 아무것도 못하는 자들을 두려워하지 마라. 누구를 두려워해야 할지 너희에게 알려주겠다. 육신을 죽인 다음 지옥에 던지는 권한을 가지신 분을 두려워하여라."(루카 복음서 12장 4-5절)

나의 가톨릭 세례명은 대건 안드레아다. 우리나라 최초의 신부,

25세 나이로 순교하신 분이다. 2023년 파리에 있을 때 김대건 신부님을 파견했던 파리외방전교회를 방문했다. 김대건 신부님의 서한과 유품들이 전시되어 있었다. 전율을 느꼈다. 순교자들은 어떻게 죽음의 공포를 이겨냈을까? 부활의 신앙이다. 사회과학적으로 비신자들 버전으로 설명하면 역사가 승리할 것이라는 믿음이다. 총칼로 사상과 신앙을 탄압하고 고문, 사형을 집행하더라도 다음 세대에 다시 정의와 신앙이 부활할 것이라는 믿음이다. 민주주의는 짓밟혀도 다시 부활한다는 믿음이다.

4월 부활의 아침에 기도한다. 사망의 권세를 이겨내신 예수님의 길을 따라 자기의 십자가를 지고 어떠한 권력에도 굴복하지 않고 민주주의의 부활, 민족 분단의 극복을 위해 싸워가겠다는 기도를 드린다. [2025. 4. 20]

부정선거 음모론 미몽에서 깨어나기를

부정선거, 체제수호 운운은
핑계이고 포장이었다.

4월이 온다. 핏빛 진달래가 핀다. 껍데기는 가라는 외침이 들린다. 윤석열이 태어난 해 1960년 4월이었다. 4월 혁명은 부정선거 원조를 국민들의 힘으로 몰아낸 혁명이었다.

이승만을 국부로 숭상하고 부정선거 음모론으로 윤석열 비상계엄이 정당하다고 외치는 전광훈·전한길·손현모 목사 등은 계몽되기를 바란다. 이들에게 속아 부정선거를 외치는 태극기 부대 어르신들, 극우 알고리즘에 속아 순진한 애국심에 자신의 불만을 터뜨리는 청년들의 계몽을 바란다.

1950년 5월 30일 6·25 전쟁 발발 직전에 대한민국 정부 수립 이후 첫 국회의원 선거가 치러졌다. 총 210석 중 무소속 126명이 당선되었다. 이승만은 1952년 8월에 치러질 2대 대통령 선거에 당선이 어려워졌다(당시 제헌헌법에 따라 대통령을 국회에서 선출했다). 대통령 직선제 개헌을 준비했다.

1952년 5월 25일 전쟁 중 피난수도 부산에서 정국 혼란을 이유로 부산, 경남, 전남·북 일부 지역에 비상계엄을 선포했다. 국회의원들을 심야에 강제 연행하고, 경찰·군대와 우익 테러단들이 국회를 겹겹이 포위한 채 기립표결로 개헌안을 통과시켰다.

1952년 8월 5일 이승만은 권력 연장을 위한 친위쿠데타로 2대 대통령에 당선되었다. 다음에는 3선 개헌안을 사사오입이란 부정한 방법으로 통과시켜서 1956년 3대 대통령이 된다. 마침내 1960년 3·15 부정선거를 획책한다. 1. 40퍼센트의 이승만·이기붕 표를 찍어 미리 투표함에 넣어두는 4할 투표 2. 3인조, 9인조 공개투표 3. 유령 유권자 조작, 기권자 대리투표 4. 투표함 바꿔치기 5. 개표 시 혼표, 환표 6. 올빼미표, 피아노표, 상대후보 표 훼손·무효화 7. 득표수 조작. 모든 수법이 동원되었다.

당시 이승만의 나이 86세였다. 노욕이었다. 자신이 고령으로 퇴임하면 대통령직을 승계할 부통령 후보 이기붕을 동반 당선시키려고 무리한 짓을 한 것이다.

전북 출신으로 마산상고 입학시험에 응시하여 합격 발표를 기다리던 김주열 학생이 경찰의 최루탄에 머리를 맞고 사망했다. 경찰은 시체를 마산 앞바다에 버렸는데 나중에 떠올랐다. 마산에서부터 시위가 폭발했다. 학생·시민들이 경무대로 달려가 이승만 하야를 요구했다. 경찰이 발포했다. 200명 가까운 시민들이 피를 흘렸다. 이기붕 부통령 부정 당선자가 경찰 발포에 대한 기자들의 질문에 답했다.

"총을 쏘라고 준 것이지 가지고 놀라고 준 것이 아니다."

김건희의 말과 오버랩된다. 결국 이기붕은 권총으로 자살했다. 수많은 학생과 시민의 피를 보고 이승만은 물러갔다. 윤석열은 끝까지 버틴다.

부정선거 음모론 미몽에서 깨어나기를 바란다. 미국은 각 주별로 선거권 부여 방식과 투표 관리가 다르다. 논란이 많다. 중앙집권화된 독립된 선관위가 체계적으로 관리하는 한국과 비교하면 후진국이다.

0.73퍼센트 차로 집권여당 후보가 야당 후보에게 부정선거 이의제기 한마디 없이 승복한 선진 대한민국이었다. 선관위가 자기를 당선시켜줬는데 부정선거라는 망상에 빠져 내란계엄을 일으켰다고? 자신과 김건희의 비리가 명태균 게이트로 생생히 밝혀지려 하니 이를 막기 위한 비상계엄이었다. 부정선거, 체제수호 운운은 핑계이고 포장이었다.

부정선거의 원조 이승만과 심화·발전시킨 박정희를 찬양하던 무리가 국민들이 피 흘려 회복한 민주공화국의 세계에서 가장 체계적인 선거관리를 보고 부정선거를 외치는 것은 사이코패스 수준이다. 부정선거와 싸워 민주주의를 수호하다 희생된 4월 혁명 주역들의 명복을 빈다. 4월 혁명 65주년, 수많은 태극기 부대 어르신들, 청년들, 부정선거 규탄을 외치며 경무대 앞에서 경찰의 총에 맞아 쓰러진 시민들의 피 묻은 태극기를 기억하길 바란다. 부정부패 비리 주범 권력자를 지키는 데 흔드는 태극기가 아니다.

[2025. 4. 23]

"인간의 고통 앞에 중립은 없습니다"

끊임없이 낮은 곳으로 아픔이 있는 곳을 찾아
평화와 치유를 위해 기도하고 실천하셨던
교황님의 선종 소식에 아쉬운 마음이 너무 큽니다.

파시즘을 피해 아르헨티나로 이민 온 이탈리아계 출신 프란치스코 교황님. 콘클라베에서 선출되자 화려한 집무실을 거부하고 황금 십자가 대신 20년간 써오신 은(銀) 십자가를 들고 12년 동안 교황으로 재직하면서 항상 낮은 곳으로 임하셨던 분. 주님께서 보내시어 가난한 이들에게 기쁜 소식을 전하고 잡혀간 이들에게 해방을 선포하며, 눈먼 이들을 다시 보게 하도록 자신의 십자가를 지고 예수 그리스도를 따라 실천하셨던 교황님. 아르헨티나 군사독재에 탄압받던 시민과 대학생들을 보호하며 폭력과 맞서 싸워오신 분.

교황님은 마지막 부활절에 평화의 메시지를 보내고 선종하셨습니다. 교황님의 일생을 묵상해봅니다.

"누가 '나는 하느님을 사랑한다' 하면서 자기 형제를 미워하면, 그는 거짓말쟁이입니다. 눈에 보이는 자기 형제를 사랑하지 않는 사람이 보이지 않는 하느님을 사랑할 수는 없습니다."(요한1서

4장 20절)

말씀을 몸으로 실천해오신 프란치스코 교황님.

제1·2차 세계대전의 무솔리니·히틀러 독재의 광기에 대한 교황님의 말씀을 옮깁니다.

"두려움을 조장하는 약속, '타인'에 대한 공포심을 부추기는 약속은 대중영합주의자들의 단골 수법입니다."

"전쟁의 신은 존재하지 않습니다. 전쟁을 일으키는 것은 악마입니다. 하느님께서는 평화입니다!"

"전쟁은 인간의 이성으로 도저히 이해할 수 없는 일입니다. 전쟁은 언제나 헛된 살육일 뿐입니다. 전쟁은 제게 큰 아픔이었고 지금도 여전히 아픔입니다. 마치 제 살을 도려내는 듯한 고통으로 다가옵니다."

교황님은 2014년에 한국을 방문하셔서 세월호 유가족들의 아픔을 어루만지고 보듬어주셨습니다. 분단의 아픔을 공유하시고 남과 북이 한 형제자매 가족임을 서로가 깨닫게 해달라고 기도해주셨습니다. 아픈 이웃들을 보듬고 위로하는 데 대한 정치적 논란에 단호히 대처하셨습니다.

교황님은 말씀하십니다.

"인간의 고통 앞에 중립은 없습니다."

공포와 억압, 비참과 타락의 언어, 인간이 빠져드는 가장 어두운 골짜기의 언어는 늘 한결같았습니다. 그러나 그보다 더 많이 쓰이는 것은 침묵의 언어입니다. 무관심은 말조차 필요로 하지 않습니다. "그건 내 일이 아니야" "나와 상관없는 일이야" "모른 척하면 그만이야" 이런 속삭임들이 가장 무서운 말이 되어 우리 영혼을 갉아먹습니다.

권력화되고 관료화되는 가톨릭 세계를 개혁하고 선한 사마리아인의 자세로 끊임없이 낮은 곳으로 아픔이 있는 곳을 찾아 평화와 치유를 위해 기도하고 실천하셨던 교황님의 선종 소식에 아쉬운 마음이 너무 큽니다.

개인의 극악한 범죄보다 더 위험한 것은 타인의 고통에 대한 집단적 무관심이며 이것이 전 지구적 현상이 되어 우리 모두를 도덕적 책임에서 도망치는 '이름 없는 존재들'로 만들었다는 교황님의 말씀을 상기합니다.

로마의 탄압을 피해 도망치는 베드로 앞에 나타난 예수님. "쿼바디스 도미네?"(주여, 어디로 가시나이까?)라는 베드로의 물음에 "네가 신자들을 버리고 도망치면 내가 다시 그곳에 가 십자가에 매달리겠다"는 말씀에 회개하는 베드로. 고통받는 국민의 현장에 항상 함께하며 그들의 눈물을 닦아주고 문제를 해결하는 정치인의 삶을 다짐해봅니다.

하느님의 백성들과 동떨어진 주교나 사제는 목자가 아니라 한낱 관료일 뿐이라고 말씀해오신 교황님. 같은 민족끼리 80년이 되도록 분단되어 서로 죽이고 죽고 그 원한과 증오를 재생하여 핵무기까지 동원하여 대치하고 있는 한반도의 현실에 가슴 아파합니다. 무능한 정치인들의 역사적 상상력 부족, 흔들리지 않는 열정과 의지 부족을 반성합니다.

교황님께서 남기신 평화, 전쟁을 막고 한민족이 형제자매로 다시 손잡고 화해하고 핵무기 전쟁과 증오가 녹아내리는 한반도 평화를 실천해나가겠다는 다짐을 해봅니다. [2025. 4. 24]

검사에게 외치는 국민의 분노

굴복하지 않는다.
검사들의 회개를 촉구한다!

"이 나라의 최대 암적 존재는 검찰이었다. 너무나 보복적이고 정치적이며, 지역 중심으로 뭉쳐 있었다. 개탄스러웠다."(『김대중 자서전』 중에서)

고 김대중 대통령님의 개탄의 질책이 들려온다.

"정권이 바뀌자 검찰은 정치적 중립은 물론이요 정치적 독립마저 스스로 팽개쳐버렸다. 검경 수사권 조정과 공수처 설치를 밀어붙이지 못한 것이 정말 후회스러웠다."(노무현, 『운명이다』 중에서)

고 노무현 대통령님의 회한과 탄식 소리가 들린다.

"뇌물을 줄 것을 지시한 재벌그룹 회장, 뇌물수수를 모의한 간부들, 뇌물을 전달한 사람, 뇌물을 받은 떡값 검사들은 모두 억울한 피해자이고 이들에 대한 수사를 촉구한 저는 의원직을 상실할 만한 죄를 저지른 가해자라는 판결입니다."(삼성 X파일 떡값 검사 명단을 발표했다가 떡검찰이 X파일 검사를 수사하기는커녕 노회찬 의원을 통신비밀보호법 위반으로 기소하여 징역 4개월 집행유예 1년 형으로 의원직을 상실시켰을 때 노 의원의 어록 중에서)

윤석열·김건희의 사병으로 전락한 심우정 검찰은 회생 불가능이다. 정권이 교체되면 즉각 해임하고 직권남용, 내란연루, 딸 특혜 압력 의혹 등의 수사를 해야 한다. 윤석열·한동훈 악성종양과 접촉하여 암세포가 전이된 검사의 탈을 쓴 범죄자들을 발본색원해야 한다.

검찰은 국수본 수사에 최대한 협조하라. 정권교체 후 국민들로부터 최소한의 인정을 받으려면 더 이상 수사를 방해하지 마라. 있는 사건을 신속 처리하라. 박세현 고검장과 특수본은 윤석열 내란범들의 공소 유지에 최선을 다하라. 항고 중인 김건희·최은순 도이치모터스 주가조작 사건 수사를 재개하라. 김건희·최은순 출국금지, 압수수색부터 집행해야 한다.

이지형 차장검사는 정유미 창원지검장과 공범으로 명태균 게이트 사건 축소 직무유기로 수사받지 않으려면 윤석열·김건희 압수수색, 소환조사를 늦추지 마라. 윤상현 공관위원장 공천개입 공모 의혹을 철저히 밝혀라. 대다수 국민의 외침이다.

검찰총장 출신 윤석열 내란수괴가 헌법재판소에 만장일치로 탄핵 결정된 날, 단 한 명의 검사도 개탄과 반성의 메시지가 없었다. 자신들의 이권에 대한 비판이 들어오면 이프로스 세시판에 너도나도 한마디씩 하던 2,500여 검사님, 나부터 탄핵하라고 외치던 용감한(?) 검사님들 다 어디 가셨나?

대한민국에 검사다운 검사는 임은정 검사 한 사람뿐인가? 윤석열 사단 특수부 검사들에 소외되어 범죄와 싸우고 있는 대다수 형사부 검사님들! 준사법기관, 단독관청, 공익의 대표자를 자처하는 검사님들! 헌정사상 초유의 내란 사태에 왜 단 한마디 언급이 없는가? 불의와 싸우는 용기 있는 검사가 되겠다고 선서했던 검사들 아닌가?

반성을 못 하겠으면서 "윤석열은 옳았다, 윤석열에게 계몽되었다, 비상계엄은 고도의 통치행위다"라고 나서지도 못하는가? 윤석열에게 간택된 이원석 총장을 비롯한 그 많던 검사 출신 변호사들, 정치인이 된 석동현·윤갑근 변호사를 제외하고 윤석열 변호도 회피하고 숨어버린 이유가 무엇인가?

"변화의 시대에 가장 슬픈 비극은 악한 자들의 폭력과 독설이 아니라 선한 자들의 소름 끼치는 침묵과 무관심입니다."

마틴 루서 킹의 목소리가 들려온다.

"독사의 자식들아, 다가오는 진노를 피하라고 누가 너희에게 일러주더냐? 회개에 합당한 열매를 맺어라. (…) 도끼가 이미 나무뿌리에 닿아 있다. 좋은 열매를 맺지 않는 나무는 모두 찍혀서 불 속에 던져진다. (예수님께서) 손에 키를 드시고 당신의 타작마당을 깨끗이 하시어, 알곡은 곳간에 모아들이시고 쭉정이는 꺼지지 않는 불에 태워버리실 것이다."(마태오 복음서 3장 7-12절)

광야에서 외치는 세례자 요한의 외침이 들려온다. 지금 2,500여 명의 대한민국 검사에게 외치는 국민의 분노다. 귀가 있는 검사들에게는 들릴 것이다. 마틴 루서 킹, 세례자 요한, 임은정 검사의 외침이 들리는 자는 쭉정이처럼, 가라지처럼 불에 태워지지 않고 국민의 인정을 받을 것이다.

송영길 보석 석방을 막으려고 정치검찰이 발버둥 친다고 한다. 굴복하지 않는다. 국민과 함께 싸울 것이다. 50년 전 6·3 항쟁의 날처럼, 심판의 날이 다가온다. 검사들의 회개를 촉구한다! [2025. 4. 27]

한명숙 판결과 이재명 재판

법원이 정치 소용돌이를 피하는 것이
국민의 법원에 대한 신뢰를 지키는 길이다.

대법원장, 대법관, 판사 모두 대통령이 임명한다. 국민이 선출한 헌법기관이 아니다. 직접적인 민주적 정당성이 없다. 그러나 법관은 일반 피고인의 목숨을 빼앗는 사형선고와 정치인에게 정치적 생명을 박탈하는 판결을 할 막강한 권한을 가지고 있다. 특히 나처럼 감옥에 갇혀서 재판을 받는 입장에서 판사의 권력은 절대적이다. 수족관의 생선, 도마 위의 생선이 된 느낌이다.

그러면 왜 대한민국 헌법은 국민이 직접 선출하지 않은 판사들에게 이런 절대적 권한을 부여했을까? 판사를 선거로 뽑게 되면 선출 과정에서 정치세력의 영향을 받을 수밖에 없으므로, 정치적 중립을 지키라고 법률전문가에게 권한을 부여한 것이다.

그런데 우리나라 역대 대법원장과 법관들이 정치적 중립을 지키고 국가권력으로부터 국민의 기본권을 지키는 데 앞장서왔을까? 죽산 조봉암 간첩 기소 사건에 무죄판결(1심)을 한 판사(유병진 판사) 등을 탄압해온 이승만 권력에 맞서 사법부 독립을 지키기 위해 싸워온 초대 대법원장 가인 김병로의 정신이 계승되고 있는가?

사법부는 이승만·박정희·전두환 독재정권에 저항했던 야당 정치인, 재야인사, 학생, 노동자를 감옥에 보내고 심지어 사형판결을 했던 부끄러운 역사를 가지고 있다.

사법 독립을 위해 많은 소장 법관의 양심선언과 서명 등 수차례 사법 파동이 있었으나 여전히 주류세력은 극우적이거나 보수적이다. 민주화 시대 최악의 대법원장이 양승태다. 박근혜 정권과 여당 정치인들과 사법거래를 했다. 상고법원(대법원 대신 대법원장이 국회 동의 없이 임명한 판사들이 상고심을 재판하는 법원) 설치를 위해 청와대와 정치권에 총력 로비를 했다.

그중 한 사건이 한명숙 전 국무총리 정치자금법 위반 대법원 유죄판결이다. 2009년 정치보복 수사로 노무현 대통령을 죽음으로 내몰았던 이명박 정권의 칼잡이 검찰이 한명숙 총리를 죽이기 위해 총력을 다했다. 2010년 서울시장 선거를 앞두고 더불어민주당 유력 후보 한명숙 총리에 대한 사냥몰이 수사가 2009년 12월 4일 『조선일보』 1면 톱 기사 "곽영욱 전 대한통운 사장에게 한 총리가 5만 달러 뇌물을 받았다"는 것으로 시작되었다.

그러나 법정에서 곽영욱이 양심선언을 했다. 검찰 진술을 부인했다. "검찰이 징그럽게 무섭게 해서 죽고 싶었다" "검사가 호랑이보다 무서웠다" "살기 위해서 검찰이 시킨 대로 진술했다"고 법정 증언했다. 게임이 끝났다. 1심, 2심, 3심 모두 무죄판결이 나왔다. 그러나 이명박 검찰은 하이에나처럼 물고 늘어졌다. 2010년 4월 8일 곽영욱 뇌물 사건 1심 무죄판결 하루 전 『동아일보』 보도로 한만호 한신건영 사장에게 9억 원의 정치자금을 받았다고 떠들어댔다. 별건수사 시작이다. 검언유착이다.

서울시장 선거 바로 전이었다. 결국 한 총리는 0.6퍼센트 차로 오세훈 후보에게 패배했다. 검찰의 노골적 선거개입이었다. 검찰 입장에서 성공했다. 핵심 증인 한만호는 법정에서 검찰 진술을 부인했다. 양심선언을 했다. 검찰 강요로 거짓진술을 했다고 자백했다.

검찰은 당황했다. 온갖 증인을 동원해 한만호 증언의 신빙성을 탄핵했다. 엄희준 검사는 검찰 정보원으로 서울구치소에 수감 중인 김모, 최모를 불러 한만호 증언의 신빙성을 탄핵하는 모해위증을 교사했다. 윤석열·한동훈 사단의 핵심 검사로 이재명 죽이기 수사에 앞장섰던 검사다.

그러나 검찰의 발버둥에도 1심 무죄판결이 내려졌다. 검찰은 한만호를 위증죄로 별건기소하고 구속했다. 항소심은 정형식 판사가 1심 판결을 번복하고 유죄판결을 했다. 제대로 증인신문도 안 했다. 대법원에 상고했다. 무죄 취지로 파기환송을 기대했다. 양승태 대법원장은 검사 출신 박상옥을 대법관으로 박근혜 대통령에게 임명 제청한 후 대법원 전원합의체에 한명숙 사건을 회부했다. 원래 배당은 대법원 2부 담당소부 대법관(이상훈, 조희대, 김창석)이었다.

2015년 8월 대법원에서 한명숙 총리 징역 2년 유죄판결이 확정되었다. 판결 직전 박근혜 대통령과 양승태 대법원장의 청와대 단독 면담이 있었다. 대법원 행정처 기획조정실에서 작성한 문서가 밝혀졌다. 김무성 새누리당 대표에게 상고법원 설치법을 로비한 결과 보고서다.

"김무성 대표 설득 point: 최근 한명숙 의원 정치자금법 위반 사건의 신속한 처리를 공식적으로 요청한 바 있음. 대법원에서 전부 무죄 취지로 파기될 경우, 설득이 사실상 어려울 것으로 예상."

딱 걸렸다. 기가 막힐 일이다.

한명숙 총리가 지난 3월 서울구치소에 접견을 왔다. 2년 감옥생활을 한 선배로서 위로와 격려를 해주었다. 한명숙 정치자금법 사건의 대법원 판결문을 받아 읽어보았다. 대법원 유죄판결은 8 대 5였다. 다수 의견을 인용해본다.

"형사소송법의 기본원칙상 검찰진술보다 법정진술에 더 무게를 두어야 한다는 점을 감안한다 하더라도 한만호의 법정진술을 믿을 수 없는 사정 아래에서 그가 법정에서 검찰진술을 번복했다는 이유만으로 검찰진술의 신빙성이 부정될 수는 없다."

이 다수 의견을 주도한 법관은 양승태 대법원장, 조희대 대법관(현 대법원장), 권순일, 박상옥, 김창석, 고영한, 민일영, 김신 등 여덟 명이다. 대법관들의 법정진술보다 검찰 피신조서를 더 신뢰하다니? 형사소송법 제312조 4항 위반이다. 검찰조서를 집어던지라고 외쳤던 이용훈 대법원장의 일갈이 떠오른다.

한만호 증인은 검찰수사 단계에서 구속된 상태로 8개월 동안 73회나 검찰청에 출석했다. 단 5회만 진술조서가 있고 68회는 진술조서 없이 검사에 의해 협박·회유된 것으로 추정된다. 한만호는 법정에서 진술을 번복했다는 이유로 바로 위증죄로 기소되었다. 얼마나 시달렸는지 한만호는 한명숙 총리에게 사죄 편지를 보내고 감옥에서 나와 얼마 있다가 사망했다. 이 다수 의견에 조희대 현 대법원장이 참여했다.

통렬한 다섯 명 대법관의 소수 의견을 인용해본다.

"원심은 허위가 개입될 여지가 다분히 있는 한만호의 검찰진술이 객관적 증거나 정황사실에 의하여 뒷받침되는지 자세히 살펴보지 아니한 채 한만호의 검찰진술 전부가 신빙성이 있다고 보았다. (…) '의심스러울 때는 피고인의 이익으로'라는 명제와 증거재판주의 원칙을 그저 헛된 구호에 그치게 해서는 안 된다. (…) 다수 의견은 무죄추정의 원칙에 반하고 증거재판주의에 정면으로 어긋난다."

대법관 이상훈(주심), 이인복, 김용덕, 박보영, 김소영 다섯 명이다.

최악의 수치스러운 양승태 대법원장이 청와대 권력과 야합한 결과다. 지금도 집 한 칸 없이 어렵게 살고 있는 대한민국 최초 여성 총리에 대한 이명박·박근혜 정권의 정치검찰의 보복수사에 대법원이 검찰의 손을 들어준 것이다.

이재명 후보 선거법 재판은 기소 자체가 불공정하다. 대통령

선거 당선자가 낙선자를 고발하여 기소한 것은 대한민국 헌정사상 처음이다. 0.73퍼센트 근소한 차로 낙선하고도 아무런 문제 제기 없이 깨끗하게 승복한 후보를 기소하면서 국민통합을 외치는 것은 등 치고 배 만지는 행위다.

국회의원은 당선되어도 기소된다. 대통령은 당선되면 기소할 수 없다. "모든 국민은 법 앞에 평등하다"는 헌법 11조의 위반 소지가 크다.

나는 지난 4월 29일 서울중앙지검 공공수사2부 김수겸 검사실(1237호)에 불려 갔다. 2023년 7월 25일 윤석열을 허위사실 유포, 당무 개입, 특활비 횡령으로 고발했던 사실에 대해 고발인 조사를 받았다. 대법원까지 재판받고 있는 이재명 후보와 수사·기소·재판 진행이 현저하게 불공정하다. 이재명 후보의 선거법 재판 일정은 같은 선거에서 같은 종류의 허위사실 유포로 고발된 윤석열의 기소·재판과 형평을 고려해야 한다.

사실심인 항소심 판결을 그대로 인용하려면 많은 시간이 필요하지 않을 수 있다. 파기환송을 하려면 신중한 검토가 필요하다. 법률심으로 법률 위반 파기도 아니다. 법률심인 상고법원에서 사실 인정에 오류가 있다며 파기하는 일은 매우 이례적이다. 대선을 앞두고 대선 후보 지지율 1위인 제1당 후보의 대선 출마 자격을 박탈하겠다는 것인가?

대법원 판단대로 유죄를 인정하더라도 상대 후보와 비교해서 상대방을 당선 못 하게 하려고 허위사실을 유포(공선법 250조

2항)한 것도 아니고 자신을 방어하기 위한 방송토론, 국정감사 답변에서 약간의 과장을 했다고 이를 허위사실로 단정해 국회의원직 상실, 대통령 출마 자격 박탈, 400억 넘는 더불어민주당 선거자금을 징수할 정도로 처벌과 양형이 가능할 수 있는가? 헌법상 비례원칙 위반이다. 상식적으로 해도 해도 너무하면 안 된다. 대부분 중도적인 법조인과 정치인들에게 물어봐도 이 사건은 설령 유죄로 인정하더라도 100만 원 이하의 벌금형이 타당하다는 것이 중론이다.

그런데 왜 조희대 대법원은 쿠데타 하듯이 사상 유례없는 속도로 고등법원 판결을 파기환송했을까? 대법관 소수 의견처럼 대법원이 대선을 한 달 앞두고 정치에 전면 개입하여 사법부 전체를 위험에 빠뜨렸을까? 반란수괴 윤석열에게 임명받은 조희대 대법원장은 국민의 오해를 사지 않도록 더욱더 통상의 절차를 준수했어야 하지 않는가?

법원은 행정부처럼 군이나 경찰 등의 무력을 가지고 있지 않다. 법원 판결의 권위는 공정과 형평, 국민적 공감, 수용에서 발생한다. 헌법재판소의 숙의, 토론, 탄핵 판결에 대다수 국민이 수용한 것처럼.

이재용, 양승태, 손준성 검사 모두 무죄판결을 받았다. 대부분 위법수집증거배제법칙과 '의심스러울 때는 피고인의 이익'이라는 원칙을 적용했다. 반란수괴 윤석열은 구속 취소가 결정되고, 특수공무집행방해의 김성훈 경호처 차장은 도주·증거인멸 우려

없음과 방어권 보장을 명분으로 영장이 기각되었다.

왜 재벌 회장, 전직 판사, 검사들이 재판받을 때는 '무죄추정' '불구속재판' '의심스러울 때는 피고인의 이익' '방어권 보장' 원칙이 적용되고, 송영길·이재명 등에게는 제대로 적용되지 않는가?

서울구치소에 구속되었을 때도 검은 세단, 경호차 호위를 받고 양복에, 넥타이에, 머리 손질에 수용자 번호도 없이 출정하다가, 지금은 석방되어 재판받고 있는 윤석열을 뉴스로 보는 마음이 착잡하다.

카키색 수용자 복장에 수용번호를 붙이고 머리 염색도 못 하고 팔은 포승줄로 묶이고 두 손을 수갑에 채운 채로 닭장차에 실려 재판받으러 가면서 생각한다. 이 중요한 대선 국면에 송영길은 가두어놓고 이재명은 피선거권을 박탈하려는 것인가? 윤석열은 풀어주면서 말이다.

영화 「글래디에이터」에서 비겁하고 무능하고 방탕한 독재자 콤모두스 황제가 검투사 노예로 전락한 막시무스 장군에 대한 로마 시민들의 지지를 빼앗기 위해 결투 신청을 했다. 정식 대결로 이길 수 없으니 몰래 검투사 대기실에 가서 막시무스의 옆구리를 칼로 찌른 후 결투를 한다. 그러나 막시무스는 옆구리에서 피를 흘리면서도 싸워 이겼다. 콤모두스의 목에 칼을 박아넣었다.

검찰 권력과 사법 권력이 국민의 대통령 신출권을 빼앗아갈 수 없다. 이재명 후보는 법정 선거운동 기간, 변론 준비 시간 부족 등의 사유로 변론 연기 신청을 하는 것이 좋겠다. 고등법원은 변론 연기 신청을 수용하기를 촉구한다. 법원이 정치 소용돌이를 피하는 것이 국민의 법원에 대한 신뢰를 지키는 길이다. [2025. 5. 10]

변절자의 최후 발악

빛의 혁명으로 어둠을 물리치고
광복, 빛을 되찾을 때다.

1980년 5월이 다시 왔다. 광주를 피로 물들였던 전두환 살인 집단의 추종자들이 끈질기게 살아나고 있다. 12·3 내란계엄으로 재현되었다. 전 국민이 응원봉을 들고 일어섰다. 빛고을 광주의 빛이 전국으로 확산해 빛의 혁명을 일으키고 있다. 헌법재판소는 대한민국 통합의 기초가 헌법정신임을 확인시켜주었다. 윤석열 반란수괴와 그 추종자들의 궤변은 배척되었다. 그러나 아메바, 암세포 같은 반헌법 내란세력이 변절자 김문수를 앞세워 최후의 발악을 하고 있다. 5월 빛의 혁명으로 어둠을 물리치고 광복, 빛을 되찾을 때다.

"인간의 잔혹성과 존엄함이 극한의 형태로 동시에 존재했던 시공간을 광주라고 부를 때, 광주는 더 이상 한 도시를 가리키는 고유명사가 아니라 보통명사가 된다는 것을 나는 이 책을 쓰면서 알게 되었다."(한강 작가)

그렇다, 광주는 세계인에게 보통명사가 되었다.

6월 3일 새로운 민주정권의 수립은, 5월 정신은 대한민국 헌법 전문에 수록될 것이다. 일제도 오족협화(일본, 한국, 만주, 몽골, 한족)와 내선일체(內鮮一體)를 외치고, 이승만도 친일분자를 대거 기용하면서 민족통합을 외쳤다. 박정희·전두환 모두 국민총화를 외쳤다.

대선 때가 되면 후보들 모두 통합을 외친다. 모이려면, 통합하려면 무엇을 기준으로 한단 말인가? 헌법이다. 헌법정신이다. 김문수 후보가 말한 대로 6월 항쟁으로 만들어진 여야 최초로 합의 개정된 현행 헌법이다.

새벽 정치쿠데타를 일으켜 간신 한덕수로 후보 교체를 하려다 실패한 윤석열이 김문수 후보 지지 글을 올렸다. 빛의 속도로 변신했다. 글을 읽어보니, 꼭 내가 하고 싶은 말이 들어 있다.

"이번 6·3 대통령 선거는 단순한 정권교체의 문제가 아닙니다. 자유대한민국의 체제를 지킬 것인가, 무너뜨릴 것인가 그 생사의 기로에 선 선거입니다. 저는 국민 여러분께 분명히 말씀드립니다. 이제 우리는 단결해야 합니다."(윤석열, 5월 11일)

한 문장 더 인용해본다.

"김문수 후보가 제시하는 '원칙을 지키는 정치'는 바로 자유민주주의의 본질을 보여주는 것입니다. 이는 지금 거대 야당의 전체주의적 행태와는 근본적으로 다릅니다. 이 차이가 대한민국의 미래를 가릅니다."

황당한 변신이다. 김문수 후보는 "한덕수 추대론은 대국민 사기극"이라면서 배후 조종자가 있다며 사실상 윤석열을 겨냥했다. "야밤에 정치쿠데타가 벌어졌다"고 김문수 후보는 외쳤다. 그 배후 주역 윤석열이 잽싸게 말을 바꿔 한덕수를 버리고 김문수를 지지한다는 성명서를 보고 '사이코패스'가 확실하다는 생각이 든다.

부정선거 반대, 독재 반대, 민주화 투사를 자처한 김문수 후보가 부정선거·독재의 원조 이승만과 박정희를 찬양하고, 박근혜 탄핵·구속기소 반대를 외치면서 박근혜를 구속기소한 윤석열을 추종하는 것도 황당하다. 윤석열 과다.

학생운동도 하지 않고 TK 출신으로 고시 공부만 하다가 5·18 광주 진상을 알고 새롭게 변화된 소년공 출신 이재명 후보와 서울대 학생운동·노동운동에 투신하여 싸우다가 국회의원이 되려고 극우세력에 투항하여 일제 헌병 보조원 조선인 형사처럼 극우세력의 앞잡이가 된 TK 출신 변절자 김문수 후보의 대결이기도 하다.

5·18 빛고을 혁명이 빛의 혁명으로 이어져 6·3 대선 승리로 이어지길 5·18 영령 앞에 기원하는 밤이다.

1980년 5·18 당시 감옥에 갇혀 있었던
김대중 대통령님을 생각하며
서울구치소 독방에서. [2025. 5. 14]

영원한 스승 박석무 선생님의 '버틈 철학'

불의에 굴복하지 않고 버틴다.
우리들 인생의 철학이 되었다.

한강 작가의 『소년이 온다』 주인공 문재학 군. 1980년 5월 광주 민주항쟁 당시 광주상고 1학년이었다. 나는 광주대동고 3학년이었다. 5월 18일 운동장에서 대동고생 전체가 모여 스크럼을 짜고 가두 진출을 시도했다. 5·18 배후 책임자로 박석무 선생님이 수배되었다. 당시 광주대동고 영어 선생님이었다. 우리들의 영원한 스승이다. 선생님은 지금도 수시로 서울구치소로 못난 제자, 감옥에 갇힌 제자를 면회 와서 주옥같은 가르침을 주신다.

선생님이 자주 해주신 말씀 중 '민유방본 본고방녕'(民惟邦本本固邦寧: 백성은 나라의 근본이니 근본이 튼튼해야 나라가 번영한다)이라는 『서경』의 글은 나의 정치철학의 뿌리가 되었다. 또 하나 말씀은 '버틴다'였다. "10만 대군은 이길 수 있어도 한 필부의 마음은 꺾을 수 없다"라는 말씀이었다. 권력의 압력, 돈과 재물의 유혹에 버텨야 한다. 절대 굴복하지 마라. 선생님의 말씀이었다.

1979년 2학년 시절 데모를 주동했다. 학교 재단의 문제점을 지적했다. 광주서부경찰서에 끌려가 밤새 조사받았다. 새벽에 풀려났다. 그날 밤이 10·26이었다. 박정희 유신독재의 심장에 김재규 중앙정보부장이 총을 쏘았기 때문이다. 우리는 박석무 선생님께 '버틈 철학' 선생님이라고 별명을 붙였다. 불의에 굴복하지 않고 버틴다. 우리들 인생의 철학이 되었다.

"버터부러!"

우리들 사이의 은어가 되었다. 영어로 'vertebra'가 척추라는 말이다. 뼈대 있는 놈이 되자는 말인데 영어 발음이 우연히 한글과 같다. 뼈 없는 연체동물, 영혼 없는 공직자들을 보면서 '민주정권'이 들어서면 공무원을 상대로 박석무 선생님의 '버틈 철학'을 강연해야겠다고 생각했다.

윤석열이 12·3 비상계엄 내란을 "계몽령이다" "아무도 안 다치고 아무 일도 없었다"라고 궤변을 늘어놓았다. 문형배 헌법재판소장 직무대리가 결정문에서 밝혔다. "시민들과 양심적인 군인들의 소극적 태도, 사실상 태업으로 5·18 광주와 같은 유혈사태가 발생하지 않은 것"이라고.

"사람(윤석열)에게 충성하지 않는다"고 한 조성현(ROTC 출신) 1경비단장, "질서 유지는 군의 임무가 아니다"(즉, 경찰의 임무다)라고 한 김형기(간부 사관학교 출신) 제1특전대대장, 계엄군 헬기를 40분 지연시킨 김문상(3사관학교 출신) 전 수방사 차장, 윤석열의 국회 진입·국회의원 체포 연행 지시를 사실대로 밝힌 곽종근 사령관, 홍장원 국정원 1차장 등이 버틈 철학을 실천한 사람들이다.

한나 아렌트가 쓴 '악의 평범성'(Banality of evil)이란 이유로, 유대인 600만 명을 살해한 악마들이 명령대로 따랐다는 말로 면책을 주장할 수 없다. 부당한 명령, 반헌법적인 명령, 반인륜적인 명령에 '아니요'라고 이의제기를 해야 한다.

용서할 수 없는 간신 한덕수와 최상목을 보면서 뼈 없는 연체동물이 생각났다. 헌법재판관을 임명하지 말라는 윤석열 패거리와 국민의힘 세력에 맞서 '아니요! 헌법대로 임명하겠습니다'라는 공무원이 필요하다. 적이 습격하는데 눈 감고 있는 초병이 있다면 부대는 전멸이다. 반헌법 세력이 쿠데타로 쳐들어오는데 막기는커녕 동조하는 헌법기관이 있다면 헌정질서는 무너진다.

검사 출신 변호사들이 말한다.

"요즘 후배 검사들은 아무런 생각이 없다. 시키면 시키는 대로 하는 직장인이다."

검찰총장 출신 대통령이 탄핵소추되어 파면되고, 반란수괴가 구속취소로 풀려나는데 검찰총장이라는 자가 항고·즉시항고를 안 해도 제대로 항의하는 검사가 몇 안 보인다. 시일야방성대곡은커녕 무덤덤하다. 사장이 시키는 대로 움직이는 용역 청부회사 직원들 같다.

그나마 법원에는 조희대 대법원장의 대선 개입에 분연히 맞선 판사들이 있다. 서울중앙지법 김주옥 부장판사의 글은 주옥같다.

"사법부는 대법원장의 사조직이 아니다. 사법부의 정치적 중립성에 대한 해명할 수 없는 의심에 대하여 대법원장은 책임지고 사퇴하라."

통렬하다. 노행남 부산지법 동부지원 판사의 공개 비판도 통쾌하다.

"검찰이 공소권을 남용하여 자신의 입맛대로 특정인을 기소하면 법원은 거기에 따라야 하는가?"

전 국민이 생중계로 본 비상계엄, 국회를 병력으로 장악하고 선관위원장인 대법관 노태악을 체포하여 몽둥이로 고문할 준비까지 했다는 보도를 보고도 이에 대해 의견을 묻는 기자에게 대법원장으로서 제대로 된 말 한마디 못 했던 초라함. 이것이 대한민국 법질서, 인권과 민주주의 최후 보루의 모습인가?

5선 국회의원을 하면서 뼈가 없는 문어, 낙지 같은 공무원과 정치인을 많이 겪었다. 줏대가 있어야 한다. 뼈대가 있어야 한다. '버터부러'(vertebra), 척추가 있어야 한다. 우리 인간은 척추동물이다.

우리 한반도는 백두대간 척추가 있는 땅이다. 5,000년 동안 거대한 중국과 일본에 흡수되지 않고 민족의 정체성을 지켜온 뼈대 있는 자손이다. 스승의 날을 맞이하여 "권력과 불의에 굴복하지 말라"는 박석무 선생님의 사자후가 들린다.

"버터부러!" [2025. 5. 15]

국민의힘 대선후보의 궤변

계엄은 잘못되었다.
그러나 탄핵은 반대한다.

불쌍하고 초라한 간신, 한덕수가 탈락했다. 황당한 분이다. 서울대, 하버드대를 나오면 뭣 하는가? 이분의 사례를 연구해서 후배들은 이런 간신이 되지 말라고 사표로 삼아야 한다. 5월 10일 새벽 '윤핵관'의 등에 업혀 기습 입당, 대선후보로 등록하면서 한덕수가 한 말이다.

"용병이 아니다. 함께 싸워온 동지다."

내란 공범이었음을 자백하는 말이다. 엄정한 중립, 대선 관리를 하겠다는 대통령 권한대행 국무총리가 국민의힘 당원들과 함께 싸워온 동지란 말인가? 누구를 위해 누구와 싸워왔다는 말인가? 돈 한 푼 안 쓰고 대통령 자리를 날로 차지하려던 천하의 기회주의자의 궤변이다. 내란공범 수사를 철저히 받기 바란다.

김문수 후보의 황당한 궤변도 난형난제다. 부정선거 음모론으로 전광훈 목사와 손잡은 후보, 계엄 쿠데타를 옹호하고, 국회를 마비시키고, 법원을 때려 부수는 폭도들을 의병이라고 한다. 자신은 노동운동·민주화운동으로 투옥되었다고 자랑한다. 자유민주주의 옹호자라고 소리친다.

부정선거의 원조인 3·15 부정선거로, 4·19 혁명으로 쫓겨난 대통령, 부정선거의 청출어람, 유신독재로 인혁당 조작 여덟 명 사법살인 등 자유민주주의를 유린한 박정희. 본인도 박정희 독재에 투옥되었다면서, 이승만·박정희를 세계적 지도자라 칭송한다. 김대중·노무현 대통령은 물론이고 자기를 영입한 김영삼 대통령이 이들과 싸워온 민주투사였는데 언급도 하지 않는다.

계엄은 잘못되었단다. 그러나 탄핵은 반대한단다. 강도범의 방조범이 법정에서 증언한다.

"강도범의 강도행위에 동의하지 않았다. 그러나 실패해서 아쉽다."

판사가 물었다.

"무엇이 아쉬운가? 반성하는가?"

"주변 방조범들이 똘똘 뭉쳐서 강도가 체포되어 기소되지 않도록 했어야 했는데 분열되어 강도범이 체포되어 기소된 것"이 아쉽단다. "체포를 막지 못했다"는 것을 반성한단다. 이런 황당한 궤변이 있는가?

"일제강점기에 대한민국은 없었다" "우리는 일본 국민이었다"는 김문수. 임시정부도 부정하고 대한민국 법통도 부정하는 김문수. 독립운동을 하다가 일제 고등계 형사에게 잡혀 변절한 후 일본 헌병 보조원으로 채용되어 독립운동가를 잡으러 다니는 가네

나카무라(金中村) 같은 느낌이다.

김문수 후보가 5월 8일 관훈토론에서 "한덕수 추대론은 대국민 사기극이다" "누군가 배후에서 조종하고 있다"고 말했다. 그러나 윤석열이라고는 말 못 한다. 왜? 자기도 '윤핵관'으로 윤석열 지지표를 얻어 한동훈·홍준표 후보 등을 이기려고 한덕수와 금방 단일화할 것처럼 사기를 쳤기 때문이다.

증거를 조작하여 박근혜를 구속기소한 윤석열을 지지하는 김문수. 박근혜 탄핵을 결사반대했던 김문수. 박근혜 등에 칼을 꽂은 윤석열을 찬양·옹호하는 놀라운 변신. 자기를 후보직에서 쫓아내려 했던 윤석열을 표 때문에 계속 옹호하고 가려는가? "그 알량한 후보직"(권성동 표현)을 누릴 시간이 이제 20일도 채 안 남았다.

김문수 후보에게 묻고 싶다.

"박근혜 전 대통령을 뇌물죄로 구속시키는 데 분노하지 않은 사람이 국회의원 자격이 있나."(2019년 8월 20일 한 토론회 발언)

그런데 최순실과 경제공동체라는 희한한 개념을 동원하고 묵시적 청탁 논리를 펴서 박근혜를 구속기소한 윤석열을 옹호하고 함께하고 있는 이유는 무엇인가? 대통령 후보 자격이 있는가?

[2025. 5. 20]

번지수 잘못 찾은 부정선거 음모론자들

투표관리도 못 해 미국에게 선거감시단 파견을 요청하는 부끄러운 나라로 대한민국의 위신과 명예에 먹칠을 하는 것인가.

황교안·민경욱·전한길 등 부정선거 음모론자들이 5월 13일 미 대사관 앞에 모였다. 중국이 대한민국 대통령 선거에 개입하여 부정선거를 할 가능성이 크니, 트럼프 대통령에게 미국에서 선거감시단을 파견해달라고 청원서를 접수한다는 것이다.

황당하고 부끄러운 일이다. 미국은 선거관리가 주마다 다르다. 투표 자격 등록, 개표 절차 등이 다르다. 우리나라와 비교가 안 되는 선거관리의 후진국이다. 우리나라는 독립된 헌법기관인 선관위가 전국 선거를 동일한 기준 시스템으로 관리한다.

트럼프는 대통령 선거 때마다 민주당 측이 트럼프를 친러파, 친푸틴으로 공격하면서 러시아가 온갖 해커, SNS를 동원해 대통령 선거에 개입해왔다고 맹렬히 공격했다. 수사로 밝혀진 것은 없다. 지금 똑같이 부정선거 음모론자들이 이재명 후보를 친중파로 공격하며 중국이 선거에 개입하고 있다는 황당한 주장을 하고 있는 것이다. 트럼프가 당했던 것과 똑같은 공격을 이재명 후보에게 하고 있는 것이다.

이런 황당한 청원서를 받은 트럼프 정권이 어떻게 생각할 것인가? 1945년 해방 후 혼란한 상황에서 임시적으로 신탁통치를 하자는 미소공위 방안에 반탁운동을 애국운동으로 찬양해온 무리들.

투표관리도 못 해 선거감시단 파견을 요청하는 부끄러운 나라로 대한민국의 위신과 명예에 먹칠을 하는 것인가? 김정은과 사랑에 빠졌다고 고백하며 서른여덟 번이나 편지를 주고받은 트럼프를 빨갱이라고, 친북세력이라고 공격해야 맞는 것 아닌가? [2025. 5. 22]

불출석 사유서 낸 김건희

자신이 대통령 후보인가?
아직도 영부인인가?

검찰은 여전히 코바나컨텐츠 용역사원들인가? 윤석열 반란수괴가 탄핵되었는데도 윤석열 반란수괴의 경제공동체 김건희 수사를 아직도 못 하고 있는가? 검사들이 자신들의 핸드폰까지 제출하고 김건희가 지정한 장소에서 황제 수사를 하고 나서 증거가 없다고 무혐의 처분을 한 검찰.

검사가 아니라 김건희 로펌 변호사가 되어 사실상 증거 은폐·인멸의 기회, 방어막을 제공한 자들이다. 지금도 피의자 김건희에게 조사에 응해달라고 사정하고 있는가?

김건희는 대선 국면에 추측성 보도가 우려되므로 이재명 후보처럼 재판 연기, 문재인 대통령처럼 조사 없이 기소해달라는 취지인 모양이다. 자신이 대통령 후보인가? 아직도 영부인인가?

지난 총선을 앞두고 별건수사로 돈봉투 사건을 기획하여 2년 동안 우려먹은 검찰. 대선 선거운동이 시작되고 있음에도 송영길의 입을 틀어막고 있는 검찰과 법원. 밖에 나가 한 표라도 더 이재명 후보의 압도적 승리를 위해 뛸 수 있는 기회가 박탈된 상황이다.

감옥 독방에서 본 뉴스에 김건희가 대선 영향이 우려된다고 불출석 사유서를 낸다고 하니 피가 끓는다. 어이가 없다. 검찰은 신속한 수사, 또 불응 시 체포영장 청구를 즉시 할 것을 촉구한다.

[2025. 5. 23]

민주후보와 만주후보의 싸움

만주란 말은 가짜라는 의미로 통용된다.
김문수 후보는 사실상 만주후보라고 부를 수 있다.

정식 변호사가 아니라 교도소 수용 생활을 통해 법 지식을 얻어들어 아는 체하는 사람을 만주변호사라고 한다. 1931년 9월 18일 일본 관동군은 류타오후 사건(일본 관동군이 만주를 침략하기 위해 랴오닝성 류타오후에서 일으킨 철도 폭파 자작극)을 조작하여 만주를 침략한다. 청나라 황제 푸이를 데려다 만주국을 세운다. 사실상 일제 괴뢰국가다. 애국가를 작곡한 안익태가 「만주찬가」를 작곡했다. 현제명도 만주 찬양 노래를 만들었다.

일제는 오족협화를 내세워 만주국을 홍보했다. 만주국 관료 양성학교인 대동학교, 군관양성을 위한 군관학교를 세웠다. 최규하 대통령 권한대행이 대동학교 출신이고 박정희·정일권이 만주군관학교 출신이다.

중국 인민들은 만주국을 위만(僞滿: 가짜 만주), 위국(僞國: 가짜 나라)이라고 불렀다. 만주 침략을 국제사회가 규탄하자 일제는 국제연맹을 탈퇴했다. 그래서 전 세계에서 일본제국, 히틀러(독일), 무솔리니(이탈리아) 등만 만주국을 승인하고 대다수 나라는 만주국을 인정하지 않았다.

만주란 말은 가짜라는 의미로 통용된다. 영어 사전을 찾아보면 만주변호사는 안 나오지만 만주후보는 나온다. Manchurian Candidate를 영어 사전에서 찾으면 만주후보로 해석이 나오는 것이 아니라, "(어떤 조직이나 외국 기관 등에) 세뇌받은 사람, 꼭두각시"라는 해석이 나온다.

내란수괴 윤석열과 그의 추종세력 전광훈 및 극우 유튜버 조직의 세뇌를 받고 그 지지세력에 얹혀 있는 김문수 후보는 사실상 만주후보라고 부를 수 있다. 특히 중국에서는 일제 통치를 수용하고 협력하는 자들을 한간(漢奸)이라 불렀다. 우리는 매국노(나라를 팔아먹는 노예)라 불렀다. 일본제국의 한일강제병합을 사실상 수용하고 대한민국 임시정부를 부정하고 식민지 근대화론을 주장하는 세력들과 뜻을 같이하는 김문수 후보는 만주후보라 부를 만하다.

이번 대선은 임시정부의 법통, 3·1 운동과 4·19 민주이념, 5·18 정신을 계승한 민주후보 이재명과 임시정부 법통 부정, 4·19에 의해 타도된 이승만 정부 계승, 역대 비상계엄 쿠데타 세력을 계승한 민주세력의 배신자 김문수 만주후보와의 싸움이라고 규정한다. [2025. 5. 24]

안철수 의원의 정치 행로

두 번이나 윤핵관에게 사기당한
안철수 의원의 위치는 어디로 흘러갈까?

2022년 2월 23일 20대 대선 운동 기간 중 윤석열의 단일화 제안을 거부했던 안철수 후보. 윤석열 같은 후보를 뽑는다면 일 년도 안 되어 손가락을 자른다는 말이 나올 것이라고 외쳤다. 다 잘라서 손가락 열 개가 남아 있지 않게 될 것이라며 완주 의사를 표시했다.

당시 이재명 후보 상임 선대위원장이었던 나는 이재명 후보와 협의하여 안철수 후보와 직간접적으로 소통했다. 이재명 후보와 단일화하면 과기부총리로 임명하여 과학기술 분야에 전권을 주려고 했다. 이 후보와 합의했다.

간절한 메시지를 보냈다. 검찰 출신으로 과학기술이 뭔지, RE 100이 뭔지도 모르는 후보(윤석열)와 학습 능력과 행정 경험으로 검증된 후보(이재명) 가운데 누가 안철수 후보님의 과학기술 강국 대한민국 꿈의 실현을 뒷받침할 수 있겠냐고 호소했다. 술꾼을 뽑을 것인가? 일꾼을 뽑을 것인가?

2022년 3월 2일 저녁 대선후보 마지막 방송 TV 토론회가 있었다. 안철수 후보가 그날따라 윤석열 후보와 같은 빨간 넥타이를 매고 나왔다. 께름칙했다. 설마했다. TV 토론이 끝나고 다음 날 윤석열 후보 지지 선언을 했다. 황당했다. 장제원 의원에게 납치당하듯이 끌려갔는지 장제원 의원 지인 집에서 단일화 합의를 했다고 한다.

손가락 자를 일은 일 년도 안 되어서 나타나기 시작했다. 윤석열이 당선되자 1등 공신이라 자처하며 인수위원장을 맡았다. 그것으로 끝이었다. 인수위 보고서에 담긴 안철수의 색깔, 과학기술 정책은 하나도 보이지 않았다. 실행이 안 되었다. 과학기술 R&D 예산 대폭 삭감으로 역행했다. 안철수는 용도 폐기되었다. 이준석도 토사구팽이었다.

윤석열은 과학기술부를 부총리급으로 승격도 안 했고 장관 임명도 안 해줬다. 전당대회가 있었다. 안철수 의원이 대표로 출마했다. 윤석열과 단일화하던 때를 생각하며 윤·안 연대를 주창했다가 용산으로부터 노골적인 비판을 받았다. 윤핵관 측에서 좌파라는 공격도 받았다. 철저하게 버려졌다.

윤석열이 내란계엄을 선포했다. 안철수 의원의 비상계엄 비판, 비상계엄 해제 결의, 탄핵 찬성은 그래도 최소한의 정치적 입장이 살아 있음을 확인해주었다. 평가를 해주고 싶다.

탄핵 이후 치러진 전당대회에서 당대표 선거를 했다. 안철수 후보는 또 출마했다. 윤핵관 시나리오, 한덕수 추대론과 이를 이용한 김문수 후보, 두 세력의 서로 간의 사기에 의해 전당대회가 왜곡되었다.

두 번이나 윤핵관에게 사기당한 안철수 의원은 사실상 탄핵을 반대하고 윤석열 세력에 얹혀 있는 김문수 지지에 앞장서고 있다. 급기야 이준석 의원에게 김문수 후보로 단일화하라고 설득하러 갔다고 한다. 안타깝다. 이준석 후보의 손가락까지 자르게 하려는 것인가. 안철수 후보가 홍준표·한동훈 후보의 입장도 못 따라간다. 김문수 대패 이후 안철수 의원의 위치는 어디로 흘러갈 것인가? 안철수의 새 정치는 이제 흔적도 없이 사라지지 않겠는가?

이준석 후보는 지난 대선 때 윤석열에게 굴복하고 대선에서 철수했던 안철수 후보보다는 정치 판단이 더 낫다고 본다. 그때는 0.73퍼센트 차로 이기기라도 했지만, 이번 선거에서 단일화한다고 김문수 후보가 이길 것이라 생각할 정도로 이준석 후보가 어리석지 않을 것이다. 이준석 후보가 사퇴하고 김문수 후보를 지지하더라도 패배할 것이고 이준석 후보는 양두구육 시리즈 2로 정치생명은 끝이 날 것이다. 이준석 후보는 이 정도는 알고 있다고 본다. 그나마 이준석 후보로 단일화되는 것이 이재명 후보와의 차이를 조금이나마 좁히는 가능성이라도 엿볼 수 있을 것이다.

안철수의 손가락은 Yuji되고 있는가? [2025. 5. 25]

이재명 후보의 헌법 개정 공약

헌법 개정이 안 되면 집권당은
대통령에게 끌려다니는 하청업체로 전락하기 쉽다.

이재명 후보가 헌법개정안 공약을 발표했다. 지난 2022년 대선 때 더불어민주당 대표였던 나와 이재명 후보가 합의했던 내용들이다. 가장 유력한 후보가 내년 지방선거 또는 2028년 23대 총선 때까지 헌법 개정을 약속한 것은 큰 의미가 있다고 생각한다. 환영한다. 공약사항을 하나씩 검토해보고자 한다.

1. 대통령 4년 연임제: 국민적 공감대가 있다. 임기 5년의 대통령이 지속 가능한 정책을 추진하기엔 시간이 짧다. 이재명 후보가 당선되어 연임하려는 것 아니냐는 비판이 있다. 헌법 제128조 2항에 "대통령의 임기연장 또는 중임변경을 위한 헌법 개정은 그 헌법 개정 제안 당시의 대통령에 대하여는 효력이 없다"고 규정하고 있다. 이를 논란의 소지가 없게 연·중임으로 명확히 하면 될 일이다.

2. 대통령 결선투표제: 반드시 도입되어야 한다. 이 제도가 도

입되었다면 지난 2017년 대선에서 홍준표 후보가 승리할 가능성이 있었다. 당시 득표율을 보면 문재인 41.08퍼센트, 홍준표 24.03퍼센트, 안철수 21.41퍼센트, 유승민 6.76퍼센트, 심상정 6.17퍼센트였다. 1, 2등인 문재인, 홍준표 양자대결의 진보·보수표를 기계적으로 합산하면 52.20퍼센트(홍준표+안철수+유승민) 대 47.25퍼센트(문재인+심상정)였다. 물론 기계적 합산은 실제와 다르겠지만 가능성은 크다.

반대로 2022년 20대 대선에서는 윤석열 48.56퍼센트, 이재명 47.83퍼센트로 0.73퍼센트포인트 차였다. 약 2.5퍼센트를 얻은 심상정 표를 합하면 이재명의 승리였다. 결선투표가 있었다면 안철수 후보도 야밤에 기습적으로 단일화할 필요가 없었을 것이다. 진보·보수세력 모두에게 출마 완주 기회를 주는 것이고 국민들은 사표 방지 심리에서 벗어나 마음에 드는 군소후보에게 자유롭게 투표할 수 있다. 프랑스는 대선은 물론 총선에서도 결선투표제를 도입하고 있다.

3. 감사원을 대통령 직속에서 국회로 이관한다. 이 공약은 대통령 당선을 눈앞에 둔 후보가 하기 쉬운 공약은 아니다. 윤석열 정권하에 최재해 원장, 유병호 총장의 감사원이 대통령의 손발이 되어 정치적 감사를 했던 기억을 상기해보라. 국민의힘이 야당이 된다면 얼마나 환영할 일인가? 국회의 예산결산제도가 껍데기가 되고 있다. 감사원이 국회 직속으로 되면 행정부 예산집행의 적정성을 독립적으로 감사하게 될 텐데 국민의힘이 이를 환영하지

않는 것은 이해가 안 된다.

4. 본인이나 직계가족 부정부패 관련 특검법 같은 경우는 대통령의 거부권 행사를 제한하겠다. 이것은 대선 패배 가능성이 높은 정당과 후보가 강력하게 주장해야 하는 조항 아닌가? 윤석열의 박정훈 대령 수사 외압, 이채양명주(이태원, 채수근, 양평고속도로, 명품 가방과 명태균 게이트, 주가조작) 특검법에 거부권 행사를 못 하게 하겠다는 것이다. 바꾸어 말하면 이재명 후보가 당선되면 본인과 처자식이 부정부패에 연루되었을 때 관련 특검법 통과 시 거부권 행사를 못 하게 하겠다는 것이다. 자신과 가족을 특검 조사 앞에 드러내겠다는 결단 아닌가?

5. 계엄 선포 이후 국회가 계엄 해제 결의를 못 하도록 군 병력을 동원한 윤석열 12·3 쿠데타 반란계엄을 방지하기 위해 계엄령이 24시간 이내 국회 승인을 받지 못하면 자동 효력을 상실하게 하자는 것이다. 이것 역시 대통령 권한을 당선 유력후보가 스스로 제한하겠다는 것이다.

6. 국무총리 추천제: 대통령이 총리 임명, 해임 권한은 유지하면서 국회 추천을 받아 임명하는 것으로 바꾸자는 것이다. 이 조항이 도입되면 간신 한덕수 같은 총리의 출현을 막을 수 있을 것이다. 현행 헌법상 총리는 대독총리, 의전총리, 국회에서 대통령 대신 국회의원들에게 매 맞는 총리다.

나는 문재인 후보 선대위 총괄 선대본부장으로 총리 국회 추천제를 문재인 대통령이 수용하기를 바랐다. 그러나 문 대통령은 총리 국회 추천제가 도입되었다면 이렇게 훌륭한 이낙연 같은 총리를 임명할 수 없었을 것이라고 했다. 실망스러웠다. 대통령은 불편할 것이다. 그러나 국회와 내각이 서로 협력할 수 있는 계기가 만들어져서 맨날 싸움만 하는 국회를 바꿀 수 있다. 비토권력으로만 작동하는 국회를 각 부처 장관과 협력하는 형성적 기능으로 바꿀 수 있다.

총리의 국무위원 임명제청권(헌법 94조)이 실질화된다. 책임총리제가 실현되는 것이다. 윤석열이 12·3 비상계엄을 발동하면서 국무회의도 열지 않고 총리·장관 서명도 받지 않은 반헌법적인 일이 불가능하게 될 것이다.

총리 국회 추천제와 이원집정부제, 내각책임제가 무엇이 다른가? 헌법 86조에 따라 대통령은 국회 추천을 받아 총리를 임명하지만, 대통령과 총리의 국정철학이 정책적 갈등을 빚을 경우 총리를 해임하고 국회에 재추천을 요구할 수 있다. 국무총리는 대통령의 명을 받아 행정 각부를 통괄한다는 점에서 원칙적으로 대통령중심제는 유지된다.

7. 공수처장, 검찰총장, 경찰청장 및 방통위원장, 인권위원장 등 핵심기관의 인사에 국회 동의를 구하는 것은 중요한 대통령 권한 통제다. 곧 야당이 될 국민의힘이 반대할 이유가 없는 것이다.

8. 5·18 민주화운동 헌법전문 게재는 여야 합의가 된 사항이므로 문제가 없다.

9. 검찰의 영장청구권 독점규정 폐지: 내가 가장 강조한 조항

이다. 검찰 범죄정권 권력 독점의 상징적 조항이다. 윤석열 내란 세력, 가족범죄단 범죄, 검사·판사들의 범죄 수사를 막는 독소조항이었다. 박정희 군사독재 개헌 때 들어간 조항이다. 압수·수색·구속영장 등의 청구를 검찰이 독점할 수 없도록 헌법에서 삭제하고 입법사항으로 넘겨야 한다.

10. 안전권, 생명권, 정보기본권 강화와 지방자치, 지방분권을 위한 헌법기관 신설은 큰 논란의 대상이 안 될 것이다.

11. 국회개헌특위를 통해 합의하여 2026년 지방선거, 2028년 국회의원 총선에서 국민투표로 의결하자는 것이다.

국회개헌특위에서 충분히 논의한 후 합의된 대로 내년 지방선거 때 개헌이 될 수 있는 것이다. 보통 집권 가능성이 부족한 후보가 대통령 권한 제한을 공약으로 제시했다가 당선되면 차일피일 미루는 것이 일반적이었다. 이 제안은 매우 전향적이다.

국민의힘은 무조건 비판이다. 국회의 견제 기능을 약화시킨다고? 반대다. 더불어민주당이 다수당이니까 다수당에 권력을 주는 방식으로 별 차이 없다고? 윤석열 정권은 집권당을 껍데기, 허수아비로 만들었다. 집권당 대표를 경험해본 나로서는 이런 헌법 개정이 안 되면 집권당은 대통령에게 끌려다니는 하청업체로 전락하기 쉽다고 본다.

국민의힘은 집권당으로 추경호 원내대표 등 사실상 내란계엄 해제결의를 방해한 부끄러운 행위에 반성해야 한다. 계엄에 반대하고 탄핵에 찬성한 자기 당대표를 윤석열의 사주를 받아서 몰아낸 국민의힘은 사실상 민주정당을 포기한 것이다. 헌법 제8조 2항과 4항 위반으로 정당해산 대상이라고 본다.

이재명 후보가 당선된다면 임기 내 3년 후 총선이 있다. 국민의힘은 다음 총선에서 다수당이 될 가능성을 스스로 포기하는 것인가? 총선 결과에 따른 국민 지지도에 비례한 권한을 갖는 것은 당연한 민주주의 원리가 아닌가? 김문수 후보는 국회의원 면책특권, 불체포특권을 포기한다고? 국민의힘은 야당이 되었을 때 이 주장을 유지할 자신이 있는가? [2025. 5. 26]

드디어 심판의 날, 내란세력 퇴장!

**이재명 후보와 모든 관계자는 0.73퍼센트 차로
승부가 결정될 수 있다는 자세로 최선을 다하시기를.**

5월 초 거소투표 신청을 했다. 아내와 변호사들이 5월 초 보석 결정이 될 거라 예상했지만 희망고문이었다. 작년 총선 때 옥중 출마를 했어도 보석 허가를 안 해주었다. 잔인한 처사다. 윤석열·명태균·김건희가 자유롭게 돌아다니는 TV 뉴스를 본다.

내일 5월 28일은 서울구치소 거소투표일이다. 서울구치소는 적정 수용인원이 2,500명인데 실제 수용인원은 3,500여 명이다. 전국 52개 구치소와 교도소에 5-6만 명이 수용되어 있다. 형이 확정되지 않은 나 같은 미결수는 피선거권과 선거권을 갖는다. 1년 이상 징역형이 확정된 사람은 선거권 행사를 못 한다.

재외국민투표가 실시되었다. 선상투표도 함께. 20만 명 이상 79퍼센트가 넘어서 투표율이 사상 최고라고 한다. 12·3 계엄을 보고 유럽, 미국, 중국 등지의 많은 동포가 수백 킬로미터를 비행하거나 차량으로 공관에 도착해 투표했다고 한다. 다시는 이런 황당한 계엄내란 상태가 발생하지 않도록 투표하러 왔다고 한다.

강렬한 심판의 열정이 느껴진다.

이재명 후보가 예상한 대로 김문수 후보와 국민의힘 의원들의 큰절 쇼가 진행된다. 선거 때 보이는 단골 메뉴다. 김문수 후보가 이재명 후보에게 입만 열면 방탄 이야기를 한다. 그동안 윤석열 검찰 범죄정권하에서 국민의힘과 권력자, 김건희 범죄패밀리는 방탄 수준이 아니라 핵우산, 아이언돔으로 보호를 받아왔다.

코바나컨텐츠 용역회사 직원 같은 심우정 총장·이창수 지검장 체제에서 집권세력은 아예 수사도 기소도 제대로 안 하고 송영길·이재명·조국 죽이기에 앞장서 있다. 압수·수색·구속영장 독점 청구권, 기소독점권이라는 핵우산과 아이언돔으로 자신들의 범죄 혐의는 방어하고 야당 비판·언론 죽이기에 앞장서온 것이다.

윤석열 파면 결정으로 압수·수색·구속청구 독점이라는 핵우산, 아이언돔이 조금씩 느슨해졌다. 경찰이 나섰다. 비화폰 서버도 압수되었다. 최재영 목사가 작년 내내 주장했던 김건희 오른팔 유경옥 행정관 집에 대한 압수수색이 이제야 이루어졌다. 건진법사 전성배가 잃어버렸다고 주장하는 통일교 측으로부터 받은 샤넬백 두 개(800만, 1,200만 원 상당) 영수증과 보증서가 확보되었다고 한다.

심우정·이창수·조상원·최재훈 검사 등에게 묻는다. 김건희 주변과 본인에 대해 압수수색 한 번 안 하고, 증거가 없어서 도이치모터스 주가조작 사건이 무혐의라고? 이러고도 당신들이 감히 불의에 맞서는 공익의 대표자인가?

드디어 심판의 날이다. 김문수와 국민의힘 의원들은 유세 연단에서 국민에게 큰절하는 쇼를 하지 마시기를. 무엇을 사죄한다는 말인가? 전광훈 목사 앞에서 원산폭격(머리를 박고 있는) 하는 모습으로 느껴진다. 심판을 피할 수 없다.

서울구치소 수용자들 대부분의 분위기도 내란세력 심판이다. 나라를 망가뜨린 내란수괴 윤석열이 서울구치소에 수감되었다가 두 달도 안 되어 구속 취소 석방되었다. 분노하지 않을 수용자들이 있겠는가?

겸병필승(謙兵必勝)이다. "겸손한 병사는 필승한다." 이재명 후보와 모든 관계자는 0.73퍼센트 차로 승부가 결정될 수 있다는 자세로 최선을 다하시기를. 지난 21일 특별면회를 온 김민석 최고위원과 강득구 의원에게 말했다. 절대 겸손, 박빙 승부 자세로 마지막까지 최선을 다해주시길. [2025. 5. 27]

나의 표 한 장이 대한민국을 지킵니다

광주 5·18 정신이 대한민국 헌법 전문에 명시되는 날을 위해 우리 모두 투표해주시길 호소드립니다.

국민 여러분, 광주시민 여러분.

5월 28일 저는 서울구치소에서 거소투표를 합니다. 내일부터 사전투표입니다. 모두 참여해서 전 세계에 민주공화국 대한민국 민주주의의 힘을 보여줍시다.

국민의 신임을 배신한 윤석열, 민주화운동의 대의를 배신하고 TK육법당(육사 박정희+서울법대 윤석열)의 사냥개가 된 김문수, 김대중·노무현의 대의를 배신한 이낙연 등이 계엄 내란세력에 대한 국민의 심판을 피하려고 안간힘을 쓰고 있습니다.

이번 선거는 김문수와 이재명의 대결이 아닙니다. 인기투표가 아닙니다. 김문수 후보가 입만 열면 이재명 후보 독재, 방탄, 괴물 정권이라고 떠듭니다. 적반하장입니다. 지금의 내란 범죄를 제대로 심판하지 않고 어떻게 미래의 독재, 괴물을 막을 수 있겠습니까? 윤석열·전광훈 같은 괴물 반란 쿠데타 세력을 추종해온 김문수 후보의 말이 안타깝습니다.

계엄군의 폭력·살인에 맞선 광주시민의 항쟁이 있었기에 12·3 내란을 막아낼 수 있었습니다. 이번 선거는 자신과 배우자 김건희의 범죄를 은폐하기 위해 대통령 직위를 남용해 계엄령 발동으로 국민과 헌법을 배신한 윤석열과 그 아바타, 후원세력을 심판하는 선거입니다.

국민의힘은 이재명 독재 정권, 괴물 정권을 떠듭니다. 내년 지방선거에서 국민들이 평가할 것입니다. 윤석열 괴물 정권을 만든 자들이 미래 괴물을 떠들 때가 아닙니다. 지금의 괴물을 확실히 심판하는 것이 미래 괴물을 막는 일입니다.

윤석열은 거부권 남발, 검찰 조직 사유화를 통해 자신과 배우자 측근들의 비리 수사를 막기 위해 압수·수색·구속영장 청구 독점권과 기소할지 말지 마음대로 결정할 수 있는 기소독점권을 남용해왔습니다. 국민과 국회의 진상규명을 막기 위해 방탄을 넘어 핵우산, 아이언돔처럼 치외법권을 만든 세력들이 야당을 향해 방탄을 이야기할 자격이 있나요?

반성도 하지 않은 전두환 살인마를 제대로 처벌하지 않고 사면해준 후과가 큽니다. 반란수괴가 지귀연 판사와 심우정 검찰총장의 야합으로 풀려나서 불구속재판을 받고 있습니다. 윤석열과 같은 서울구치소에 수감되어 있을 때 느꼈던 최소한의 위로가 무너졌습니다. 이번 6·3 선거는 다시 윤석열을 감옥으로 보내는 선거입니다. 실세 대통령 놀이를 하며 온갖 탐욕을 부려온 김건희를 감옥으로 보내는 선거입니다.

작년 4월 총선 때 광주 서구에 옥중 출마를 했지만 보석 기각으로 시민들을 만나지 못했습니다. 이번 대선 기간 때도 저 송영길은 입틀막 상태로 갇혀 있습니다. 제가 할 수 있는 것은 옥중 서신을 쓰는 일뿐입니다.

국민 여러분, 광주시민 여러분.

빛고을 광주의 5·18 정신이 수많은 국민의 응원봉 빛의 혁명으로 승화했습니다. 이제 종지부를 찍을 때입니다. 윤석열 검찰 세력의 암 종양과 전이 암세포를 제거할 방사선 치료가 시급합니다. 우리 모두 투표에 참가하여 빛의 혁명을 완수합시다.

서울구치소 안에서도 만나는 사람마다 눈빛에서 윤석열 내란 세력 심판의 결기가 느껴집니다. 미국, 유럽, 중국 등 재외국민의 의지 79.5퍼센트가 전달됩니다. 다시는 윤석열 괴물 검찰 범죄세력의 대한민국 농단을 용납하지 않겠다는!

국민 여러분, 위대한 광주시민 여러분!

광주 5·18 정신이 대한민국 헌법 전문에 명시되는 날을 위해 우리 모두 투표해주시길 호소드립니다. [2025. 5. 28]

이완용과 이재명

1909년 이완용을 처단한 이재명 의사,
2025년 윤석열과 내란세력을 심판할 이재명 후보,
빛의 혁명을 완성하다.

이번 선거는 김문수 후보와 이재명 후보의 선호 투표 경쟁이 아니다. 대한민국 헌정질서 파괴를 시도한 윤석열과 그의 추종세력을 심판하고 민주공화국을 회복하는 선거다. 이재명은 본인의 말처럼 국민의 열망을 대변하는 머슴이며 도구다.

대한제국 멸망의 최후 순간이 다가오기 직전인 1909년 12월 22일, 명동성당에서 벨기에 황제 추도식에 참석하러 온 이완용 대한제국 내각총리대신의 옆구리를 24세의 평안도 출신 애국지사 이재명이 칼로 찔렀다. 총으로 처단했어야 했는데, 옆구리 2회, 등을 1회 찔린 이완용은 일제의 최고 의료진 수술로 살아난다. 결국 한일강제병합을 주도하고 나라를 판 대가로 백작 작위와 15만 원(현재 가치 30억)을 받고 부귀영화를 누리다 1926년 69세 나이로 추한 인생을 마감했다.

사실상 일본 우익정권의 조선 총독 역할을 해온 윤석열. 3년 집권기간 동안 경제·외교·안보·사회·문화 모든 분야를 망가뜨린 무능한 범죄가족 사기정권이다. 윤석열·김건희 정권의 호위무사를 자처하고 광화문 서북청년단 같은 세력들의 하수인이 되어 나선 민주화운동·노동운동의 배신자 김문수, 윤석열의 아바타를 심판할 시간이 다가오고 있다.

6월 3일은 굴욕적인 한일회담 반대 투쟁에 맞서 위수령이 발동되었던 역사적인 날이다. 1909년 이재명 의사와 2025년 이재명 후보. 공교롭게 동명이인이다. 한자도 '李在明'으로 같다. 암흑의 일제 침략, 암흑의 윤석열 검찰 범죄 시대를 끝내는 광복, 즉 빛의 혁명의 완성이다. 밝을 명(明)이라는 이름처럼 빛을 회복해야 한다. 3·1 운동, 4·19 혁명, 5·18 정신을 계승하여 6·3 모든 국민이 총단결하여 내란세력 복귀를 차단하고 윤석열·김건희를 구속하고 내란세력을 정의의 심판대에 세우기 위해 모두 투표장으로 모이기를 간절히 기도한다.

이완용을 처단했던 이재명 의사는 1910년 5월 18일 경성지방법원에서 사형선고를 받고 9월 30일 사형집행되었다. 당시 이재명 의사 나이 24세였다.

경시청 일본 순사가 이재명 의사에게 물었다.

"공범이 있는가?"

이 의사가 답한다.

"무슨 공범이 필요한가? 공범이 있다면 2,000만 우리 동포가 모두 나의 공범이다!"

김문수 후보가 당선된다면 윤석열은 사면되고 부활할 것이다.

대한민국은 한없는 분열과 혼란의 나락에 빠지게 될 것이다. 상하이 홍커우공원의 윤봉길 의사(25세), 이재명 의사(24세) '이대남'들이 나라를 구하는 제단에 목숨을 바쳤다.

이재명 후보! 역사의 무게를 견디어내길! [2025. 5. 29]

나의 한 표가 세상을 바꾼다

서울구치소의 모든 미결수와 1년 이하 징역을 받은 사람은 자유·비밀투표를 했다.

'입틀막'이 감옥이다. '옥'은 한자로 獄이다. 이리(犭)와 사나운 개(犬)와 같은 권력기관이 국민의 말(言)을 가둔 것이다. 몸(身)이 아니라 말(言)을 넣어 한자를 만든 철학이 엿보인다. 작년 총선에 이어 이번 대선에도 평생 정치를 통해 국가와 민족에 봉사해왔다고 자부하는 송영길의 입이 막혀 있다. 옥중서신이 유일한 창구다.

28일 오전 거소투표를 했다. 내란세력을 진압할 후보에게 소중한 나의 한 표를 찍었다. 서울구치소의 모든 미결수와 1년 이하 징역을 받은 사람은 자유·비밀투표를 했다. 김문수 후보가 존경하는 이승만·박정희 시대에는 군인, 경찰, 공무원은 물론이고 교도소 등에 자유·비밀투표는 있을 수 없었다. 사실상 이승만·이기붕·박정희만 찍을 수밖에 없는 공산당식 투표였다. 그것도 부족하여 고무신·막걸리표, 피아노표, 빈대표, 투표함 바꿔치기, 득표율 할당, 4할 투표, 유령투표 등 모든 부정선거 방법이 총동원된 것이 이승만·박정희 시대였다.

저녁에 뉴스를 보니 김문수 후보가 3·15 의거 희생자 김주열 군 묘소에 참배하는 모습이 보였다. 고 김주열 군. 전북 출신으로 마산상고에 시험 보러 마산에 가서 합격 발표를 기다리다 시위에 휩쓸려 실종되었다. 김주열 군은 경찰이 쏜 최루탄이 얼굴에 박힌 채 사망했는데, 마산 앞바다에서 시신으로 떠오른 것이다. 한 사명감 있는 기자의 잠복 취재로 그 참혹한 사진이 전국에 보도되었다. 6월 항쟁 때 이한열 군의 모습이었다. 4·19 혁명의 도화선이 되었다.

그 김주열을 죽인 부정선거 원조 이승만과 청출어람 박정희를 세계적 지도자로 찬양한 김문수 후보가 김주열 군 묘소를 참배하면서 무슨 생각을 했을까? 세계적인 선거관리 시스템을 자랑하는 대한민국에서 야당 후보 윤석열을 당선시켜준 선거관리위원회를 부정선거 주범이라고 중국 간첩설 등을 주장하는 무리들, 전광훈 목사 같은 자들에게 정신적 지배를 받고 있는 김문수 후보가 사전투표를 한다고 한다. 그것도 나의 정치적 고향, 인천 계양구에서.

계양구 선거관리위원회는 믿을 만한가? 세계적으로 많은 사회학과 학생과 학자가 윤석열·김문수 후보의 심리를 연구 대상으로 삼을 것이라 본다. 석사·박사학위 논문 소재가 될 것이다. 권성동 국민의힘 원내대표가 지적한 '그 알량한 후보'의 자리 유효기간이 나흘 앞으로 다가왔다. 나의 한 표가 세상을 바꾼다! [2025. 5. 31]

전사(戰士)의 길을 간 시인 김남주

안중근 · 이봉창 · 윤봉길 등 수많은 선배들이 불꽃처럼 싸우다 스러져간 역사를 생각하며 저 자신을 돌이켜봅니다.

선배님, 책 잘 받았습니다. 대단하십니다. 선배님의 탁월한 글에 감탄합니다. 이런 분을 지금까지 모르고 살았던 것이 반성이 됩니다. 김남주 시인을 재조명 · 창조하는 느낌입니다. 솔직히 남민전하면 뭔가 가까이 가기엔 위험한 느낌이었습니다. 한 번도 김남주 선배를 직접 볼 기회가 없었습니다. 왜 한 번 찾아보지 않았을까 돌이켜 보게 됩니다. 한 번 책을 읽고 다시 줄 그어놓은 부분을 읽으면서 노트에 필사를 했습니다.

1월 8일 제가 재구속된 이후 일기를 열여덟 권 쓴 것 같습니다. 시(詩) 「노래」가 쓰여진 배경을 읽고 시구를 보니 눈물이 쏟아지네요. 감옥에서 한번씩 노래를 불러봅니다. 제가 좋아했던 노래이기도 하고요. 박형선 선배와 나누었던 이야기도 회상됩니다.

박석무 선생님께 자주 들어왔던 김남주 선배의 모습이 상상됩니다. 담살이, 깔담살이라는 말은 처음 들었습니다. 해남 쪽 방언인 모양이지요? 고흥에서는 이런 말을 들어본 적이 없어서 김남주 선배의 까무잡잡한 얼굴에 유난히 흰 이를 드러내고 환하게 웃는 사진이 뇌리에 박혀 있었는데 다시 보게 되네요.

2014년 베이징에서 1년 동안 칭화대 방문학자로 있을 때가 생각납니다. 베이징의 해질 녘 불그스레한 배경에 264, 이육사의 베이징 감옥을 생각하며 뮤지컬 '안중근'에 나오는 「영웅」이라는 노래를 박찬대(현 민주당 원대대표)가 불러주었던 때가 생각납니다.

김남주 선배는 2164였군요. 1985년 서대문구치소에 구속되었을 때 저의 수번은 4025였습니다. 지금도 안 잊혀집니다. 김대중 대통령이나 김남주 선배 모두 펜과 종이가 허용이 안 되었군요. 그래도 당시 저는 펜과 종이가 있었습니다. 은박지에 칫솔 같은 펜이 아닌 이런 좋은 종이에 플러스펜으로 편지를 쓸 수 있다는 것이 새삼 감사합니다. 안중근 의사에게는 붓과 종이가 제공되어 『동양평화론』은 물론 수많은 글씨와 휘호를 남긴 것을 생각해보면서 제가 당시 김남주 선배 석방운동 등에 너무 무심했구나 돌이켜 봅니다. 1945년 10월 16일은 소련과 미국 점령군의 동선과 일치하는 날입니다. 1972년 10월 17일 유신독재 선포일과도 하루 차이네요. 시골에서 벼뿐만 아니라 아이들도 천수답으로 길렀다는 표현에 무릎을 쳤습니다. 팬티도 없이 아래가 터진 내복을 입고 돌아다녔던 어린 시절이 떠오릅니다.

남녘의 기둥, 그동안 제가 김남주를 부분, 파편적으로 알다가 선배님을 통해서 김남주의 삶을 꿰안게 되네요. 예순이 넘어 감옥에 들어와서 새롭게 김남주 시인을 만나게 되는 것 같습니다.

'외갓집 가는 길'이 그 묘한 느낌을 잘 표현해주셨네요. 하대성 선생의 세계사 수업은 저희 광주 대동고 시절 박석무 선생님의 영어 수업을 연상시킵니다.

"산은 무등산 내가 일어서면 만파가 일어난다"(『김남주 평전』, 다산책방, 105쪽).

중봉에만 올라가도 남녘의 산들이 무등산을 향해 줄지어 서 있는 느낌이었습니다.

요즘 TV에서 국악소녀들의 소리꾼 경합을 그린 「정년이」라는 드라마를 재미있게 보고 있습니다. 「서편제」를 1992년 대선 패배 이후 보면서 한없이 울었던 생각이 나네요.

"나는 김남주의 시낭송에서도 임방울의 목울대에서 흘러나오는 쇳소리를 듣는다"(103쪽)는 문장이 공감이 됩니다. 허유-허백련 집안의 허신득이란 분이 대동고 교감선생님이었습니다. 합수 윤한봉의 형 윤광장 선생님이 저의 고등학교 기술선생님이었으니, 윤한봉·김남주 모두 윤광장·박석무 선생님을 통해 어렸을 때부터 익히 들어왔던 이름입니다.

천경자는 고흥 출신이라 익히 들어왔지만 오지호 화가는 처음 듣습니다. 김현승도 그러하고요. 모르는 게 많네요. 현대판 실학자 박석무. 정확한 표현입니다. 곳곳에 박석무 선생님 말투 그대로 쓰여 있이서 나무 반가웠습니다. 신생님께서 얼마 전 면회를 와서 격려해주셨습니다. 고재득 선배님과 박석무 선생님의 5·27 데모도 선생님께 들어서 잘 알고 있습니다. 6·3 그날의 함성이

60년이 지난 이번 6·3 대선에서 폭발하기를 기대합니다.

"박 선배는 말 그대로 인류의 정신사를 망라한 백과전서에 방불했다"(122쪽)는 표현도 딱 맞는 묘사라는 생각을 합니다. 저도 31사단에서 3주짜리 실역미필훈련을 받았는데 김남주 선배도 실역미필훈련을 받았군요. 저는 아버님이 면서기였습니다. 저를 방위병으로 빼보려고 노력하셨지만 저는 어차피 학생운동으로 구속을 각오하고 있었기 때문에 신체검사 당시 제대로 검사를 받아 현역 판정이 났던 기억이 납니다. 김정길 선배님은 자주 뵈었는데 책에서 자주 언급되네요. 제 아내가 황토현을 둘러보고 동학농민혁명군들의 넋을 생각하며 꿈속에서 통곡을 했다고 하는데 그때 저의 심정과 김남주·이강 선배가 청송녹죽 가슴에 꽂히는 죽창의 시구를 떠올릴 때 모습과 연결이 됩니다.

전봉준 장군의 절명시, "時來天地皆同力 運去英雄不自謀 愛民正義我無失 爲國丹心誰有知"(시래천지개동력 운거영웅부자모 애민정의아무실 위국단심수유지, 때를 만나서는 천지가 모두 힘을 합치더니 운이 다하매 영웅도 스스로 도모할 길이 없구나. 백성을 사랑하고 의를 세움에 나 또한 잘못이 없건마는 나라를 위하는 일편단심 누가 알아줄까)가 생각납니다. 우금치 마루에서 죽창을 들고 개틀링 기관총알에서 사냥당하듯 쓰러져간 원혼들을 생각합니다.

저도 북성중을 졸업했습니다. 박석무 선생님이 대동고 오시기 전에 북성중에 계셨다고 하니 참 인연이 깊습니다.

"나는 내가 인간이라는 사실에 혐오를 느꼈다. 나는 나 자신을 저주했다"(186쪽).

1973년 3월 김남주 선배가 경찰서 지하에 끌려가 고문당한 경험을 서술해놓은 것이 저에게도 다가옵니다. 저는 1986년 4월 30일, 당시 안기부 남산 지하실에 끌려갔습니다. 한 달 동안 두들겨 맞고 회유당하고 팬티까지 벗겨놓고 사진을 찍었습니다. 한강에서 시체로 떠오르면 식별하기 위해 나체사진을 찍는다는 말에 공포에 떨었던 생각이 떠오릅니다.

폴 발레리가 언어를 가리켜 '육체에 깃든 신'이라고 표현한 이유는 무엇인가요? 궁금하네요.

"그대는 타오르는 불길에 영혼을 던져보았는가"(216쪽).

'연탄재'의 시가 생각나기도 합니다.

한홍구 선배가 기록한 인혁당 일곱 명과 여정남에 대한 사형선고와 사형집행은 끔찍한 사법연쇄 살인현장을 생생하게 재현시켜주는 것 같습니다. 서도원, 김용원, 이수병, 우홍선, 송상진, 여정남, 하재완, 도예종. 이름을 다시 부르며 명복을 빕니다.

카프카의 「변신」처럼 요즘 인기 있는 노래가 「나는 반딧불」입니다. 나는 하늘의 빛나는 별인 줄 알았는데 자기가 벌레라는 것을 깨달았다는 노래. 밖에 나가면 들어보고 싶습니다.

"시는 아무 말이나 쓰면 안 돼. 허공에다 대고 아무 소리나 지껄이는 말이 멋있으면 뭐하고 이쁘면 뭐한나냐"(254쪽).

박석무 선생님의 생생한 말투, 표정까지 살아나는 것 같습니다.

"조선의 창호지에 먹물을 듬뿍 머금은 것 같은 하늘, 그 시커먼 하늘과 땅 사이로 역시 비를 잔뜩 머금은 바람이 낮고 무겁게 불고는 했다"(269쪽)는 선배님의 해남 풍경 묘사가 탁월합니다. 만해 한용운 선생의 시 「알 수 없어요」 가운데 "지리한 서풍 끝에 몰려가는 무서운 검은 구름의 터진 틈으로 언뜻언뜻 보이는 푸른 하늘은…"이라는 시구가 연상되는 묘사입니다. "해남의 흙냄새와 갯내가 고여 있었다"라는 표현도 감칠맛이 납니다.

"당시 비판적 지식인의 상징이었던 김수영의 시에는 사실 민중과 대지의 숨결이 없었다." "말하자면 이성적으로는 땅을 디딜지라도 그의 몸에는 땅 냄새가 배지 않은 것이다"(287쪽).

꼭 저의 한구석을 지적하는 느낌입니다.

"김준태는 전라도 개땅쇠들의 생체험이 살아 있는 언어를 가진 시인이었다"(287쪽).

김준태 시인의 「아! 광주여」라는 시는 지금 저의 가슴을 뚫고 지나가는 청송녹죽의 죽창 같습니다.

김현장, 윤한봉의 인생 후반기가 어떻게 마무리되었는지 모르겠네요. 행보가 좀 이상했다는 이야기를 들은 것 같습니다.

최권행 선배는 윤한봉 선배의 「예성강」 노래를 "역사에 접신하는 무당의 신들린 모습, 진정한 가객의 모습이었던 것 같기도 하다"(295쪽)고 묘사했지요. 멋진 표현입니다.

이해찬 총리와 조계선 선배가 가까웠군요. 더불어민주당 전당대회 당시 이해찬 선배와 경선했을 때가 생각이 납니다. 그다음 전대 때 조계선 선배를 만나 도움을 부탁했던 일도.

김남주와 이학영 선배의 관계를 이 책을 보고 알았네요. 같이 의정활동을 했지만 길게 이야기를 나누어볼 기회가 없었습니다. 저는 학생운동을 했지만 김근태 선배와 우원식, 이인영 의원 등이 주도하는 민평연과 잘 어울리지 못했습니다.

'한미 FTA 협상'과 관련하여 의견 차이가 있었었고, 김근태 선배가 연기금 주식투자 비율확대 문제에 비판적이어서(보건복지부 장관 시절) 반론을 제기한 적이 있습니다.

당시 주가지수가 680 정도였는데 연기금 주식투자 비율이 4퍼센트에 불과했습니다. 저는 최소한 25퍼센트 비율로 확대를 주장했습니다. 지금 주가지수가 4000이 넘어가니 그때 비율을 늘렸다면 하는 아쉬움이 큽니다. 지금은 50퍼센트를 돌파했다고 하네요. 구좌파 패러다임(Old left paradigm)을 극복해야 한다는 생각이 강했습니다. 이학영 선배의 언급을 보니 그동안 같이 국회에 있으면서 밥 한 끼 같이 안 먹어본 것이 아쉽다는 생각이 듭니다.

김남주 선배의 길은 전사의 길인 것 같습니다.

"전사는 해방된 이후의 세계가 가져다줄, 그것이 긍정적인 대상이든 부정적인 대상이든 '전리품'에 관심을 가져서는 안 된다" (326쪽).

이 말에 공감합니다. 안중근·이봉창·윤봉길 등 수많은 선배들이 불꽃처럼 싸우다 스리져간 역사를 생각하며 저 자신을 돌이켜 봅니다. 체 게바라처럼. 잿더미처럼.

남민전 판결문을 한번 읽어보려고 합니다. 좀더 이해를 해보기 위해서요. 저는 주체사상을 김정일이 중소분쟁 과정과 6·25 실패 이후 책임전가 등 56년 헝가리 부다페스트 소련군 진압, 68년 체코 프라하의 봄을 짓밟은 소련과 바르샤바군 탱크 침략을 보면서 조선을 자기들 나름대로 보전하기 위한 이데올로기로 만들었다는 생각이 듭니다.

북이 선전하는 타도제국주의동맹이 항일투쟁 과정에서 생겼다는 것은 과장이라고 봅니다. 저는 백두산 밀영, 정일봉 등을 돌아보았습니다. 김정일이 백두산 밀영에서 태어났다는 것은 신화로 구성한 것 같습니다. 주체사상을 대중동원 이데올로기로 이해할 수 있지만 이를 신봉한다는 것은 이성의 포기이자 자유의 포기라고 생각합니다. 퍼스컴 시대의 CPU를 제거하고 김일성 가족의 CPU에 연결되는 모니터로 자기를 격하시키는 자유에서의 도피라는 생각이 듭니다.

민주주의 없는 민족주의는 파시즘의 변용으로 가기 쉽다는 생각입니다. 감옥에서 스탈린과 히틀러에 대한 책을 많이 읽게 됩니다. 동전의 양면 같습니다. 나중에 선배님과도 나누고 싶은 대화 주제 중의 하나입니다.

저는 노회찬 선배와 함께 인민노련에서 활동했습니다. 나중에는 자주적으로 독립해서 택시·버스·화물 등 운수노동자운동을 하다가 89, 90 동구권 붕괴를 경험하고 한 달 동안 소련·헝가리·체코·폴란드·에스토니아 등을 돌아보고 와서 "What is to be done. 무엇을 할 것인가? Что делать" 같은 팸플릿을 썼던 것이

엊그제 같습니다.

김남주 시인과 박광숙 님의 연애사는 영화 같네요. 나가게 되면 박광숙 여사님, 아들 김토일 군도 만나뵙고 싶네요. 김남주 선배 살아계실 때 못 찾아뵌 것에 반성이 됩니다. 김남주 선배의 9년이 넘는 감옥생활 묘사를 보면서 면회 한 번 못 가고, 편지 한 장, 영치금 한 푼 보내지 못한 저의 부족함·무심함에 또 반성이 됩니다.

박석무 선생님께서 김남주 선배의 시에 대해 한마디 하셨다는 말씀이 저에게도 죽비와 같네요.

"남주야, 계백, 견훤, 정여립, 전봉준이 어떻게 살았냐? 김천일, 김덕령, 고경명, 광주학생독립운동 다 봐라. 지고도 일어나고, 망하고도 살아나고, 이 장렬한 혼이 호남정신이여. 이것이 남녘의 기둥이여. 뜨거운 혼이 살아서 움직여야지 역사를 좀 안다는 놈이 글을 그렇게 쓰면 되냐?"(404쪽)

박석무 선생님 모습이 그려집니다.

"김남주의 시는 대지에 서 있는 것 자체로 자유로움이지. 김수영도 신동엽도 김지하도 모두 그걸 위해 싸웠지만, 그 자유를 향하여 전 존재를 내던진 자, 사적 소유로부터 멀찍이 벗어나버린 자, 개인적 욕망을 아예 포기한 자만이 다다를 수 있는, 자아를 완벽하게 연소했을 때 나오는 하얀 불꽃, 말 그대로 백열하는 불꽃을 보여주지 못했다. 당연히 1980년대는 김남주의 출현으로 비로소 광주민중항쟁의 시대에 맞는 정신적 높이와 문학적 호흡을 확보하게 된 셈이다"(418-419쪽).

탁월하네요, 선배님의 분석이. 공감합니다. 저는 김형수란 분이 평전을 써주지 않으셨다면 김남주를 이렇게 재조명할 수 있었을까 생각해봅니다.

『윤상원 평전』도 선배님이 쓰셨는가요? 5·27 새벽 도청에 사망한 분들을 모아서 선배님이 평전을 써주셨으면 하는 생각이 듭니다. 한강 작가가 쓴 소설 『소년이 온다』로 문재학 군을 다시 부활시켰던 것처럼 선배님의 열정과 역사의식과 광주와 전라도의 붉은 흙이 배어 있는 묘사가 저의 심금을 울립니다.

선배님도 판·검사라 하지 않고 검·판사라고 쓰시네요. 우리 시골 어르신들께서는 판사보다 검사가 앞이었습니다. 권력의 핵심이었고 사법절차는 검사가 주도했으니까요. 윤석열 정권 때는 아예 검사들이 권력을 잡아 국가를 유린했습니다. 검찰 범죄정권이었습니다.

판사들은 검사들이 주도하는 사법절차의 들러리였습니다. 최후변론 때도 이야기하려고 합니다. 판사들이여! 검사가 주도하는 사법절차의 종속적인 지위를 탈피하라! 검·판사 시대를 사법부의 시대로. 검사는 판사와 대등한 존재가 아니라 피고인과 대등한 당사자이고 판사는 심판자임을 명심하게 만들어야 한다는 생각입니다. 검사는 준사법기관이 아니고 행정기관에 불과합니다. 검찰 범죄정권과 정면으로 싸워오면서 제가 전사가 된 느낌입니다. 오죽했으면 제가 '정치검찰 해체당'을 창당했겠습니까?

모두들 검찰의 캐비닛 별건수사가 무서워 숨죽이고 있을 때 죽으면 죽으리라는 각오로 싸워왔습니다. 지난 2년의 세월이 주마등처럼 흘러갑니다. 2023년 4월 24일, 소위 돈봉투 사건이 보도되면서 프랑스에서 귀국했습니다. 그로부터 3년이 다 되어갑니다.

윤석열을 파면시키고 6·3 대선 승리가 되면 일단락이 정리될 것 같습니다. 저는 감옥에 있지만 배가 부릅니다. 별로 나가고 싶은 생각도 없습니다. 윤석열이 서울구치소에 들어오는 것을 보고 나가고 싶습니다. 감옥에 왔기 때문에 선배님을 알게 되고 빅토리노 윤공희 대주교님에 대해서도 깊게 알게 되고 드디어 김남주 시인의 생생한 날것, 살아 있는 언어들을 다시 맛보게 되었습니다.

우리 광주의 젊은이들이 대부분 그러하겠지만 저 역시 5·18이 저의 인생 화두였습니다. 5월 27일 새벽, 송영길 너는 윤상원 선배와 함께 총을 들고 도청을 사수할 수 있겠는가? 도망가지 않고 도청을 지킬 수 있는가? 다시 그런 상황이 온다면.

친구 전영진(시몬)의 죽음을 생각합니다. 말수도 없고 조용한 친구였는데 시민군에 참여했다가 죽었습니다. 해마다 영진이 묘소를 찾습니다. 이번 12·3 내란 계엄 때도 제일 먼저 국회로 달려가 계엄군 총구 앞에 설 수 있었던 것도 광주 5·27 때문이었습니다. 다시는 도망가지 말자. 더불어민주당 대표가 되어 5·18 묘지를 참배할 때 탱크의 총구 앞에 홀로 선다는 각오로 분향을 했습니다.

6·3 선거 이후 나가게 되면 꼭 연락드리고 찾아뵙겠습니다. 좋은 책 『김남주 평전』 쓰시느라 고생했습니다.

"김남주의 시들은 그때마다 그날의 율동을 멈추지 않는 '동사'의 형태로 남아 있을 것이기 때문이다. 나는 확신한다. 김남주의 시들은 머지않은 날에 또 다른 형태로 맞게 될 미래의 이정표로서서 우리가 필요할 때를 기다리고 있을 게 틀림없다"(431쪽).

저도 확신합니다. 저의 어머니는 광산 김씨, 할머니도 광산 김씨, 벌교 회정과 순천 승주 외서에서 태어났습니다. 소설 『태백산맥』의 주무대입니다. 여순을 겪었습니다. 어머니는 저의 손을 잡고 무등산 충장사에 들르곤 했습니다. 무등산 호랑이 김덕령 장군께 절을 시켰습니다. 광산 김씨 외할아버지라고. 이순신 장군의 오른팔 송대립·송희립 형제 장군이 저의 조상입니다. 왜놈들과 처음 맞섰던 동래부사 송상현! "戰死易假道難"(전사이가도난, 싸워 죽는 것은 쉬운 일이지만 길을 빌려줄 수는 없다)이라 외치면서 싸우다 돌아가신 충장공이 여산 송씨 할아버지입니다.

어머니가 저에게 부탁한 말이 생각납니다.

"영길아, 엄마가 여순사건 때 보니 똑똑하고 잘난 청년, 오빠들이 다 빨갱이로 몰려 죽임을 당하더라. 긍께 니도 노동운동을 해도 좋은디 빨갱이로 몰려 죽지 않으려면 변호사 자격을 따서 했으면 쓰것다."

변호사가 되었지만 빨갱이가 아니라 정치자금·돈봉투 사건으로 이렇게 정치탄압을 받아 구속되어 있네요. 그러나 변호사로서 판례를 연구하고 기록을 검토하고 끝까지 싸워서 항소심, 대법원까지 가서 무죄판결을 받을 수 있도록 최선을 다하겠습니다.

"김수영과 신동엽이 이르지 못한, 절정기의 김지하가 보여준 가공할 만한 야만과 맨몸으로 대결하는 '역사적 신화'가 있었다. 반면에 김수영에게는 김남주의 대지가 없었고, 신동엽에게는 언제나 살아 숨 쉬는 세계를 손에서 놓치지 않으려는 김남주의 '치열한 전투'가 부족했으며, 김지하에게는 민중의 대지에서 걸러지는 넉넉한 섬김의 자세가 결여돼 있었다"(541-542쪽).

탁월한 평론입니다. 2002년 노무현 대선 승리 후 더불어민주당 의원들 세미나에서 노무현 당선의 의미를 발표한 바 있습니다. 왜 서울법대 장기표, 서울상대 김근태, 서울문리대 이부영 등이 대통령이 안 되고 부산상고 노무현이 되었는가. 왜 서울대, 연대, 고대 총학생회장 출신들 전대협 등이 대통령이 안 되고 검정고시 소년공 출신 이재명이 되는가? 운동권 엘리트주의의 껍질과 허위의식이 살아 있는 민중의 함성과 외침 속에 소통하지 못한 점이 있기 때문이라고 생각합니다.

하느님께 감옥으로 저를 인도해주신 것에 감사를 드리고 있습니다. 감옥생활을 통해 저 자신을 단련시키고 반성하며 껍질을 깨가고 있습니다. DJ 이후 좌우 보수진보를 막론하고 영남 출신이 주도하고 있는 정치판에서 김남주의 날선 살아 있는 함성과 시가 저 자신에게 죽비처럼 내리치는 느낌입니다.

선배님의 좋은 책 추천해주시기 바랍니다. 김옥처럼 훌륭한 독서실이 따로 없네요. 너무 말이 많았습니다. 감사드립니다. [2025. 6. 1]

이재명 후보의 승리를 예견한다

이재명 대통령과 국민주권 시대를 연
국민 모두와 함께 축하와 기쁨을 나누고 싶다.

2022년 3월 9일 저녁 출구조사 발표날이 생각난다. 국회의원회관 대강당. YTN에서 이재명 후보의 승리를 예상했다. 환호가 터졌다. 왼쪽에 앉은 추미애 장관과 기쁨을 나눈 후, 오른쪽에 있는 이낙연 총리를 바라보았다. 눈빛을 보고 놀랐다. 그의 눈에서 나라가 무너지는 절망감, 허탈감이 느껴져서 섬뜩했다. 나 혼자만의 느낌은 아니었을 것이다. 같은 서울법대 후배 윤석열이 패배할 리가 없다는 뜻이었을까? 그날 밤 윤석열 지지자들의 함성을 들었다.

3년이 지났다. 이재명이 0.73퍼센트 차로 패배했으니 이번에는 7.3퍼센트 차 이상으로 이기길 바란다. 눈물이 난다. 감격스럽다. 윤석열 정권 3년 동안 이재명과 송영길이 검찰 범죄 정권의 압수·수색·구속·기소에 시달렸던 세월이 주마등처럼 스쳐 지나간다.

대선 기간 단 하루라도 내란세력 심판을 위한 활동을 하고자 보석을 기대했지만 지난 총선 때처럼 선거운동 마지막 날까지 석방되지 못했다. 잔인한 처사다. 감옥에서 기쁜 소식을 듣는다. 혼자서 만세를 부른다.

이재명 국민주권 정부의 1호 법안 공조는 내란 특검법이어야 한다. 윤석열 정권은 비상계엄 내란 이전에 3년 동안 집권하면서 정치·경제·외교·국방 모든 국정을 망가뜨린 역대 최대 무능 부패 정권이었다. 이런 무능한 정권이 3년이나 유지될 수 있었던 뿌리는 윤석열·한동훈 특수부 검찰 범죄세력의 하수인들이 검찰을 장악하고 있었기 때문이다. 압수·수색·구속·기소 독점권으로 공포정치를 해왔다. 캐비닛 별건수사 위협으로 여야 정치인, 언론, 기업 등을 통제하고 입틀막 사회를 만들었다.

마침내 심판의 길이 열렸다. 심우정 내란 동조세력이 하는 검찰의 백신 수사를 중단시켜야 한다. 국수본과 공수처의 수사가 추진되는 동안 내란 특검법을 신속하게 통과시켜야 한다. 적폐청산의 명분으로 검찰에 의존했던 문재인 정부의 과오를 반복해서는 안 된다.

현재 우리나라 모든 악의 뿌리는 일부 특수부 검찰의 범죄 카르텔이다. 이들은 수사기관이 아니라 공작기관이다. 수사의 주체가 아니라 수사 대상이다. 더불어민주당은 신속히 특검법을 통과시켜야 한다. 이재명 국민주권정부의 국민통합 기초는 반란세력 진압과 정치검찰 해체에 있다.

이재명 대통령과 국민주권 시대를 연 국민 모두와 함께 축하와 기쁨을 나누고 싶다.

2025년 6월 3일 저녁

(이재명 후보의 승리를 예견하며, 6월 2일 미리 전합니다.)

3대 특검법 국무회의 통과

전폭적으로 환영한다.
감격스럽다.

드디어 특검법이 국무회의를 통과하고 이재명 대통령이 공포했다. 전폭적으로 환영한다. 감격스럽다. 윤석열이 내란계엄 선포를 하면서 자유민주 헌정질서 수호 운운했지만 실제는 본인과 김건희 특검법 통과 위험을 차단하기 위해 발버둥 쳐온 모습이 밝혀지기를 기대한다.

3년짜리가 겁도 없이 날뛰었다. 윤석열·김건희 범죄 패밀리 3년, 대통령 놀이 기간 동안 나라가 망가졌다. 6월 6일 현충일에 지극히 정상적으로, 현충일에 딱 맞는 품격 있고 절제된 이재명 대통령의 추념사를 구치소 독방에서 시청하면서 나라가 정상으로 돌아가기 시작한다는 안도감이 들었다.

국민을 상대로 눈을 부라리며 반국가세력 척결을 입에 달고 살던 괴물을 보지 않게 되어 너무 다행스러운 마음이다. 『조선일보』가 집권당이 왜 수사기관을 놔두고 굳이 특검을 하는지 사설을 썼다.

"더불어민주당이 야당도 아니고 정권을 잡았고 검·경 간부들은 정권의 뜻에 가장 먼저 맞추는 사람들이다. 그런 점에서 사상 처음으로 정권이 주도하는 이번 특검은 실질적 수사 결과를 원하는 것인지, 아니면 특검이라는 정치적 무대장치가 필요한 때문인지 알 수가 없다."(2025년 6월 6일 사설)

『조선일보』다운 시각이다. 실질적 수사를 위함이다. 심우정·이창수 등 윤석열 검찰 범죄정권의 하수인이자 주역으로 각종 수사 방해, 직권남용, 직무유기에 내란공범 혐의 등 검찰 주요 간부들이 수사 대상이기 때문이다.

박정훈 대령에 대한 1심 무죄 선고 이후, 공소취소는커녕 대선 직전 공소장 변경까지 시도한 군검찰도 수사 대상이다. 김건희의 차고 넘치는 의혹과 증거를 외면하고 코바나컨텐츠 용역직원, 로펌 변호사를 자처하며 범죄를 은폐하고 직무를 유기하고, 공익의 대표자로서 검사의 사명을 배신한 심우정·이창수·조상원·최재훈 등을 수사해야 한다.

그러나 주의할 것이 있다. 철저히 특검법과 형사소송법, 규칙을 준수한 적법수사를 해야 한다. 유능한 특검과 특검보, 검사를 차출해야 한다. 같은 구치소에 갇혀 있어 접견 과정에서 오가다 마주치게 되는 박영수 특검(박근혜 당시 특검)을 보면서 만감이 교차한다.

박근혜 전 대통령 재판 당시 화려한 언론플레이로 윤석열·한동훈 등이 증거를 조작하고 박근혜 전 대통령을 실제 잘못 이상으로 부풀려 기소권을 남용했던 전철을 밟지 않아야 한다. 철저히 증거에 기초하여 정확한 수사를 해서 법정에서 입증될 수 있도록 최선을 다해주길 기대한다. 권력을 만끽하다 몰락해가는 박영수·윤석열·한동훈을 반면교사 삼아야 한다. [2025. 6. 12]

최재영 목사의 명품백 폭로사건

그동안 싸워온 최재영 목사님을 떠올린다.
우리 모두 최재영 목사님의 헌신을 잊지 말고
힘을 모아주시길 바란다.

2022년 대선 선거운동 때 마이크를 들고 외쳤다.

"국민 여러분! 술꾼을 뽑으시겠습니까? 일꾼을 뽑으시겠습니까?"

이재명 대통령이 취임한 지 일주일밖에 안 지났는데도 국민 모두가 술꾼과 일꾼의 차이를 실감하고 있다.

정책에 대한 논의나 국가현안 등에 대한 이야기는 이해를 못해 쪽지를 보고도 제대로 읽지 못하던 윤석열, 술 먹을 때나 먹는 이야기에는 눈이 반짝이던 윤석열, 술에 취해 아침에 제대로 출근도 못 하고 부산 EXPO 유치를 위해 파리까지 가서 술에 취해 프레젠테이션 현장에도 늦었던 술꾼이었다.

이재명 대통령은 김밥을 먹으면서 격의 없이 국무위원들과 대화하고 토론하고 현장을 뛰어다니면서 일하는 모습이 인상적이다. 이것이 정상적인 대통령의 모습이다. 일꾼의 모습이다. 3대 특검법이 통과·공포되었다. 검찰청 폐지 법안이 제출되었다. 너무 잘하고 있다. 박수를 보낸다. 김용민 의원에게 특히 격려를 보낸다. 신속하게 집중적 토론을 통해 처리해야 한다.

김건희 특검법 공포를 보고 생각나는 분이 최재영 목사다. 서슬 퍼런 검찰 범죄정권의 '입틀막' 시대에 파열구를 내기 시작했던 일이 박정훈 대령의 채수근 상병 사망 수사외압 사건과 최재영 목사의 김건희 명품백 폭로 사건이었다.

미국 국적을 가진 최재영 목사는 민족의 화해와 협력, 평화를 위해 평생 일해온 분이다. 선지자 나탄의 심정으로 고향 후배인 김건희의 반성과 회개를 촉구했다. 대가는 가혹했다. 출국금지가 되어 2년 넘게 가족과 못 만나고 있다. 김건희는 무혐의 처분하고 고발한 최재영 목사는 압수수색 수사로 온갖 누명을 씌워 기소했다.

작년 12월 3일 비상계엄 내란 당시였다. 검찰은 아침부터 서울의소리와 최재영 목사 오피스텔을 압수수색했다. 나는 급히 현장에 변호사 자격으로 입회했다. 최 목사 오피스텔에 들렀다. 가슴이 먹먹했다. 내가 갇혀 있던 서울구치소 독방을 보는 듯했다. 내 키로 눕기도 어려운 좁은 오피스텔에서 고정된 수입도 없이 라면을 끓여 먹으면서 광야의 선지자처럼 거리에서 싸워온 것이다.

윤석열이 부정선거, 반국가세력 척결, 자유민주주의 수호를 외쳤지만 실제로는 김건희의 범죄 혐의를 은폐하기 위한 동기였다고 본다. 그 증거가 비상계엄 당일 오전 서울의소리와 최재영 목사 오피스텔을 압수수색한 것이다.

나는 그날 저녁 서울경찰청에서 시행된 최재영 목사 압수물에 대한 핸드폰과 노트북 포렌식 절차에 변호사로 참관했다. 참관을 마치고 나오는데 윤석열의 비상계엄 발표 뉴스가 나왔다. 그 순간 바로 아내의 차를 타고 국회로 갔다. 제일 먼저 도착할 수 있었다.

특검법 공포를 보면서 그동안 싸워온 최재영 목사를 떠올린다. 박정훈 대령은 더불어민주당과 조국혁신당이 항상 거론해주고 특검법도 통과되고 1심 무죄판결도 나와 그나마 다행이다. 최재영 목사는 상대적으로 외면받고 있다. 지금도 수 건의 기소로 재판받으며 고생하고 있다. 우리 모두 최재영 목사님의 헌신을 잊지 말고 힘을 모아주시길 바란다.

최재영 목사에 대한 부당한 공소 제기, 박정훈 대령에 대한 기소 등 이재명 정부하에서 공소취소 처리가 되기를 바라는 마음이다. [2025. 6. 13]

리박스쿨에서 RE100스쿨로

우리도 금융·기술·설계·부품 개발에 박차를 가해야 한다. 재생에너지 투자공사를 만들어 선도해야 한다.

'평화와 먹고사는 문제연구소'는 내가 참여하고 있는 싱크탱크다. 이 싱크탱크의 도움으로 많은 의원과 함께 기후변화 대응, 재생에너지 지역균형발전, 확정분양가 아파트 공급(누구나집 프로젝트) 등을 추진해왔다. 이재명 정권이 선거 때부터 먹고사는 문제를 중시하고 먹사니즘을 제시했다. 평화와 경제, 싸우지 않고 이기는 새로운 남북관계를 제시했다. 전폭 환영 지지한다.

오늘은 6·15 남북공동선언 25주년 기념일이다. 역대 최악의 남북관계가 이재명 정부 출범으로 변화가 기대된다. 남북 간 풍선, 확성기 방송 상호 중단을 시작으로 대화가 재개되기를 희망한다. 헌법 제69조 대통령 취임에 대통령은 "조국의 평화적 통일을 위하여" 노력하도록 명시되어 있다.

윤석열은 2년 동안 평화를 조롱해왔다. 윤석열은 자신과 배우자의 범죄 은폐를 위해 비상계엄 발동을 하면서 북한의 공격을 유도한 정황이 밝혀졌다. 특검을 통해 철저히 밝혀지기를 기대한다. 윤석열은 평화통일은커녕 전쟁 유도, 군사적 긴장 강화와 정치적 이용에 몰두해왔다.

이재명 대통령이 취임한 뒤부터 모든 국가기관의 기능이 헌법정신에 맞게 정상으로 돌아오고 있다. 러시아-우크라이나 전쟁에 이어서 이스라엘과 이란의 상호 공격을 보면서 평화가 얼마나 소중한지 새삼 깨닫게 된다. G7과 트럼프와의 회담을 통해 북미·남북관계 돌파의 새로운 변화 계기를 만들어가기를 간절히 기원해본다.

너무 덥다. 3층 독방에 갇혀 있어 1, 2층에 비해 더 덥다. 창문이 너무 좁다. 쇠창살이 바람 소통을 막는다. 어제 부산에는 121년 만에 최대 폭우가 쏟아졌다고 한다. 이번 여름도 뉴스에서는 사상 최대 물난리·폭우·폭염이라는 단어가 도배할 것이다. 지난 최대 산불처럼 전 세계가 몸살을 앓고 있다.

산업혁명 전 지구의 평균 온도는 13.9도였다. 2015년 유엔 파리기후협정에서 85년 뒤인 2099년에 1.5도 상승을 예상했다. 그런데 9년 만인 2024년에 1.5도를 넘었다. 평균 온도 16도를 향해 가고 있다. 인간의 체온이 1.5도 이상 오르면 격리 대상이다. 지구 생명체는 850만 종이다. 멸종이 급속히 진행 중이다. 산호초는 죽어가고 쌓여 있는 쓰레기와 미세플라스틱은 우리 몸에, 바다와 공기에 쌓여가고 있다. 지구와 인류는 죽음의 길로 달려가고 있다. 세계정부가 부재한 상태에서 5년, 4년짜리 정권이 50-100년 후의 미래를 보는 정책을 수립하기는 쉽지 않다.

지난 대선 때 RE100이 무엇인지 모르는 윤석열이 대통령이 되었다. 인류나 지구의 미래까지는 아니라도 내년부터 유럽연합 탄소국경세(CBAM)가 실행되는데 이렇게 재생에너지 산업을 도외시한 윤석열 정권을 보면 어이가 없다. RE100 회원사 재생에너지 조달률 평균이 53퍼센트라고 한다. 중국 59퍼센트, 일본 36퍼센트인데 한국은 12퍼센트로 OECD 국가 중 최저다.

이런 상태에서 RE100을 요구하는 나라에 물건을 수출하려면 재생에너지 생산과 계통전력을 혁신해야 한다. 안 그러면 첨단산업들이 RE100 공급이 원활한 나라로 생산시설을 옮기게 될 것이다. 베트남이 엄청나게 긴 해안선을 이용해 해상풍력 강화로 재생에너지 생산에 박차를 가하고 있다. 삼성, SK, LG 등 첨단기업들이 베트남으로 이동하지 말라는 법이 없다.

트럼프 정부도 5월 20일 중단시켰던 뉴욕 해상풍력 발전산업을 재개했다. '엠파이어 윈드 프로젝트'로 불리는 뉴욕주 해상풍력은 30퍼센트 공정에 25억 달러가 투자되었다. 오하이오·텍사스·사우스캐롤라이나 등 23개 주가 이 프로젝트의 부품과 서비스를 공급하는 공급망으로 연결되어 프로젝트 중단 시 산업 피해가 발생하기 때문이다.

대선 TV 토론에서 해상풍력 투자를 말하는 이재명 후보에게 이준석 후보가 블레이드, 터빈 등 중국 제품 의존을 지적했다. 반중국 정서에 편승했다. 그렇다고 방치하면 우리 산업은 더욱 외국에 종속된다. 윤석열 정부가 재생에너지 사업을 무시하고 범죄

시한 결과를 보자. 세계적인 태양광 패널 선도업체인 한화큐셀이 2023년 12월 충북 음성 공장(연간 3기가와트 생산 규모, 1,800명 고용)을 미국으로 이전했다.

2024년 12월 현재 한국 정부가 허가한 풍력 사업 83개 중 77개 92.8퍼센트를 미국과 유럽연합 자본인 맥쿼리, 블랙독, 덴마크 오스테드, 노르웨이 에퀴노르가 주도하고, 파이낸싱도 100퍼센트 해외 자본이 차지하고 있다. 우리 기업은 하청 수준이다. 늦었다. 우리도 금융·기술·설계·부품 개발에 박차를 가해야 한다. 재생에너지 투자공사를 만들어 선도해야 한다.

재생에너지 생산 못지않게 중요한 것이 계통전환, 유연성이다. 지금 전국적으로 34기가와트에 달하는 신재생 설비가 계통접속을 기다리고 있다. 원전 30기에 달하는 설비로 전기를 만들었는데 한전에서 접속을 못 해줘 전기를 팔지 못하고 있다. 무효전력을 최소화해야 한다. 이재명 후보의 에너지 고속도로가 계통전환으로 구체화되어 어디서 재생에너지를 생산하든 신속하게 연결되도록 해야 한다. 계통전환 없는 생산이 출력 제한, 수용 불가, 전기 폐기로 이어지는 어처구니없는 상황을 초래하고 있다.

국내 그리드 연결과 종국적으로 손정의 회장이 고비사막의 풍부한 태양자원으로 재생에너지를 생산하여 동북아시아를 하나의 전력망으로 연결하는 슈퍼그리드의 꿈을 제시했다. 대통령 직속 북방경제협력위원장 시절 나는 도쿄를 방문해 손정의 회장을 만나 유럽처럼 동북아 슈퍼그리드의 꿈을 공유한 바 있다.

대한민국은 더 이상 개도국이 아니라 선진국이다. 후발자 이익이 상실되었다. 이승만·박정희 모델은 한참 지난 일이다. 전두환·노태우 때 시작된 반도체·IT 산업이 김대중 정부의 초고속 전산망으로 대한민국을 IT 강국으로 만들었다. 김대중 정부는 무엇보다도 문화 개방·검열 폐지 등으로 K-콘텐츠 한류의 기초를 만들었다. 독재정권이 할 수 없는 일이다.

이승만은 비상계엄을 다섯 번, 박정희는 세 번 했다. 부정선거, 독재모델, 저임 노동자들의 노동력을 짜내서 대량생산으로 선진국을 쫓아가던 때의 이승만·박정희의 모델과 정신으로는 세계를 이끄는 선진국이 될 수 없다. 김문수·전광훈·국민의힘 탄핵 반대파들과 그 지지자들은 미몽에서 깨어나 계몽되길 바란다.

AI 시대, 양자컴퓨터, 우주공학, 핵융합발전, 초전도 상용화 시대를 선도해가야 하는데 RE100을 모르고 화석연료 시대에 갇혀 리박스쿨에 목을 매는 세력이 할 수 있겠는가?

김대중·노무현 정권이 시작하여 발전시켜온 핵융합발전(Fusion Power), 인공태양, 핵폐기물이 없는 꿈의 에너지 시대를 이재명 정부가 선도해가기를 기원한다. 재생에너지의 간헐성 한계를 ESS(에너지 저장장치)로 보완하는 데 한계가 있다. 지금은 재생에너지가 원전, SMR과 연합하여 화력발전부터 폐쇄하고 종국적으로 인공태양(K-STAR) 핵융합에너지 시대를 선도해야 한다.

나는 파리 경영대학 방문교수 시절 프랑스 프로방스에 건설되는 30조 원 규모의 ITER를 다녀왔다. 한국, 미국, 중국, 인도, 러시아, 일본, 유럽연합 등이 참여하는 초국가적 미래산업이다. 핵분열로 에너지를 얻는 원전은 방사능 핵폐기물 문제로 지속 가능하지 않다. 태양에너지처럼 핵융합을 통해 핵폐기물을 발생시키지 않는 꿈의 에너지 개발에 공감한 것이다.

한국이 이 건설을 주도하고 있다. 나는 200여 명의 한국 엔지니어를 대표하는 분들과 간담회를 가졌다. 핵융합에너지를 선도하는 나라가 지구를 구하고, 탄소중립 사회를 이뤄 기후위기를 돌파하는 세계 강국이 될 것이다. 융합의 상징 비빔밥의 나라 대한민국, K-컬처 문화강국 대한민국이 'Fusion Power', 핵융합에너지 선도국가가 되기를 꿈꿔본다. 이재명 정권 5년이 대한민국 미래 먹고사는 문제 해결의 토대를 만드는 시기가 되어야 한다. 나 역시 최선을 다해 노력할 것이다. [2025. 6. 15]

백령도를 홍콩처럼 국제자유무역구로

백령도를 비자 프리, 관세 면제,
자유무역의 섬으로 만들자.

「직녀에게」라는 노래는 "이별이 너무 길다. 슬픔이 너무 길다"로 시작한다. 1950년 한국전쟁을 통해 확인한 것은 남과 북 모두 전쟁으로 통일할 수 없다는 것이다. 적화통일, 멸공통일이라는 좌우 극단세력으로 다시 전쟁이 발생해서도 안 된다는 것이다. 전쟁은 지옥이다. 모든 악의 근원이다. 피에 굶주린 짐승 같은 보복과 반격의 악순환을 다시 시작해선 안 된다. 더구나 핵무기를 포함한 무서운 가공할 만한 미사일 등의 무기를 가지고 전쟁이 시작되면 민족의 전멸이다.

접촉과 소통을 통한 상호 간 변화가 필요하다. 만나야 변화가 가능하다. 모든 사물과 생명은 상호 영향을 미친다. 우리는 5,000년 단일민족을 자랑한다. 분단 80년이 되었다. 한 세기가 지나기 전에 변화를 만들어야 한다. 대한민국 헌법이 평화통일의 임무를 대통령과 국회 그리고 모든 국민에게 부여했다.

독일 총리 앙겔라 메르켈이 1960년대 동독의 아찔한(?) 농담을 소개한 적이 있다. 동독 국무회의 의장 발터 울브리히트가 연인을 무릎에 앉힌 채 안락의자에 앉아 소원을 물었다. 그녀는 베를린 장벽을 열어달라고 했다. 울브리히트는 환하게 웃으며 대답했다.

"앙큼한 것, 여기에 우리 둘만 남자는 거지?"

베를린은 동·서독 국경에서 100킬로미터 이상 떨어진 동독 지역 안에 위치한다. 1945년 5월 8일 독일 패망 후 미·소·영·프는 베를린을 분할 점령했다. 1960년대까지 동·서 베를린을 오가는 전차가 운행되었다. 당시 동독 서기장 발터 울브리히트는 동베를린을 탈출하여 서베를린으로 가는 동베를린 시민의 이동을 막기 위해 소련에 장벽 건설을 요청했다. 1945년부터 1961년까지 380만 명이 동독을 탈출했다.

소련의 니키타 흐루쇼프는 1953년 3월 5일 스탈린 사망 후 당 서기장을 맡아 베를린 장벽 건설을 반대하며 호언장담했다.

"위대한 공산주의 기치 아래 날로 발전하는 동독의 위용을 보고 자연스럽게 서독 사람들이 동독으로 몰려올 것이다."

그러나 계속되는 동독인들의 서독 탈출에 1961년 8월 13일 유명한 베를린 장벽을 건설했다. 모든 이동이 극히 제한된 경우에만 허용됐다. 총 155킬로미터 길이의 장벽이다. 휴전선 155마일과 유사하다.

그러나 동·서독 상호 간 우편물 교환, TV 시청, 제한된 방문 등은 허용되었다. 결국 1989년 11월 10일 금요일 새벽 베를린 장벽이 붕괴되었다. 1990년 3월 18일 동독 내에서 인민의회 의원을 선출하는 직접·비밀·보통의 자유선거가 실시되었다. 보수당인 기독교민주당이 40.8퍼센트로 제1당이 되었다. 공산당 계열은 6.3퍼센트에 불과했다. 1990년 8월 23일 동독 인민회의는 1990년 10월 3일 자로 동독의 독일연방공화국 기본법 체제 편입을 의결했다. 마침내 독일이 통일되었다.

해방 이후 처음으로 남북 정상이 평양에서 만나 2000년 6월 15일 공동선언을 발표했다. 이 산물로 개성공단과 금강산 관광이 열렸다. 경의선·동해선 철도 연결, 시베리아 가스관·전기·통신 연결 등이 논의되었다. 그러나 1994년 제네바 합의, 2005년 9·19 선언은 네오콘의 방해와 북의 반발로 무너지고 북핵문제 악화로 모든 것이 중단되었다. 너무 아쉽다.

문재인 정부 때 기적 같은 남북정상회담, 북미정당회담이 세 차례나 열렸지만 존 볼턴 등 네오콘과 일본의 방해로 무산되었다. 남북관계, 북미관계가 최악으로 치달았다. 바이든-윤석열 체제하에서 남북, 한중, 한러 관계는 최악으로 되고 한·미·일 군사협력은 강화되었다.

문재인 정부 때 개성공단을 복원시키지 못한 아쉬움이 크다. 현금과 달러 대신 쌀과 밀가루로 월급을 주더라도 방안을 찾았어야 했다. 반전의 기회를 만들이야 한다. 드럼프 체제와 이재명 정권에서 새로운 변화를 모색해야 한다. 대북 확성기 비난 방송과 오물풍선 날리기 등이 중단되었다. 좋은 징조다.

2010년 내가 인천시장 시절 백령도 천안함 이후 발상의 전환을 해보았다. 안보와 경제를 동시에 달성하는 방안을 고민했다. 백령도를 비자 프리, 관세 면제, 자유무역의 섬으로 만들자는 방안이다.

백령도에 수산시장, 건어물시장을 만들어 중국의 불법어로를 합법적 시장거래로 전환해보자. 중국·동남아·일본인들의 비자와 관세를 면제해주어 관광·레저 섬을 만들어보자. 나중에 특별법을 만들어 북한 주민도 자유롭게 물건을 사고팔도록 해보자는 꿈이다. 시진핑-박근혜 한중정상회담에서 이 계획이 거의 실현될 뻔했다. 중국 옌타이 룽옌항에서 백령도까지 운행하는 페리 취항도 협의했다. 마지막 단계에 보이지 않는 손의 방해로 좌절되었다.

이재명-트럼프 정상회담 성공을 기원한다. 이재명-시진핑 정상회담 성공을 기원한다. 분단 80년, 이재명 정권 5년 동안 북미간의 외교적 진전, 남북관계 돌파구가 만들어지기를 간절히 염원한다. 이 중요한 시기에 다섯 살짜리 어린아이가 총을 들고 있는 것처럼 비정상적인 윤석열이 대통령의 자격으로 트럼프와 만났다면 무슨 일이 벌어질까? 생각만 해도 끔찍한 장면이다. 분단 80년, 6·25 전쟁 75주년, 다시는 이 땅에 전쟁이 발생하지 않기를 간절히 기도, 염원한다. [2025. 6. 17]

김건희의 우울증 입원

범죄 혐의가 있으면 출석 요구·조사하고 불응하면 체포영장을 발부해야 하는 것이 당연하지 않은가.

윤석열 반란수괴가 심우정 검찰총장의 내란 방조 등으로 풀려났다. 김용현·노상원 등 반란 주범들이 구속기간 종료로 풀려날 모양이다. 한술 더 떠 검찰의 출석 요구에 차일피일 불응하던 김건희가 특검이 출범하자 우울증으로 병원에 입원했다고 한다.

이런 뉴스를 보고 있는 국민이 우울증에 걸릴 것 같다. 더운 날 독방에 갇혀 파리, 모기에 무더위에 잠 못 이루는 나는 옥중서신을 쓴다.

나도 지난 1월 8일 재구속되어 5개월 넘어 6개월로 가는 중인데 보석 결정이 나지 않고 있다. 나는 돈봉투 특가법(제3자 뇌물) 무죄 1심 선고로 형사소송법 제95조에 의해 필요적 보석 대상이다. 내란죄는 필요적 보석 대상이 아니다.

나는 지난 1심 때 기소되어 2주에 3회씩 법정 심리가 열렸다. 구속된 상태에서 변론을 준비하기가 힘들었다. 그런데 지귀연 재판부는 여유만만이다. 2주에 1회, 1주에 1회 재판 진행이 느슨하기 이를 데 없다고 한다. 검찰도 마찬가지다. 매번 재판정에 예닐곱 명의 검사가 나와서 수백 페이지 의견서에 PPT까지 만들어서 온 힘을 집중했다. 온갖 별건수사 기소로 나를 얽어매려고 발버둥 쳤다.

이런 하이에나 같은 검찰이 내란세력들에게는 순한 강아지처럼 보인다. 윤석열 탄핵 인용으로 영부인도 아닌 김건희 피의자에게 검찰은 여전히 애완용 강아지처럼 "제발 한 번 나와서 조사받아주세요"라고 아양을 떨고 있다.

특검이 발족하니 우울증이 걸렸다고? 조국 전 장관의 부인 정경심 교수는 구속되어 4년 이상을 살았다. 수백 번의 압수수색 기소로 고생한 이재명 대통령과 본인도 기소당하여 재판을 받은 김혜경 여사는? 3년째 자기 집과 주변 사람들에 대한 100여 번의 압수수색·수사·기소에 두 번이나 구속된 남편을 매일 울면서 면회 오는 내 아내는? 윤석열 때문에 구속된 군인과 경찰들의 사모님들의 눈물을 한번 생각이나 해보았는가?

MBC 뉴스를 저녁에 보니 앵커와 기자가 민중기 특검에게 김건희 대면조사를 할 가능성이 있냐고 묻고 아마도 그렇게 될 것이라는 대답이 뉴스가 되고 있다. 황당하다. 범죄 혐의가 있으면 출석 요구·조사하고 불응하면 체포영장을 발부해야 하는 것이 당연하지 않은가? 대면조사를 할 것인지 여부가 뉴스가 되다니. 우리 국민 중 이런 특혜를 받는 사람이 누가 있는가?

즉각 병원 관계자를 조사하고 진단서 등을 체크하여 꾀병 여부를 조사하라. 감옥에 구속되면 김건희의 우울증은 치료된다. 김건희의 우울증은 영부인으로 비행기 타고 호화 쇼핑, 공짜 외국여행하며 대통령 놀이했던 시절과 현실의 간극에서 발생했을 것이다. 감옥에 들어오면 현실이 파악되고 냉정하게 자신을 돌아볼 수 있다.

김주현 민정수석과 심우정 총장은 특수관계다. 검찰, 대검, 법무부 세 번에 걸쳐 김주현 수석이 상급자로 심우정을 키워왔다. 김건희 소환조사 원칙을 강조한 이원석 총장 후임으로 심우정을 총장으로 추천한 사람도 김주현으로 추정된다. 이런 자들이 2024년 10월 10일과 10월 11일 두 차례에 걸쳐 비화폰으로 10여 분씩 통화를 했다고 한다. 안부 인사, 정책·행정 문제를 상의하려고 했다는데 황당한 변명이다.

바로 그 직후 10월 17일 김건희 무혐의 처분이 결정되었다. 윤석열·심우정 검찰의 사망선고일, 자폭의 날이었다. 이후 12·3 내란 때 검찰과 윤석열 내란세력의 공모 흔적과 정황증거들이 나오고 있다. 특검이 밝혀야 한다. 심우정이 윤석열을 늦장 기소, 구속취소 후 항고·즉시항고 거부로 내란행위 부역자임을 드러냈다. 즉각적 특검 수사가 필요하다.

2024년 10월 17일 김건희 무혐의 결정을 주도한 심우정·이창수·조상원·최재훈 검사에 대한 철저한 수사가 기대된다. 박세현 고검은 김건희에 대한 백신 수사, 알박기 기소를 중단하고 모든 것을 특검에 넘기기 바란다. 당신들은 수사 주체가 아니라 수사 대상이다. 진짜 수사가 아니라 특검 수사를 방해하는 백신 수사다. 정권이 바뀌어도 태세 전환을 재빨리 못할 정도로 윤석열 검찰 범죄정권하에서 한통속이 되어왔던 것이다.

내란계엄 때 판사 이름을 특정하여 체포 지시를 하고, 노태악 대법관이자 중앙선관위원장을 체포하여 몽둥이로 협박하려 했다는 사실이 밝혀져도, 서부지방법원을 난입하여 불 지르고 윤석열 구속영장 발부 판사를 체포하려는 난동을 보고도 대법원장의 강력한 메시지가 하나도 없었다. 지귀연 판사 등의 내란죄 심리 진행을 보면 느슨하고 안이하기 이를 데 없다. 이러다가 김용현 등이 주장하는 검찰청법 4조 2항 위반으로 공소기각 판결이 나올 가능성이 크다.

나는 김용현이 국수본 체포를 피해 검찰청 차장과 통화하고 자진해서 새벽에 검찰에 출두할 때부터 의심했다. 심우정과 지귀연 판사가 궁합을 맞추어 윤석열을 풀어주었듯이, 검찰과 지귀연 재판부가 공소기각 판결로 김용현 등을 풀어줄 가능성이 크다고 본다.

특검은 이런 가능성까지 고려하여 철저한 수사와 기소·공소유지를 통해 내란계엄이 어떻게 처벌되는지 보여주기를 기대한다. 김건희의 신속한 수사와 구속기소를 통해서 전 국민의 우울 증세가 해소되기를 기대한다. [2025. 6. 18]

김건희의 녹취록과 이정근의 녹취록

윤석열·김건희 관련 녹취록은 밝혀놓은 것들도 은폐했던 검사들이, 이정근 녹취록을 이용하여 정치적 보복수사를 한 것이다.

6월 18일 김건희 수사 재개 54일 만에 서울고검이 미래에셋을 수색해서 김건희와 증권사 직원 간의 대화 녹음 파일 수백 개를 확보했다고 한다. 김건희가 도이치모터스 주가조작으로 23억 정도 시세차익을 얻은 사실, 전체 통정거래 102건 중 48건에 자신과 모친 최은순의 계좌가 이용된 사실은 권오수 등의 재판에서 확정되었다.

핵심은 김건희가 이들과 사전공모했는지 인지 여부였다. 그런데 위 녹취록에서 일임매매 대가로 수익의 40퍼센트를 받기로 하는 등 사전 인지를 추정할 수 있는 수많은 녹취가 나왔다는 것이다. 하지만 이 사건을 4년 동안 수사했다는 서울중앙지검 반부패수사2부(김영철·최재훈) 검사들이 김건희를 압수수색 한 번 안 하고 증거 없다고 무혐의 결정을 한 것이다. 그것도 국회 국정감사를 하루 앞둔 2024년 10월 17일 유신 쿠데타 52주년 헌정질서 파탄의 날에 이들이 검찰 사망의 날을 선포한 것이다. 도이치모터스 관련 압수수색 영장 한 번 청구 안 해놓고 마치 열심히 했는데 증거가 없는 것처럼 허위 브리핑까지 한 것이다.

증거는 뉴스타파 보도나 권오수 등의 공범 재판 과정에서 이미 다 확보해 법원에 제출되었다. 검찰이 증거 수집을 위한 조사를 아예 안 하고 증거인멸의 기회와 시간을 끈 것이다. 이미 찾아놓은 증거도 은폐한 것으로 보인다. 범죄 수사를 맡겼더니 피의자와 공모하여 범죄를 은폐한 셈이다. 수사기관이 아니라 공작기관이다. 검사가 아니라 범죄집단이 된 것이다. 검사가 아니라 코바나컨텐츠 용역사원이었다.

2022년 9월 30일 더불어민주당 전 사무부총장 이정근이 구속되었다. 사채업자 박우식에게 통장으로 10억 정도를 대출받아 일부 변제하다가 이자 문제로 다투는 중이었다. 채권자 박우식이 이정근을 상대로 대여금 반환 소송 중이었다. 민사상 채권채무 관계가 상호 고소로 알선수재 사건이 되었다. 서울중앙지검 반부패수사2부(김영철)가 맡았다. 알선수재를 했지만 알선 대상, 즉 송영길·노영민·박영선·류영진 등의 이름만 나왔지 수사를 해봐도 이들에 대한 아무런 금품수수 관계나 부정청탁이 없었다. 이정근만 구속기소되었다.

이정근을 압박하여 숨겨놓은 핸드폰 세 개를 수차례 압수수색했으나 찾지 못하자 뭔가 별건수사 등으로 압력, 딜을 통해 임의제출받은 것으로 추정된다. 별도 영장 없이 알선수재 사건과 아무런 관련 없는 이정근과 윤관석·강래구 등과 전당대회 돈봉투

수수 관련 녹취록을 압수한 것이다. 이 녹취록을 기초로 나를 잡기 위해 주변 인물 100여 명을 압수수색했다. 별건의 별건수사를 거듭했다.

이정근의 녹취록 3만여 개를 다 뒤져도 나의 음성이 없었다. 오히려 재판부가 왜 피고인 송영길의 음성이 담긴 녹취록이 없냐고 추궁하자 뒤늦게 검찰이 제출했다. 그 녹취록에는 오히려 송영길이 이정근에게 돈 쓰는 조작을 해서는 안 된다고 당부하는 말이 나온다.

이정근·윤관석·강래구 등의 녹취록 어디에도 송영길 후보가 사전에 지시했거나 모의했거나 보고했다는 내용이 없다. 이에 검찰은 여수산업단지 소각장 문제를 가지고 특가법(제3자 뇌물죄)으로, 내가 참여하고 있는 '평화와 먹고사는 문제연구소' 싱크탱크 공식 후원금(모두 은행계좌로 투명하게 관리)을 정치자금법 위반으로 기소한 것이다.

1심에서 이런 검찰의 별건수사를 위법으로 판단해 돈봉투 사건은 무죄, 특가법(제3자 뇌물죄)은 실체 심리 결과 뇌물로 인정할 수 없다 해서 무죄판결을 받았다. 소각장은 윤석열 정권에서 허가되었다. 먹사연 정치자금법 위반은 항소심에서 무죄를 받기 위해 뛰고 있다.

나의 사건을 수사했던 김영철 검사가 제2태블릿 PC 증거조작 등으로 장시호 등과 유착한 관계를 송영길 측 사람들이 집요하게 조사하자 한동훈 법무부장관이 자신도 관련되어 있어 부담이 되었는지 직계 후배인 김영철을 대검으로 보냈다. 윤석열이 서울중앙지검장 시절 피의자로 수사를 받던 기업들이 김건희 코바나컨텐츠에 수억 원을 기부했는데 서면조사 한 번으로 김영철 부장이 김건희를 무혐의 처분했다.

후임 최재훈 부장이 김건희 도이치모터스 사건을 황제 수사하고 최종 무혐의 처분했다. 최재훈은 송영길 공소장에 기소검사로 기재된 자다.

김건희 녹취록(증권회사 직원들, 이명수 기자, 명태균 등), 윤석열 녹취록(한양섭, 명태균 등), 태영호 녹취록(대통령실 정무수석), 강승규 대통령실 시민수석 녹취록(한양섭), 장시호 녹취록(김영철 검사 유착관계 등) 등 윤석열·김건희 관련 녹취록은 밝혀놓은 것들도 은폐했던 검사들이, 3년 전 더불어민주당 전당대회 사건은 총선을 앞두고 이용하려고 이정근 녹취록을 이용하여 해당 사건과 전혀 관련 없는 위법수집증거로 정치적 보복수사를 한 것이다.

민중기 김건희 특검은 직무유기·직권남용·범죄은닉·증거은폐 등으로 헌법과 국민의 신임을 배신한 한동훈·박성재 전 법무부장관, 심우정 총장, 김주현 민정수석, 이창수 중앙지검장, 조상원 4차장, 김영철·최재훈 부장을 철저히 수사해주기를 바란다. 지난 헌재 탄핵심판 때 정청래 법사위원장에게 나를 증인 채택해 달라고 공개·비공개 부탁했는데 아무런 답변도 없이 채택이 안 되었다. 아쉬운 일이다. 결국 탄핵 기각되었다.

1월 8일 법정구속된 이후 6개월이 다 되어간다. 바람도 잘 안 통하는 쇠창살 작은 창문 독방에서 윤석열·김건희를 비롯한 그 하수인 범죄 은폐 검사들도 한번 감옥 생활을 체험해보기 바란다. [2025. 6. 19]

북한의 오토 웜비어와 이스라엘의 왈리드 아흐마드

웜비어의 죽음은 큰 이슈가 되었다.
그러나 아흐마드의 죽음은 아무도 거론하지 않는다.

감옥에서 『코리아해럴드』 영자 신문을 볼 수 있다. 조그만 일단 기사를 보고 너무 가슴이 아팠다. AP통신 기사다. 팔레스타인 17세 소년 왈리드 아흐마드가 이스라엘 감옥에 갇혔다. 6개월 동안 기소도 안 된 상태에서 재판도 없이 갇혀 있다가 사망했다. 부검을 했더니 기아와 영양실조로 인한 사망이었다. 부검에 참관했던 의사 다니엘 솔로몬은 아흐마드가 극단적인 체중 감량 상태였다고 말했다. 아흐마드의 노트에는 작년 12월 부적절한 음식 제공에 항의했다고 기록되어 있다. 17세 소년을 굶겨 죽인 것이다. 참혹하다.

미국 대학생 오토 웜비어가 북한에 여행 갔다가 최고존엄의 사진이 실린 신문을 훼손했다는 등 불확실한 이유로 투옥되었다. 무슨 고문과 학대를 받았는지 다 죽어가는 상태에서 석방되었다. 결국 미국에 와서 얼마 되지 않아 사망했다. 큰 이슈가 되었다. 한국과 미국 모두 분노했다. 나 역시 황당하고 야만적인 사건으로 규정하고 비판했다. 북한의 불투명한 사법절차에 비판이 커졌다. 미국 대통령, 언론·정치인들이 북한을 비판할 때 단골로 인용하는 사례가 되었다. 그러나 아흐마드의 죽음은 아무도 인용, 거론하지 않는다.

2023년 10월 하마스 무장단체가 패러글라이딩으로 장벽을 넘어 행사 중인 이스라엘 민간인 1,200여 명을 무차별 사살했다. 200명 넘는 인질을 잡아가 아직도 일부를 석방하지 않고 있다. 용납할 수 없는 범죄행위다. 우리 한국인들은 일제하에서 가혹한 탄압·살해·고문을 당하면서도 일본의 민간인이나 민간 시설에 대해 테러·폭파 등을 하지 않았다. 모두 일제 책임자, 침략군인, 경찰서, 매국노가 대상이었다. 심지어 1945년 일제 패망 이후 일본으로 돌아가는 일본 민간인을 살해한 사례가 거의 없다. 제2차 세계대전 때 독일 패망 이후 유럽에서 수십만 독일 부녀자와 친독일 협력자들이 강간·살해당했던 것과 비교된다.

그러나 이런 극단적 대립의 배경에는 이스라엘의 불법적인 서안(West Bank)·골란지구 점령과 가자지구 민간인 봉쇄가 있다. 국제적으로 합의된 두 국가론을 부정하고 극우세력과 손잡고 연정을 구성한 네타냐후 이스라엘 총리가 자신의 부정부패 스캔들을 방어하고 권력을 유지하기 위해 극단적 전쟁 상태를 심화시키고 있는 것이다. 네타냐후의 무차별적 보복공격으로 벌써 가자지구의 팔레스타인인이 5만 명 넘게 사망했다. 부녀자, 아이, 병원, 학교, 유엔 기관까지 무차별 폭격이다. 3개월 넘게 구호물자도 통제·봉쇄되고 있다. 어쩌다 보급되는 물자를 받으러 왔다가 이스라엘군의 사격으로 지금까지 300여 명이 사망하고 2,600명이 다쳤다고 한다. 생지옥이다.

기후위기를 경고하고 수업 거부 운동으로 전 세계의 관심을 받게 된 그레타 툰베리에 대한 기사를 보았다. 시민단체들과 가자지구 주민들의 구호물품을 '매들린'이라는 작은 배에 신고 남부 이탈리아 시칠리아항을 출발하여 가자지구로 향하다가 이스라엘군에게 체포된 기사를 보고, 그 소녀의 용기 있는 행동에 감사하고 그녀의 안전을 위해 기도했다.

히틀러가 아리아족의 우월성에 경도되어 게르만 독일의 번영·발전을 위해 헝가리와 폴란드 등 동유럽을 점령해야 한다는 신념을 선전했다. 레벤스라움(Lebensraum, 생활권)이란 말이다. 체코 침공으로 시작해서 러시아 침략으로 확대되었다. 폴란드의 아우슈비츠 등 수용소를 만들어 유대인을 절멸하는 작전을 개시했다. 600여만 명의 유대인을 독가스 등으로 살해했다. 인간이기를 포기한 악마들의 행위였다. 괴벨스가 유대인을 페스트균을 옮기는 생쥐, 바퀴벌레로 묘사했다. 2,000년 전 예수님을 십자가에 매달려 죽게 한 유대인들에게 피의 복수를 할 때가 왔다고 독일 교회와 기독교인들을 선동했다.

지금의 네타냐후 이스라엘 총리와 손잡은 이타마르 벤그비르 같은 극우세력들은 팔레스타인인들을 쫓아내고 제거한 뒤 팔레스타인 땅 전체에 이스라엘인 정착촌을 확대하고 있다. 야생동물들도 자신의 서식지를 인간이 파괴하면 공격한다.

좁은 도시에 장벽으로 갇혀 있는 200만 팔레스타인 가자지구 주민들은 날마다 폭격, 탱크, 사격 등으로 아우슈비츠 수용소 같은 상황에 내몰리고 있다. 가슴이 아파온다. 세계의 양심들이 외쳐야 한다. 즉각 가자지구 공격을 중단하고 식량과 의약품 등 인도적 지원을 허용, 제공할 것을 촉구한다.

전쟁을 중단시키고 중재를 해서 평화를 만들어야 할 트럼프 정부의 이란 폭격 침략은 충격적이다. 이라크를 침략했던 조지 부시를 그렇게 비판했던 트럼프 정부가 중동전쟁의 수렁으로 빠져들어가겠다는 것인가? 이번 사태로 NPT 체제가 더 위협받으리라 생각한다. 핵이 없으면 폭격, 침략당한다는 국제적 교훈을 북한 등 다른 나라에 더 강하게 심어주는 계기가 될 것이다. 트럼프 정부는 즉각 휴전을 중재할 것을 촉구한다. [2025. 6. 20]

아시아판 NATO로 갈 것인가

한·미·일 군사협력 강화로 아시아판 NATO를 만들면 북·중·러 군사협력 강화로 아시아판 바르샤바조약기구를 유도하게 될 것이다.

북핵 문제, 남북관계 문제가 발생하면 반복되는 정부의 입장은 진부한 표현(cliché)의 한·미·일 협력 강화다. 한·미·일 협력과 대화는 중요하다. 그러나 이는 북핵, 남북관계 체결의 필요조건이다. 충분조건은 북·중·러와의 협력이다. 독일 통일 시 한스디트리히 겐셔 외무장관과 헬무트 콜 수상이 역할을 분담하여 미국·영국·프랑스와 긴밀히 협력하면서 소련의 고르바초프와 셰바르드나제 소련 외무장관, 동독 등과 긴밀히 설득해 협력을 얻었기 때문에 독일 통일이 가능했던 것이다.

일본은 6자회담 과정 내내 회담 성공을 방해했다. 일본인 납치 문제로 6자회담을 납치했다는 말이 나왔다. 아베 신조 총리와 존 볼턴 그리고 일본 측 파트너 야치 쇼타로는 함께 하노이 북미정상회담 무산을 위해 최선을 다했다. 문재인 정부 때 '소부장'(소재·부품·장비) 수출 제한으로 갈등이 발생하고 GSOMIA(한일군사비밀정보보호협정)가 종료될 뻔했다. 미국의 압력으로 2019년

11월 22일 종료 여섯 시간 전에 조건부 유예되었다.

윤석열 정권이 들어서자, 윤석열은 일본 극우세력의 조선 총독처럼 역사 왜곡, 후쿠시마 원전 오염수, 위안부·징용공, 사도광산, 독도, 동해 표기 문제 등 모든 분야에 굴욕적 외교를 펼쳐왔다. 마침내 2023년 8월 미국 캠프데이비드에서 진행된 윤석열-바이든-기시다 합의에서 한·미·일 군사훈련 등 협력 강화를 발표했다.

이에 따라 2024년 6월 한·미·일 국방장관이 싱가포르에서 샹그릴라 합의를 하고 2024년 6월 27-29일까지 제주 남방 공해상에서 첫 연합훈련을 했다. 프리덤 엣지로 한·미·일 군사력의 상호 운영성을 강화한다는 것이다. 미국은 환호했다. 미국과 일본의 오랜 숙원이 이뤄진 것이다. 우리나라 보수언론은 윤석열 정권의 최대성과에 박수를 보냈다.

트럼프 정권의 피트 헤그세스 국방부장관과 도쿄에서 회담한 나카타니 겐 일본 방위상은 한반도와 남중국해를 하나의 전구(戰區, 전쟁구역)로 만들고자 제안했다. 미국은 1905년 시어도어 루스벨트의 일본 중심 외교, 가쓰라-태프트 밀약 이후 태평양전쟁 때를 제외하고 지금까지 일관된 정책이 일본을 군사대국화시켜 아시아에서 미국 역할을 분담하고 중러를 견제하게 하는 것이다.

종국적으로 아시아판 NATO를 만들자는 것이다. 회원국을 향한 무력 공격을 모든 회원국에 대한 공격으로 간주하고 즉각적으로 지원을 제공한다는 NATO 5조와 같은 조항이 도입되면 센카쿠 열도(중국 댜오위다오) 군사분쟁, 타이완해협 분쟁, 일본의 쿠릴열도 러일 간 분쟁 시 우리나라가 자동 개입되는 것이다. 우리나라는 이명박-박근혜-문재인 정부에 이르기까지 일관되게 한일 간 군사동맹을 반대해왔다.

미국과 일본, 보수언론이 이재명 정부의 캐나다 G7, 한일정상회담, NATO 회의 참석을 유도하며 가스라이팅이 시작되었다. 회담은 참석할 수 있다고 본다. 그러나 윤석열이 저질러놓은 굴욕외교, 주권 침해 행위에 대한 검토가 필요하다.

독도를 자기 땅이라고 주장하는 일본과 동해상에서 군사협력을 할 것인가? 동해를 일본해로 표기하고 욱일기를 달고 동해상에서 함대 합동훈련을 할 것인가? 군대를 가질 수 없는 일본 평화헌법 개정에 동의할 것인가? 윤석열의 제3자 변제정책을 승계할 것인가? 북한, 러시아, 중국이 서해와 동해에서 합동훈련하기를 바라는가? 동해 상공에서 러시아 전폭기와 북한 공군의 합동훈련을 유도할 것인가?

세계 1위 군사력의 미국과 세계 5위 군사력 한국의 한미동맹으로 세계 군사력 34위, GDP가 한국의 40분의 1에 불과한 최빈국 북한을 상대하는 데 부족해서 일본 자위대가 필요하다는 말인가? 중국과 러시아를 대한민국의 군사적 적대국으로 만들면 국가안보가 더 위험해지는 것 아닌가?

한·미·일 군사협력 강화로 아시아판 NATO를 만들면 북·중·러

군사협력 강화로 아시아판 바르샤바조약기구를 유도하게 될 것이다. 탁월한 외교적 역량으로 2005년 9월 19일 북핵 합의를 이끌어냈던 주역, 송민순 전 외교부장관의 말을 인용해본다.

"나는 한·미·일이 똘똘 뭉쳐 있기만 해서는 눈앞의 벽을 돌파하기 어렵고 또 앞으로의 협상에서 한국이 제대로 역할을 할 수 없다고 생각했다. 한국이 한반도 문제에 있어 미국과 일본의 논리를 따라가는 종속변수가 될 가능성도 우려했다."

"한·미·일 동맹 강화는 미국 동아시아 정책의 최우선 목줄이다. 그 결과 동북아시아는 해양세력과 대륙세력으로 확연하게 대립하는 상태가 되고 분단의 비극은 지속될 수밖에 없다."

이재명 정권이 들어선 이후 6월 18일 제주도 상공에서 대한민국 공군 F-15K 두 대, 미국 F-16 여섯 대, 일본 자위대 F-2 두 대가 합동 군사훈련을 했다. 아무런 문제 제기나 검토 없이 지나갔다. 국방부·외교부장관 선임 등 안보 진영이 구성되면 심도 깊은 분석이 필요하다.

트럼프 대통령이 대선 후보 시절이었던 2024년 10월 31일 폭스뉴스와 인터뷰를 인용한다.

"미국이 중국·러시아가 함께하도록 밀어붙이는 것은 '수치'이고 '멍청'하다. 나는 그들을 다시 분리할 것이고 그것을 할 수 있다. 우리는 매우 쇠퇴하는 나라다. 멍청한 사람들이 러시아·중국·이란·북한을 한 무리로 함께하게 했다. 절대 일어나지 않기를 기원해야 하는 것이 러시아와 중국 연합이다. 그들은 본질적으로 적이다. 러시아는 큰 땅이 있고, 중국은 그것을 필요로 한다."

오로지 한·미·일 협력만 외치고 북미 간 의미 있는 외교적 노력을 방기했던 오바마-바이든의 일본 중심 정책에서 러시아, 북한과 직접 대화를 통해 북핵 해결을 위해 적극적 외교를 시도하는 트럼프 정책을 어떻게 활용할 것인가가 이재명 정부의 평화외교 성과를 내는 중요한 관건이라 본다. [2025. 6. 21]

트럼프 정부의 방위비 인상 요구의 모순

평택 험프리 기지는 미군 해외기지 중 최대일 뿐만 아니라
중국 베이징과 가장 가까운 거리에 있다.
타이완해협 분쟁 시 주한미군을 투입한다면
미국은 평택 험프리 기지 임대비용을 내야 할 형편 아닌가?

문재인 정부 때 방위비 분담금 협상 대표로 미국에 약한 외교부 출신이 아니라 정은보 대표(기재부 출신, 현 증권거래소장)를 임명한 것은 탁월한 선택이었다. 이재명 대통령이 정은보 대표의 보고를 직접 들을 수 있기를 기대한다.

대한민국의 국방력은 세계 5위, 북한은 34위다. 재래식 무기, 보급 생산능력, 후방지원 인프라는 비교할 수 없이 대한민국이 강하다. 핵은 미국의 핵 억제력(핵우산 등)으로 대응된다. 미국이 이를 보장하지 않으면 대한민국의 NPT 탈퇴와 자체 핵무기 개발을 막을 명분이 없다. 주한미군의 전략적 유연성 강화 등으로 주한미군의 임무가 북한 방어로만 한정되지 않는다. 평택 험프리 기지는 미군 해외기지 중 최대일 뿐만 아니라 중국 베이징과 가장 가까운 거리에 있다. 타이완해협 분쟁 시 주한미군을 투입한다면 미국은 평택 험프리 기지 임대비용을 내야 할 형편 아닌가?

미국이 대한민국의 안보만을 지켜주고 있는 것이 아니라, 미국의 이익도 지키고 있는 것이다. 나 역시 동북아 균형을 위해 한미 동맹, 주한미군 유지에 찬성한다. 그러나 미국이 일방적으로 한국을 지켜주고 있으니 "돈 내놓아라" "사드 배치 비용 분담해라" "B1 폭격기, 항모, 핵잠수함 등 전략자산 동원, 한미 합동훈련 비용까지 분담하라"는 요구에 동의할 수 없다. 우리가 핵 개발을 포기하고 NPT 체제 유지에 협력하고 있는 것이다. 미국 등 핵국가들의 독점적 지위를 도와주고 있는 것이다.

중국과 러시아가 북한의 도발에 지원하지 않는 한, 대한민국의 국방력으로 북한에 대한 군사적 우위는 충분하다. 자신감이 필요하다. 북한 핵은 꿀벌의 침과 같다. 한번 쏘는 순간 자살이다. 핵을 침략용으로 쓴 경우는 인류 역사상 한 번도 없었다. 히로시마-나가사키의 핵은 일본의 진주만 선제공격으로 미국이 투여한 것이다. 오키나와 등에서 민간인까지 동원해 할복자살하고 1억 옥쇄를 주장하는 미친 일본 군국주의자들의 미몽을 분쇄하는 데 불가피한 면도 있었다(그래도 핵무기는 인간 살상에 써서는 안 된다).

국회의원들이 이런 주장을 강력하게 해주어야 이재명 정부가 교섭력을 가질 수 있다. 유승민처럼 사드 배치 추가 필요 등을 강조하는 순간, 사드 배치 비용까지 분담하라는 트럼프의 강압에 굴복할 수밖에 없다.

노무현 정부 때니까 평택 험프리 기지 이전에 중국 정부의 항의가 없었지만, 윤석열 때였다면 사드 배치 때 이상으로 항의했을 것이다. 그만큼 전략적 핵심 위치다. 그래서 나는 국회의원 시절부터 우리나라가 임대료를 받아야 할 일이라고 강조했다.

주한미군 사령관도 대한민국은 일본과 중국 사이의 불침 항공모함이란 표현을 쓰면서 주한미군기지가 바로 중국 베이징 코앞인 평택에 위치한 지리·전략적 중요성을 강조하고 있다.

'Pacta sunt servanda'(계약은 지켜져야 한다). 민법의 기본원리다. 방위비 분담 협상이 바이든 정부에서 완료되었다. 한미 FTA도 체결되었다. 인플레이션 감축법에 따라 삼성과 SK의 미국 투자에 대한 보조금도 합의되었다. 트럼프는 비상경제 대권을 남용하여 모든 것을 무시하고 재협상하자고 한다. 파리기후협약도 탈퇴했다. 모든 국제적 기준·약속·합의를 무시한다. 이런 국가를 불량국가라 한다. 미국을 위대하게 만들자는 대통령이 미국을 불량국가로 만들어서는 안 된다.

박정희 대통령의 자주국방의 자세가 필요하다. 나 역시 노무현 대통령처럼 주한미군 유지를 바라지만 미국이 일방적으로 주한미군을 "감축하겠다" "철수하겠다" 하면 벌벌 떨고 무릎 꿇는 자세가 아니라 자체 핵 개발로 자주국방 하겠다는 강력한 의지가 필요하다.

2003년 미국의 이라크 침략 시 유엔 결의도 없는 명분 없는 전쟁에 부시 행정부는 고립되었다. 한국 정부에 이라크 파병 요청을 했다. 나는 국회조사단으로 이라크를 방문해 돌아보고 왔다. 이라크 파병을 반대했다. 많은 더불어민주당 의원, 시민단체가 반대했다. 그러나 나 역시 노무현 대통령의 입장이라면 한미동맹을 고려해 파병할 수밖에 없었으리라 생각한다. 이라크 현지 방문 후 청와대에서 노무현 대통령과 만나 고민을 이해할 수 있었다. 그러나 국회에서 더불어민주당이 강력하게 반대했기에 노무현 대통령은 전투병이 아니라 공병지원부대를 전투지역이 아닌 에르빌(쿠르드 주민 지역)에 파견하여 단 한 명의 군인도 전투로 희생시키지 않고 파병을 마무리할 수 있었다.

이재명 대통령의 국익 우선 외교의 협상력 강화를 위해서도 더불어민주당과 조국혁신당 등 의원들의 분명하고 자주적인 정치적 견해 표명이 중요하다고 본다. [2025. 6. 22]

송영길의
평화학개론
2023. 9. 13

반도
세력론
2025. 9. 1

진실은 가둘 수 없다
송영길의 옥중생각

지은이 송영길
펴낸이 김언호

펴낸곳 (주)도서출판 한길사
등록 1976년 12월 24일
주소 10881 경기도 파주시 광인사길 37
홈페이지 www.hangilsa.co.kr
전자우편 hangilsa@hangilsa.co.kr
전화 031-955-2000~3 **팩스** 031-955-2005

부사장 박관순 **총괄이사** 김서영 **관리이사** 곽명호
경영이사 김관영 **편집주간** 백은숙
편집 박홍민 노유연 배소현 임진영
관리 이희문 이진아 고지수 **마케팅** 이영은
디자인 창포 031-955-2097
CTP출력·인쇄 예림 **제책** 예림원색

제1판 제1쇄 2026년 1월 15일
제1판 제2쇄 2026년 1월 22일
제1판 제3쇄 2026년 1월 29일
제1판 제4쇄 2026년 2월 24일

값 24,000원

ISBN 978-89-356-7915-7 03340